U0623741

育德育人

中小学思政课一体化教学
实践研究

王海滨 / 著

北京燕山出版社
BEIJING YANSHAN PRESS

图书在版编目（CIP）数据

育德育人：中小学思政课一体化教学实践研究 / 王海滨著. — 北京：北京燕山出版社，2021.7
ISBN 978-7-5402-6121-4

Ⅰ.①育… Ⅱ.①王… Ⅲ.①政治课－教学研究－中小学 Ⅳ.①G633.202

中国版本图书馆CIP数据核字（2021）第129159号

育德育人：中小学思政课一体化教学实践研究

著　　者	王海滨	
责任编辑	满　懿	
出版发行	北京燕山出版社	
地　　址	北京市丰台区东铁匠营苇子坑138号C座	
电　　话	010-65240430	
邮　　编	100079	
印　　刷	北京政采印刷服务有限公司	
经　　销	新华书店	
开　　本	170mm×240mm　16 开	
字　　数	311千字	
印　　张	17.25	
版　　次	2022年4月第1版	
印　　次	2022年4月第1次印刷	
定　　价	45.00元	

版权所有　翻印必究

前　言

百年大计，教育为本；教育大计，德育为先。思政教育工作一直是党和国家关注的重大课题。思政课是学校思政教育的主阵地和主渠道，是保障中国特色社会主义的重要举措。其教育的目的是通过马克思主义理论教育和道德教育、法治教育，帮助学生树立正确与科学的世界观、人生观和价值观，提高运用马克思主义理论的基本立场、基本观点和基本方法分析和解决实际问题的能力，从而提高自身的综合素质。

学校是社会主义思想道德建设和教育科学文化建设的重要阵地，肩负着立德树人的使命。在深入贯彻落实党的十九大精神，推进全面深化改革、全面依法治国的新形势下，加强中小学思政教育工作，有利于加强落实习近平新时代中国特色社会主义思想中的教育理论要求，不断增强中小学校广大师生对新时代中国特色社会主义的道路自信、理论自信、制度自信、文化自信；有利于加强社会主义核心价值体系和社会主义核心价值观的建设，不断增强中小学校广大师生对社会主义核心价值体系和核心价值观的理论认同、政治认同和情感认同；有利于加强对中小学思政教育工作重要性的认识和理解，在强化意识、营造氛围、构建载体、创新方法中，不断探索中小学思政教育工作的新特征、新规律。

思政教育学理论前沿问题是一个复杂的新话题，加之本人水平有限，研究中还存在整体性不强、逻辑构建不严密、语言表达不严谨、对策思路不成熟等问题，且时间仓促谬误之处难免，敬请同行专家和读者批评指教。

目　录

第
一
章

1

中小学思政教育的
历史与发展

第一节　中国传统思想道德教育

面对当下多元思想对中小学生思想道德的影响，在中小学生中加强中国传统思想道德教育十分必要。我国历来高度重视道德教育，它构成了中国教育传统的特质。中国传统思想道德本身是教育不可或缺的思想资源和教育资源，对中小学生进行传统思想道德教育直接关系到中小学生世界观、人生观、价值观的正确树立以及良好道德品质的形成。

一、传统思想道德教育的内涵

（一）核心是经学教育

无论是哪个时期的教育，价值观都是教育运行发展的精神核心。经学教育是古代社会统治阶级宣扬推行儒家价值观的核心内容，经学教育的内容包括四书五经，也就是儒家经典著作论述之学。其中，四书指的是《大学》《中庸》《论语》《孟子》。西周确立的"六经"，始见于《庄子·天运篇》，分别是《诗经》《尚书》《仪礼》《乐经》《周易》《春秋》。到了西汉时期，通过"罢黜百家，独尊儒术"运动，确立的经学教育内容包括"五经"，即《易经》《尚书》《诗经》《礼经》《春秋》，后又演变为"七经"，在原来"五经"的基础上，加上《孝经》《论语》。到了唐代又扩充至"九经"和"十二经"。宋代更是发展为"十三经"。也正是在宋代，经学教育愈加成熟。经学作为古代社会思想道德教育的核心，具有众多统治者需求的价值观念。比如《春秋》中强调重视国家统一、不能分裂的观念；如"父子有亲，君臣有义，夫妇有别，长幼有序，朋友有信"的"五伦"观念；如"天子受命于天，诸侯受命于天子，子受命于父，臣受命于君，妻受命于夫。诸所受命者，其尊皆天也"的忠君思想。这些内容也成为选官任仕的标准。

（二）原则是德育至上，追求"圣人"境界

中国古代历任以儒家思想为治理思想的统治者，无不重视道德教育，宣扬道德至上的观念。传统儒家教育的内容主要就是道德教育和知识教育，而二者中，道德教育是第一位的。"师者，所以传道授业解惑也"，说明首先是传道，然后才是授业。这里的道即属道德的范畴，如"仁、义、礼、智、信、文、行、忠""夫仁义礼智信五常之道，王者所当修饬也……受天之佑，而享鬼神之灵，德施于方外，延及群生也"（董仲舒《举贤良对策》）。同样，儒家哲学思想中提倡不断提高人的道德境界，并将此视为儒家学说的精神实质所在，这里不难发现"圣人"的处处存在，也能让人感觉到"圣人"观念的强大统摄力。"存天理，灭人欲""未有天地之先，毕竟是先有理……有此理，便有此天地。若无此理，便亦无天地，无人无物，都无该载了"（朱熹《朱子语类》）。儒家的"圣人"境界是一种具有纯粹道德性质的范畴，是一种理想的追求，具有超越现实的文化倾向，但这种超越性又不脱离于现实，表现为对现实人生的觉悟。

（三）途径上重视多种方式

儒家伦理道德规范的实现有一套系统教育实施方法。总体上看，注重学校、社会、家庭、环境的教化，也注重自我克制、自我认知、自我感悟等自身修养，并力图二者的结合统一。学校方面强调"天地君亲师""教不严，师之惰"。家庭方面注重家训、家规、家仪和家教。在社会教育方式上，设礼部、"三老"，分别是专司教化的官方机构和官员；乡规、宗规；发布告诫、圣谕；祭祀仪式；蒙童教育（《三字经》《百家姓》《千字文》等）。在环境的教化和自身修养上强调天人感应，"凡以教化不立，而万民不正也。夫万民之从利也，如水之走下，不以教化提防之，不能止也。……古之王者明于此，是故南面而治天下，莫不以教化为大务，立太学以教于国……渐民以仁，摩民以义，节民以礼，故其刑罚甚轻而禁不犯者，教化行而习俗美也"（董仲舒《举贤良对策》）。

二、传统道德教育的局限性

（一）方式单一，灌输为主

灌输式教育也称为注入式教育，是指教育者对受教育者的知识单向灌输，强调把古代社会相对固定的道德原则和文化内容传达给教育对象，并通过训练、考试、惩罚等方式进行巩固和强化。灌输式教育是人类社会文化发展到一定时期的必然产物。当时受生产力发展所限，知识还掌握在少数特权人的手中。这些人通过设立规模不大的学校、私塾来讲授这些知识，这就是早期的灌输式教育存在的土壤条件。这种灌输式教育忽视对人的个性的尊重，而个性影响人格，人格对人的道德等方面的影响不可估量。灌输式教育忽视对人探索能力的启发和创造力的引导，也没有给人留下独立思考和个性发展的足够空间。我国古代教育家孔子在教育方式上就曾对这种灌输式的教育有过一定程度上的变通，这就是"因材施教"的由来。在《论语·先进第十一》中有这样一则故事，子路问："闻斯行诸？"子曰："有父兄在，如之何其闻斯行之？"冉有问："闻斯行诸？"子曰："闻斯行之。"公西华曰："由也问闻斯行诸，子曰，'有父兄在'；求也问闻斯行诸，子曰，'闻斯行之'。赤也惑，敢问。"子曰："求也退，故进之；由也兼人，故退之。"孔子并没有教条地就问题回答问题，而是针对子路和冉有的不同性格做出了不同的回答，这即是通过因材施教的教育方式来传授知识。

（二）否定人欲，排斥现实

中国传统道德教育在道德本质上强调精神对物质的超越，道义对功利的超越，理想对现实的超越，从而以天理否定人欲，以道义否定功利，以理想代替现实。孔子的"君子喻于义，小人喻于利"（《论语·里仁》）；"正其义不谋其利，明其道不计其功"（《汉书·董仲舒传》）；"人欲尽处，天理流行，随处充满，无少欠阙……而其胸次悠然，直与天地万物上下同流"（《论语集注·先进》）；"人化物也者，灭天理而穷人欲者也。于是有悖逆诈伪之心，有淫法作乱之事"（《礼记·乐记》）；王阳明的"静时念念去人欲，存天理，动时念念去人欲，存天理……其心纯乎天理而无人欲之杂"（《传习录》）。这些大儒和他们的封建统治者都将精神和物质、道义和功利、理想和现实绝对对立起来，把道德看成是脱离物质利益、否定物质需求的必然结果。这是一种近乎宗教式的禁欲主义，成为束缚人民群众思想的精神枷锁和强化封建礼教的工具，因而也受到了当时以及后来一些进步思想家的批判。比如"永康学派"（也称"事功派"）的创始人陈亮说："自道德性命之说一兴，而寻常烂熟无所能解之人自托于其间……为士者耻言文章行义而曰'尽心知性'，居官者耻言政事判书而曰'学道爱人'，相蒙相欺以尽废天下之实，则亦终于百事不理而已。"（《龙川文集·送吴允城运幹序》）"才者以距弛而弃，不才者以平稳而用；正言以迂阔而废，巽言以软美而入；奇论指为横议，庸论谓有典则。"（《戊申再上孝宗皇帝书》）陈亮这种义利并举、讲求实效、重视人欲功利的精神，在那个时代确实留给我们一份宝贵财富。明末思想家顾炎武"以明心见性之空言，代修己治人之实学。股肱惰而万事荒，爪牙亡而四国乱。神州荡覆，宗社丘墟"（《日知录·卷七》）的总结则一针见血。可见当时的传统道德教育排斥人欲、耻言功利、高谈理性、轻视实务之风气遍及天下，影响深远。进步思想无法成为社会思想主流，以否定人欲、否定功利为道德本质的思想依然占主导地位。这种道德观中的道德被看成无须主体思考即可确定的超越功利、摒弃欲望，无视个体情感、个性人格兴趣爱好的天理良心。

（三）崇尚公德，严谨私德

公德主要适用于社会群体的公共生活，旨在规范和维系所有社会成员之间的普遍关系。私德主要适用于家庭团体的私人生活，旨在规范和维系各个家庭成员之间的特殊关系。在传统儒家思想中，公与私的辨别是一个不存在争议的道德自觉意识。公与私也是分辨每个人行为的善恶标准。《尚书·周官》："以公灭私，民其允怀。"《礼记》："天无私，四时行；地无私，万物生；人无私，大享贞。"这些说的都是天地慷慨无私，以公心灭私情，不徇私情；人无杂念才会纯洁高尚，民众才会心悦诚服。这是由于在儒家伦理的社会里，如果个人为了一己利益、欲望，不去履行对伦理共同体的国家、民族和家庭的义务责任，就会被认为是自私的。而如"以王父命辞父命，是父之行乎子也。不以家事辞王事，以王事辞家事，是上之行乎下也"（《春秋公羊传·哀公三年》）。这种将国家、民族之公高置于个人或家庭之私之上的伦理道德理念，就是公德。而有忠道、有恕道的私德标准相对来说是统一的、高高在上的，处于一种道德理想状态。这种道德理想主义本身就欠缺道德，归根到底只会伤害道德教育。

三、传统道德教育的价值

事实上，中国传统道德教育不仅包括儒家道德，也包括道家、法家、墨家等道德内容。这些学派都无一例外地将传统的道德规范和准则作为教育的内容，并把道德教育纳入到知识教育范围之内，以文化知识的教育来灌输道德理念，从而实现文化为道德服务的目的。弘扬中华民族的优良道德文化，对提高全民族的道德素质，推进中国特色社会主义的健康发展有着重要的现实意义。

（一）传统道德教育的爱国精神

中国传统道德教育的内容是政治、思想和道德规范的三位一体，其中明显的是政德合一。《礼记·大学》："古之欲明明德于天下者，先治其国；欲治其国者，先齐其家；欲齐其家者，先修其身；欲修其身者，先正其心；欲正其心者，先诚其意；欲诚其意者，先致其知；致知在格物；物格而后知至；知至而后意诚；意诚而后心正；心正而后身修；身修而后家齐；家齐而后国治；国治而后天下平。自天子以至于庶人，一是皆以修身为本。其本乱而末治者，否矣。其所厚者薄，而其所薄者厚，未之有也。"说的就是要先治理好国家，就要先整顿好自己的家；整顿好家的人，要进行自我修养，要端正思想；思想端正了，然后自我修养完善，家庭整顿有序；然后国家安定繁荣；再然后天下平定。从孟子的"居天下之广居，立天下之正位，行天下之大道；得志，与民由之；不得志，独行其道"（《孟子·滕文公下》）到范仲淹的"先天下之忧而忧，后天下之乐而乐"，无不体现出强烈的国家、民族责任感和使命感。传统道德教育中的这种爱国精神在新时代的今天，对提高全民族道德水平和文化素质仍具有巨大的作用。

（二）传统道德教育的爱人精神

中国传统道德教育在内容上以"礼""仁"为核心，以孝为基础建构等级道德规范。"礼"的中心是社会关系，"礼"衍生出所有社会结构。"礼"从不同层次表述含义、内容和功能，如礼节、礼治、礼法、礼教、伦常制度等涵盖了意识形态和社会制度的众多方面。有什么样的社会关系就有什么样的"礼"。古代社会贵贱、尊卑、长幼、亲疏有别，社会秩序要求人的生活方式和行为符合他们在家族内的身份和社会、政治地位。传统道德中最高的道德原则、道德标准和道德境界是"仁"。"仁"的内涵极广，包括"孝、悌、忠、恕、礼、知、勇、恭、宽、信、敏、惠"等。"仁"的核心有三，仁者爱人；孝悌为仁之本；克己复礼。爱人强调在人与人的相处中，要能够推己及人，推恩及人，以高尚的道德情操去关心人、善待人；孝是实现"仁"的基础，孝悌之德在社会道德生活中得到普遍的奉行才是社会安定、民族团结的基石；克己复礼强调克制欲望，严于律己，宽以待人，克己是实行"仁"的保证，复礼是实行"仁"的方法。

四、传统道德教育与现代教育

道德人格是一个国家国民普遍的道德精神面貌，传统道德鼓励人们追求高尚的精神境界，向往道德人格的思想，即使在今天仍然具有重要的借鉴意义。传统道德尤其是传统美德是一个民族生生不息的根本，也是一个民族现代发展的动力所在。离开传统道德教育，现代发展就是无本之木、无源之水。根据现阶段中国社会发展的主要特点和实际情况，批判性地继承和发扬中国传统道德精神的宝贵遗产，对于塑造当下社会民众的社会主义道德境界，确立符合时代性的新型思想教育道德人格意义重大。

中国传统道德教育注重现实中的德教，注重实证而轻视逻辑的分析研究，注重启迪内心领悟，强调自觉思想。总结归纳的话就是："德教为先""修身为本"，"德教"与"修身"合一的道德教育思想；"知道"与"躬行"的"知行合一"的道德教育思想；"言教"与"身教"的"身教重于言教"的道德教育思想。

（一）传统道德教育对现代德教精神的影响

中国传统道德教育历来重视"德治"功能，强调"德教为先"，通过道德文化教育，提高"道德自律"。即使在道德教化与政令法律的关系上，也要坚持以德教为主的原则。道德作为上层建筑是由一定社会经济基础所决定的，是人类社会对自身的一种特殊把握方式，因而经济基础的变革必然影响到道德的选取。当今世界正经历百年未有之大变局，我国正处于实现中华民族伟大复兴的关键时期，正在经历社会转型的时期，新的经济、政治、道德文化规范正在逐步确立。要想达到国家的长治久安，同样要重视"德治"，要不断提高人们的主体道德觉悟。也就是在建构现代道德教育体系中，要统筹考虑传统道德教育的植入问题，要使传统道德教育成为现代道德教育的有机组成部分。要将现代精神很好地与传统道德教育融合，这就要处理好继承和创新的关系。毕竟传统道德中虽有大量值得肯定的文化内涵；但是，一者传统道德中有落后愚昧的思想，二者即使是正面性的传统道德内容，也面临时代发展的问题。所以，传统道德要适应现代社会的发展是需要一定条件的，必须经过合理的批判性改造。我们要将传统道德的合理内容与当代社会转型时期的思想精神相融合，毕竟我们处于一个高度科技化的信息时代，时代的新形势必将赋予中华民族传统道德新的解释。既能继承传统道德中的精华，又能符合时代发展前进的方向，才是符合新时代所需要的德育的内涵体系。培养竞争、合作、创新意识，树立民主、法治观念，培养独立自主能力和诚实守信品质等都是传统道德教育融合现代精神的具体体现。

（二）传统道德教育对现代人格的培养

墨子在《墨子·所染》中叹曰："染于苍则苍，染于黄则黄，所入者变，其色亦变，五入必而已则为五色矣。故染不可不慎也，非独染丝然也，国亦有染。"说的是丝在绿色中染过就变绿，在黄色中染过就变黄，浸在不同的染料中，颜色就不一样。浸入五种染料就会有五种颜色，所以染色的工艺必须慎重。不只染丝是这样，国事也是如此。墨子用染丝为喻，说明人性不是天生就固定的，人性的形成如同染丝，环境条件的熏陶和影响至关重要。而形成什么样的人性，所交往的朋友的正确选择将对此起到重要作用。

荀子在《荀子·劝学》中说："蓬生麻中，不扶自直，白沙在涅，与之俱黑……故君子居必择乡，游必就士，所以防邪僻而近中。"说的是蓬草长在麻地里，不用扶持也能挺立住；白沙混进了黑土里，就再不能变白了。所以君子居住要选择好的环境，交友要选择有道德的人，才能够防微杜渐，保其中庸正直。所以，当前对中小学生的道德教育不仅仅是学校的责任，家庭、社会环境等对其思想的影响作用同样不容忽视。学校需要承担重要的责任，学校要重视德育课程，强化教师教书育人的责任，系统地向学生传授道德知识，灌输道德理念，提高学生的道德分析理解能力、道德判断选择能力和道德思维创造能力，以校风、教风和学风等形式加强学校的思想道德文化建设。总之，学校要以开放包容的态度积极参与社会道德环境建设，成为构建立体道德教育网络的能动力量。同时，在坚持价值导向中发挥家庭和社会环境的德育功能，指导中小学生道德教育内容的现代化，引导其正确地处理物质与精神、个人与社会等关系，强化核心价值观、网络道德、道德心理素质等方面的教育。

（三）传统道德教育对现代生态伦理的作用

人类社会与自然的关系是世界存在与发展的最基本关系。人类社会发展是在人类不断认识、利用、改造和适应自然的过程中演进的，这种关系经历了和谐相处的"天人合一"阶段、征服和改造的"天人相分并对立"阶段、重新走向和谐的新"复归"阶段。总体上说，人类社会与自然的关系演变是一个从和谐到失衡再到和谐的螺旋式上升过程。自人类工业革命以来，先进的科学技术展现了人类的伟大力量，使人类陶醉于对自然的征服和利用中。随着资源枯竭和生态环境的破坏严重到威胁了人类自身的生存与发展时，人类才重新审视这种关系，才提出了生态伦理的时代课题，目的就在于追求人与自然的和谐，实现人类社会与自然全面协调可持续发展。其实在追求与自然的和谐统一中，中国的先哲们早就阐述了丰富的生态伦理思想。这些生态理论者主张尊重自然的内在价值，强调尊重和维护后代人的权利，在处理人类与自然的关系中讲求道德，等等。尽管这些理论主张并未达到系统化的程度，但解读这些内容丰富的生态思想，对于今天建设生态道德文明、构建人类命运共同体具有巨大的启示作用。

"天人合一"是儒家对人类与自然关系的哲学思考，是一种生态伦理的原则。孟子："诚身有道：不明乎善，不诚乎身矣。是故诚者，天之道也；思诚者，人之道也。至诚而不动者，未之有也；不诚，未有能动者也。"（《孟子·离娄上》）这里提到诚信是自然的规律，追求诚信是做人的规律；要以"诚"作为"天人合一"的理论指向，以"诚"达到人的道德修养的"天人合一"。孔子曰："断一树，杀一兽，不以其时，非孝也。"（《礼·祭义》）自然是人类的衣食父母，对自然不尊重当然是不仁、不孝。孔子提倡的仁和孝本属社会伦理范畴，但孔子却用此规范指导人与自然的关系，强调仁爱万物，珍惜生命。出于对自然本身的尊重，把自然作为人类的资源加以爱护，这些传统的生态伦理思想朴素而实用。这种质朴的自然观对我们今天进行生态伦理的建设，解决环境和资源问题，实现人类与自然的和谐发展，具有启示作用。

第二节　中小学思政教育的当代发展

一、现代思政教育的内涵

　　思政教育是一定社会及其群体用思想观念、道德规范或政治观点对其社会成员施加的有特定目的、计划和组织的影响，从而使这些成员能形成符合社会所要求的特定思政的社会实践活动。一直以来，思政教育都是精神文明建设的重要内容，也是化解社会矛盾和解决现实问题的主要途径之一。宏观意义上的思政教育包括以中华民族悠久历史、优秀传统文化和现代化中国国情及民主和法治教育为主的爱国主义教育；以讲求团结协作、尊重关心理解他人，讲求集体荣誉和贡献，关心社会公益事业，能正确处理个人与集体利益关系及集体主义人生价值观教育的集体主义教育；以世界观、人生观、科学信仰相结合的人生理想、道德理想、社会理想和职业理想的理想教育；以培养优良传统道德、社会公德、职业道德和道德评判能力的道德教育；以宪法及有关法律法规为内容的知法守法教育；以培养国防和国家安全意识为内容的国防教育；以培养马克思主义民族观为内容的民族教育。思政教育的发展是一个动态的过程，在教育中既要将中华民族优秀历史文化继承、弘扬下去，又要借鉴吸收其他国家的教育思想、教育方法和教育管理经验，以及一切人类文明发展的优秀的、有益的文化思想。

（一）思政教育的本质论、主体论

1. 本质论

　　思政教育是什么？对思政教育的原始性问题的科学回答，是思政教育研究中的根本性理论命题，也是思政教育理论的立论之本。这不仅在学科上决定了思政教育的属性，在实践上也客观决定着思政教育的任务和方向。直到现在，学界对思政教育的本质还存在各种探讨，有形态性说、政治性说、实践活动论说、灌输论说、意识说，等等。

思政教育在本质上是以促进人的生存与发展的价值化方式存在的。这种本质上的思政教育价值化方式包括两个方面的内容。首先，思政教育存在的依据和价值是促进人的生存与发展。思政教育以人的自身为对象，把人作为思政教育存在的依据和价值向度，也就意味着必须考虑到个体存在方式上的差异性。这种个体的差异性客观上决定了思政教育具有长期性、复杂性，同时思政教育本质还在于促进人的自由、全面发展，以人为本，个性发展与全面发展紧密结合，等等。从本质上说，思政教育并不是把个体人塑造成预先设计的样式，而是要启迪人，开启个体的心智，使人能够在成长的过程中从一种自发状态转向自觉状态再到自由状态，从而不断地超越自身。只有这样，个体的人才能以一种全面的方式作为一个完整的人，占有自己全面的本质。其次，思政教育属于社会科学范畴，具有工具性和阶级性。不同国家、地区或者不同时代会有不同的思政教育特征，但是都会将思政教育作为社会治理的工具之一，都认可思政教育是社会整合的一种相对于军队、法律等硬权力而言的软权力。因为思政教育作用的发挥是非强制性的，是教育主导者通过有组织、有计划地对教育对象进行思想观念和价值取向上的传播和引导，使之在思想上和行动上按照教育主导者的意图和目的进行思考和行动，最终实现教育主导者的教育目的。所以，在这里又看得出，思政教育是为一定的阶级或利益集团服务的，有明确目的性和价值取向，表现为思政教育会在教育的过程中把统治阶级的社会主导性价值意志转化为社会成员认同的个人价值观。思政教育这一服务于统治阶级的特性，使得任何所谓中立、企图淡化思政教育阶级性的做法都是危险的。只有研究思政教育本质，强调以人生存发展的价值化存在，实现人的全面发展，才能比较全面地认识和掌握思政教育在社会发展中的功能和价值。

2. 主体论

思政教育的主体问题是一个存在诸多争议的学科前沿问题。之所以要研究主体问题，原因在于思政教育主体的引入与研究，会在思政教育中定位思政教育主体的角色，从而有效提高思政教育的实效性，还会克服把思政教育者和教育对象割裂开来研究的思维定式。一般意义上，我们说思政教育的主体就是思政教育活动的组织、调控与实施者，其最根本的特征也就是其具有的主体性。

思政教育主体的主体性，从思政教育主体与客体的矛盾中表现为具有计划性、主动性、选择性、实践性和创造性等特点，具体为能积极、主动地进行思政教育，在教育中勇于探索、开拓创新，具有创新精神和创新能力；从思政教育与其他学科比较来看，具有现实性、长期性、艰巨性和综合性特点；从时代角度上看，思政教育主体的主体活动具有开放性和创造性等特点。这些特征使得思政教育者队伍素质普遍得到增强，个人综合素质得到显著提高。

思政教育主体能动性的强弱，还决定着思政教育主体能动作用发挥的程度，决定着思政教育的整体效率。思政教育的主体性还体现于思政教育的教育实践活动之中，因为思政教育主体的主导性地位是在思政教育的教育实践活动中形成和发展起来的，可以说思政教育实践所发挥的影响、作用与效能，客观决定着思政教育主体的主体功能性效果。思政教育主体的功能性可以分为教育功能、协调功能、管理功能和研究功能。具体来说，教育功能是指思政教育主体按照一定的教育规律和目的，依据受教育者的思想行为和品德状况以及心理发展的规律，运用启发、熏陶、诱导和说理等方法所进行的思想转化和人格塑造；协调功能指教育主体运用各种手段，协调社会、学校、家庭等各种教育力量和因素关系，统一认识，形成教育合力，从而取得最佳教育效果；管理功能指思想教育主体运用目标、计划、组织和制度等各种管理手段所进行的教育塑造；研究功能指教育主体对思政教育经验、本质和规律的总结、分析和探索。思政教育主体的研究为思政教育工作提供正确的理论指导，培养思政高尚的人才，为这些人才的发展提供价值导向。可以说，正确、全面、科学地认识思政教育的主体是建构思政教育学科体系最为重要的基础。

（二）国外的思政教育环视

虽然国外没有专门对思政教育作出一个名词性的定义，但许多国家却一直存在真正意义上的思政教育。思政教育一直都是各国社会教育的一个重要组成部分，为国家所特别重视。各个国家也在新形势下不断探索思政教育之路。要研究国外思政教育的理论与实践，特别是欧美与亚洲教育发达国家和地区思政教育的特点和发展模式，在此基础上理性总结它们的思政教育发展经验，取长补短；再通过理性、具体的分析，细致的比较研究，批判性的借鉴，进一步改进我国中小学思政教育的不足，促进中小学思政教育健康、快速发展。这是我国基础教育改革中的一项重要课题。

1. 各国思政教育的模式介绍

（1）美国的思政教育

美国并没有对思政教育确立一个准确统一的定义。但美国思政教育是客观存在的，它是实质性地融入公民教育、道德教育、历史教育、法治教育之中的，是一种间接的、渗透式的"隐性思政教育"。这种教育贯穿于人们思政形成的全过程，表现为教育内容的隐蔽性，教育途径的隐蔽性，教育队伍的隐蔽性，教育方式方法的隐蔽性，教育表现体系的隐蔽性。在美国，资本主义社会制度所需要的道德规范、价值原则、做人的道理等通过广泛的宗教团体和宗教活动，以宗教信条的方式灌输给中小学生，同时通过历史文化遗产教育、国家发展前景教育等宣扬美国的爱国主义精神。可以说，爱国主义教育是美国最为重要的思政教育内容。

在教育途径上，美国中小学以美国文化和人文社科类为主的课程间接渗透思政教育内容。在教育队伍上，活跃于课堂的牧师队伍在传播资本主义主流意识形态、开展思政教育的过程中发挥着重要作用。在教育方法上，通过美国历史、公民与法、西方经济学、中学生生活导论课、职业道德和社会研究等课程的教学间接地进行美式资本主义教育。在教育体系上，形成社会、学校、家庭对中学生思政教育齐抓共管的合力。美国是一个历史不是很长的国家，在其二百多年的发展历史中，美国一直非常重视其民族传统和民族精神的发展传承。在其中小学的思想道德教育过程中，特别强调宣扬美国式政治制度的科学性和合理性，注重培养中小学生的社会责任感，如关心他人，尊重他人的尊严，承担道德选择责任等。以道德认知为主，美国在经济现代化的进程中，由道德问题的研究与探索开始，形成了种类繁多、方法各异的思政教育模式：道德认知模式、价值澄清模式和社会学习模式。道德认知模式采取渗透于社会学习、法律教育学习、心理学教育等课程领域的隐性活动，让学生参与道德发展过程；价值澄清模式强调以生活为中心，接受现实，进一步思考、选择、培养个体自我指导的能力，使受教育者获得最适合和清晰的个人价值观；社会学习模式主张通过净化社会环境、关注大众传媒对人品行的各种正负效应，树立现实榜样来影响学生的道德行为。但无论哪种思政教育模式，其根本目的都是传播美国式意识形态，培养符合现存社会政治目标和社会制度的人。

（2）日本的思政教育

日本思政教育的理论基础是本土的神道教理论教义和武士道精神以及外来的儒家思想和民族主义思想。这充分诠释了日本善于消化和吸收他国文化的民族特性和思政教育的杂糅化。日本对中小学生的道德教育是高度重视的，他们认为道德教育是关系日本未来命运的关键，因而把道德教育放在学校教育的首位；同时也极其重视传统的人格教育，重视社会责任感的培养，使人成为具有自主意识和自制能力的人，成为全面和谐发展的人；并善于运用茶道、和服、樱花节等传统文化，陶冶人的性情，进行民族传统教育。在教育的途径方式上重视客观教育环境的影响，综合运用学校思政教育、企业思政教育、家庭思政教育、社区思政教育等多种手段。其中在家庭的思政教育方式上，丰富家庭基础文化和道德教育及家人基本信赖关系的教育，还通过家庭教师协会等开展家庭教育的学习、讨论、交流，进而提高家长的教育能力。在学校思政教育上，侧重于道德品质的培养和道德行为的塑造，设置规范的、各学科渗透的道德课，培养学生的道德价值观和道德判断能力。在企业思政教育上，倡导企业教育。日本的企业教育内容非常丰富，包含技术教育、职业教育、企业精神和企业道德教育。这里面包含的思政教育要素很多，如忠诚、团结、协作、恪守职责、勇于奉献的群体价值观精神。在社区思政教育上，社会机构、社会组织承担了针对全体公民的思政教育任务。日本有公共图书馆、青年之家、市民会馆、文化会馆等众多的思政教育场所。其中日本特有的，进行学习、教育和文化娱乐的社区教育综合设施是公民馆，除进行职业教育以外，还实施公民教育。这些社区通过开展宣传，举行各种社区活动，以隐形的"无意识"的教育提高民众的思想道德教育水平。在大众传媒思政教育上，日本的大众传播媒介在政治领域被视为与官僚、政党、利益集团并列的势力。日本的教育决策者在决策中会充分考虑大众传媒所反映的各方意见和利益要求。大众传媒也主动地注意表达社会各种团体和国民的利益要求，反映并评论他们对问题的看法。因而大众传媒对于广大民众政治水平和道德意识起着潜移默化的影响作用。

2. 国外思政教育可借鉴之处

总的来看，在全球化的今天，西方主要发达国家在经济文化交流融合之中更加重视思政教育，积极从本民族的传统文化中汲取营养，并借鉴其他国家先进的经验和有利于本国的意识形态。总体上来看，呈现出这样一些特点：第一，在思政教育的内容上，重视政治功能，倡导爱国主义，抵制马克思主义。西方资本主义国家对社会主义制度、马克思主义的抵制是具有阶级特性和政治目的的，这与我国的根本制度和国情是相悖的，不能为我所用。西方主要资本主义国家思政教育也往往带有强烈的政治、阶级、民族倾向性。在这个过程中，他们也认识到，要团结凝聚人民只有提倡爱国主义，才能在各种利益冲突中寻找到最佳平衡点，因此各国在思想教育中加强爱国主义教育成为主旋律，这种爱国主义教育是大张旗鼓地展开的，通过大力宣扬西方国家的历史、文化和民族精神，对国民进行全方位的爱国主义精神洗礼。而其反对社会主义制度，抵制马克思主义的过程则具有隐性的特征，在传播灌输资产阶级意识形态的过程中，肃清敌对意识即社会主义意识形态的影响。第二，在思政教育方法上，讲究层次性与连续性。西方国家在开展思政教育的时候，会根据受教育者的不同年龄层次和知识水平来制定差异化的教育目标，强调使用不同的手段和方法循序渐进地分层次教学，建立开放性的教育模式，把理论教学和社会实践结合起来，做到因材施教。第三，转向重视道德和法治教育，并向传统道德回归借鉴。西方发达国家一度在过度追求物化经济发展的过程中，以功利效益为标准，忽视了道德原则、道德知识和道德的根本价值，也忽略对人自身德行品格的培养。但随即出现的忽视道德教育造成的社会危害，使各国不得不重新重视道德教育。各国重新挖掘本民族传统文化遗产，克服个人利己主义和相对主义，进行道德重建。第四，在价值观的教育上，强调个人主义自由价值观和社会价值认同并重。追求权力、地位、自由的个人主义是西方资本主义社会普遍奉行的价值观和道德原则，《人权宣言》《独立宣言》等更加深入人心。随着经济的高度发展，讲求合作，培养合作精神，强调为公众利益而学习的集体观念开始盛行。共同社会价值观特别突出了国家至上、家庭为根、关心扶持、求同存异、协商共识、种族和谐、宗教宽容的内容。强调社会价值观是对个人主义价值观的补充，是一种个人主义价值观和社会价值认同协调发展的价值观。

　　西方思政教育的方式方法和经验教训告诉我们，认真总结这些国家思政教育的做法，吸收有价值的理论，再认清我国思政教育的优势和存在的问题，继承并挖掘本民族传统文化的价值，将有利于优化和提高我国的思政教育水平。首先要注重思政教育氛围和环境的综合效应。校园文化环境的建设，对培养拥有高尚道德水准的学生具有重要的意义。我国中小学可以通过在物质与精神上优化学校校园环境，通过校园文化陶冶学生心灵和行为习惯。同时开发校园古典式的建筑、塑像、道路等，用物质与精神感染学生并培养学生传统民族文化气质，提升道德精神境界。其次，要促进显性教育与隐性教育的有机结合。我国目前的思政教育以显性教育为主，显性教育对于宣传与灌输基本的思政教育理论作用明显，但内容单调，容易让人厌烦。隐性教育恰恰克服了因说教、灌输而引起的受教育者的逆反心理和抵触情绪，但隐性教育又缺少系统理论教导性。只有将显性教育与隐性教育有机地统一结合起来，并运用多种渠道，使思政教育与社会服务实践相互融合，才能提高思政教育的实效性。最后，在思政教育理论课程内容的设置上，要深度挖掘传统文化中的价值观，从而加强中国传统文化对培养学生道德素质的重要基础作用。在具体的课程设置上，可以开设传统文化与道德修养的系列课程，把传统文化中的精华教给学生，让学生充分认识传统文化经典中所蕴含的精华内容，明德修身，健全现代道德观境界。同时学校也要及时组织学生反思现实中的各种道德现象与问题，引导他们做出道德判断，并在判断中明确道德价值标准。

二、中国中小学教育中的思政教育

我国中小学教育中的思政教育一直是党和国家高度重视的问题，也是我们的优良传统和政治优势所在。越来越多的学校把思政教育工作视为立校之本、兴校之本、育人之本、教学之本。可以说"以人为本"治国方略的理论支撑之一就在于中小学思政教育的价值取向。思政教育本质上属于意识形态的范畴，受国家政治、经济、文化政策的影响很大，每一个阶段或不同时期的思政教育都有相应的时代特征。要创新研究当前中小学的思政教育，就必须追溯中华人民共和国成立以来各个阶段思政教育发展的历史演变，提供借鉴、参考，并以此来改进、加强和创新中小学的思政教育建设。

（一）中华人民共和国成立以来中小学思政教育发展回顾

中华人民共和国成立以来，我国中小学的思政教育发展大体经过了两个时期，两个时期的分界是党的十一届三中全会的召开。两个大的时期中又可以划分为若干阶段。

1. 1949年至党的十一届三中全会前，中小学思政教育的发展

1949年中华人民共和国成立，经过"土改""三反""五反"等一系列政治运动，社会主义改造完成，这其中也包括对中小学学校旧制度的改造。中小学的思政教育肩负起改变旧思想、树立新思想，改造旧教育、创建新教育的重任。当时的"共同纲领"和"过渡时期总路线"都对中小学思政教育的价值取向和目标做出了明确的规定，强调要特别加强中小学校中的思政教育。进行革命的政治思想教育，肃清一切反动错误的思想，树立正确的观点，用马克思列宁主义的基础知识教育学生，培养大批忠实于社会主义事业的、有一定科学技术知识的专门人才。各中小学普遍开设了思政理论课，并将课程和思政教育运动相结合。奉行学生德、智、体、美、劳全面发展的教育理念，实施以马克思主义世界观、人生观为指导，以爱国教育和阶级观教育为重点的共产主义思政教育。这阶段的思政教育客观上促进了青少年政治观的形成，也在教育层面对稳定刚刚建立的社会主义制度起到了显著作用。

从中共中央八届十中全会提出将阶级斗争扩大化后，中小学的思政教育也开始陷入了阶级斗争之中。

2. 党的十一届三中全会以来，中小学思政教育的发展

随着党的十一届三中全会的召开，中小学思政教育的方向也随着国家工作重心的转移发生了变化，不再以阶级斗争为纲领，而是以马克思主义思想路线的"解放思想、实事求是"为指导思想，转到了服务"四化"建设的总目标上来，正确地定位了新时期思政教育的任务、地位和作用，尊重规律，科学、合理地为党培养社会主义现代化建设需要的专门人才。从党的十二大到十三大，再到十三届四中全会和十六大，直至十七大、十八大、十九大，我国中小学思政教育进入到改进、加强、创新发展阶段。各中小学紧紧围绕党的基本路线，切实改进思政工作，着力培养新人，并纷纷设立研究机构，使思政教育向科学化、法治化迈进。国家制定了《关于加强学校思政工作的决定》，各中小学也认真贯彻执行中央的精神，坚持党的原则教育和基本路线教育。

近年来，中小学思政教育比以往任何时候都更加注重教育理念、内容和方式方法的创新。突出强调德育的重要性，突出理想信念教育、爱国主义教育、民族精神教育，突出以改革创新为核心的时代精神教育、心理健康教育。有效运用网络等新兴传媒开展思政教育，提高思政教育的科学化教育水平。这一系列的改革使得中小学思政教育的创新性和实效性得到明显增强。中小学思政教育在培养中国特色社会主义事业合格建设者和可靠接班人上呈现出崭新的局面。

（二）对中小学思政教育发展历史的深思

中华人民共和国成立以来，中小学思政教育的历史是由单一走向整合的转变过程。其中有正确的时候，也有错误的时候。我们要借鉴成功的经验，吸取历史的教训，促进当前中小学思政教育的开展。主要的历史启示体现在以下几个方面。

1. 坚持正确全面的思政教育观

全面发展的思政教育是人的全面发展，人的全面发展也构成社会发展的中心内容。顾名思义，人的全面发展就是按照人的本质，即作为一个完整的人，以一种全面的方式，占有自己全面的本质。这也正是思政教育的根本目标所在。所以坚持正确全面的思政教育观就是坚持以中小学生个人的全面发展为教育目标，就是要重视作为思政教育者的素质提高。过去，我们一味地重视对学生的思政教育，而长期忽视对教育者的思政教育。要有效提高思政教育者的整体素质，必须持续不断地对其政治素质、道德素质、思想素质、法律素质进行教育。必须首先提高其知识能力素质、心理素质、创新素质等，只有这样才能取得良好的效果。当然，思政教育的受教育者——中小学生的素质提高才是根本需要，重点就是思想道德修养的提高。

2. 坚持思政教育的正确导向

能否培养出社会需要的，具有自觉性社会服务意识的中小学生，不仅直接关系到党和国家事业发展的全局，而且关系到中小学思政教育能否沿着正确的教育方向前进。坚持中小学思政教育的正确导向，就是要正确科学地引导中小学生全面理解和贯彻党和国家的基本路线，正确认识和处理社会价值与自我价值之间的关系。坚持正确的政治方向，高举新时代中国特色社会主义的伟大旗帜，坚定不移地走中国特色社会主义道路。坚持思政教育的正确导向，就是要坚持把握政治方向和价值取向的辩证统一。中华人民共和国成立以来中小学思政教育的发展表明，只有坚持政治方向和价值取向的正确的辩证统一，才能有效地引导当代中小学生为社会主义现代化建设新征程作出更多有益的贡献。

3. 坚持"以人为本"的思政教育理念

中小学思政教育在于对人性的充分肯定和尊重，弘扬人的主体性，提高人的主体意识，促进人的个性发展，启发学生的自觉性，激发学生的创造性，立足于学生的身心实际和发展实际，以学生的全面发展为目标和归宿，以促进社会发展为手段，注重学生的人性认同，注重学生的人格尊重。注重学生的人文关怀，给予学生更多人性的色彩，这是中小学思政教育应达到的效果。坚持以习近平新时代中国特色社会主义思想为行动指南，以培养全面自由发展的中国特色社会主义优秀建设者和接班人为目标，坚持教育与自我教育相结合、教育与管理相结合、政治理论教育与社会教育实践相结合。广大中小学思政课教师应以继承优良传统与改革创新相结合为原则，深入细致地开展学校思政教育社会实践，同时尊重学生，突出学生的主体性地位，关注学生的精神需求，切实有效地通过中小学思政教育，为现代中小学生构筑人生理想提供思想支持、理论支持、实践支持，从而实现中小学思政教育和政治诉求的和谐统一。

4. 坚持以社会主义核心价值体系为核心的思政教育

新时代思政教育理念创新与发展的重要依据之一就是社会主义核心价值体系。社会主义核心价值体系与中小学思政教育存在着一种相互促进的内在统一关系。中小学教育中开展的社会主义核心价值体系建设为加强和促进学生思政教育营造了良好条件，创造了机遇，也提出了新的要求。社会主义核心价值体系是对中小学思政教育内容、目标的总结和精练概括。

社会主义核心价值体系的内容与中小学思政教育的教育本质、目标、任务等互相融合，是中小学思政教育的集中体现和反映。中小学是建设社会主义核心价值体系的主阵地和主导力量，发挥着主渠道的作用。一方面社会主义核心价值体系在全社会营造的氛围，客观上增强了思政教育的有效性，促进了中小学思政教育的顺利发展；另一方面社会主义核心价值体系的内容建设也需要依托中小学思政教育的巩固和发展。现在，每所中小学校在思政教育中，都把对学生的社会主义核心价值体系教育当作一个重点问题来探索和研究，充分发挥学校的主导性和能动性作用。在将社会主义核心价值体系融入中小学思政教育的过程中，要突出马克思主义中国化的最新成果，倡导爱国主义和集体主义，培育和践行社会主义荣辱观，强调民族精神和时代精神，加强理想信念教育、形势政策教育，不断增强道路自信、理论自信、制度自信和文化自信。

三、目前中小学思政教育的发展趋势

（一）目前中小学思政教育的本质特征

纵观中国现当代教育发展历史，可以说在革命战争年代，思政工作是为了民族的独立和人民的解放，掌握思政教育是全党团结进行伟大斗争的中心环节。中华人民共和国成立以来，思政工作的生命线则是为了中国特色社会主义制度的建立和巩固。思政教育这个党和国家的优良传统和政治优势，在今天已然为社会主义现代化的建设提供了充足的精神动力和思想保证，为推进现代化建设，全面建成小康社会，实现中华民族的伟大复兴提供了保证。各中小学校也把思政教育作为学校的立校之本、治校之本、兴教育人之本，将其视为基础教育改革、发展和稳定的重要导向、动力和保证，视为培养德、智、体、美、劳全面发展的高素质创新型人才的关键。目前，在基础教育层面上，我国教育正处于由精英教育向大众化教育的转型阶段，这个阶段也是由规模扩张走向以提升质量为主的阶段。这种由精英教育向大众化教育、由规模扩张向提升质量为主的发展态势为各学校思政教育的走向提出了新的思路和问题。面对这些新问题，传统的思维方法、运作模式和措施势必要进行改革，这就要求中小学要在理论与实践上都做出与时俱进的创新性思考和理性决策。与时俱进、开拓创新的本质属性和特征本就是中小学思政教育应该具有的精神。

（二）目前中小学思政教育的理想境界

以往思政教育的很多做法和经验是值得反思的，表现为：教育缺失，忽视素质教育，过分看重分数，教育缺腿明显，对学生期望过高，将压力无形中转嫁给了学生。在某些中小学思政教育工作中，教育者有时超越现实需要，超越学生的承受能力，把具有强化性的教育愿望、教育观念、教育内容、教育方法和要求以及教育的心理缺陷，通过各种途径转嫁给学生，用强迫成才成功的、脱离实际的"远、大、高"等目标要求学生，甚至强迫学生接受所谓的必需的教育，而与学生平等沟通不够，给予民主理解不多。长此以往，致使一些人产生心理畸形或人格缺陷。其实，中小学思政教育的理想境界是管用有效、协调和谐。随着学校办学形式的高速发展、招生规模不断扩大，办学质量、层次获得不断提升。随之而来的是管理体制改革步伐的加快，特别是人事分配制度的改革。这使得基础教育出现了大众化、人才流动国际化、教育投资多元化和教学手段科技化的局面。所以，要使中小学思政教育进入管用有效、协调和谐的境界，我们必须深入分析新形势，认真研究新问题，积极应对新情况；还应该总结新经验，树立新观念，构想新内容，寻找新途径。

（三）目前思政教育的与时俱进、开拓创新

目前中小学思政教育在不断地尝试改革，并在持续不断的改革中加强。这种改革和加强客观上又不停地务求落实与创新，从而使得思政教育的本质和主流朝好的一面发展。当然在取得较大成绩的同时，也有存在的问题。因此，可以说中小学思政教育是一项科学的事业，一门职业的学问，一项专业的艺术，也是一个系统的工程。新时代，中小学思政教育的发展趋势是与时俱进的、开拓创新的。与时俱进、开拓创新是中小学思政教育的本质特征和鲜明特色。中小学思政教育的创新是一个天天说、月月讲、年年谈的老话题，但却不是一个简单的口号和标签。应该说着眼于理论、观念，体制、机制，内容、形式和方法等实实在在的创新才是最有价值、最重要的选择。所以，中小学思政教育与时俱进、开拓创新的内涵至少包括如下内容。

第一，观念的现代化。当前中小学思政教育的不断创新最先表现为观念的持续更新，那就是要形成符合当前时代进步、发展和培养创新型高素质人才需要的谋划、实施和评估中小学思政教育工作的现代化新观念。这种现代化新观念包括：将思政教育置于战略位置，作为一项战略任务，确保不越位、不错位、不失位的战略工作观；按照思政教育自身的特点和规律，将思政教育作为一门科学和一门艺术对待的科学工作观；强调针对性和实效性，注重效益质量，提高中小学生整体素质，特别是思政品德素质的质量工作观；重在建设、重在发展、重在创新，力求落实思政教育大政方针的规范工作观；将"教书育人、管理育人、服务育人"齐抓共管，学校、家庭、社会"三位一体"的全员工作观。

第二，途径的多样化。客观上有多少影响培养中小学生思政教育素质的因素和渠道，就会有多少对应的解决措施和教育途径。纵观现在中小学的实际情况，措施和途径的选择足够多。比如，学校组织的团队活动，思政教育管理者的管理工作，学校的思政理论课、班主任制度以及各种社团和学校思想教育的咨询研究等。但无论是哪种途径或措施，最终的结果都会让他们实现认同、接受、内化、践行的转变过程，都是多途径、新途径、好途径探索的过程，都是为了使思政教育内容进入学生的头脑。最后，实现途径的多样化还要特别注意投入的问题，即在强调思政教育进课堂、进社团、进社会实践、进网络的时候要舍得投入，不能因为短时期的收益不足而放弃投入。

第三，内容的整体化。中小学思政教育内容的发展方向是将科学性、思想性、丰富性、规范性、创新性统一整体推进。既要使教育内容定位准确、安排富有创新性，还要达到教育内容反映时代精神、体现民族文化、形成科学体系的客观要求。这就要求思政教育的内容要保持相对稳定，教育的核心内容要相对明确。同时相关的内容要有机结合，使得整体内容成为一个系统。所以，中小学思政教育工作者要在这些思考之上担负起责任，建立起方向相一致、目标相一致、规格相一致、要求相一致的合力教育和管理机制。

第四，人员的专业化。未来中小学思政理论课教师应该是政治上坚定、业务上精湛的专业化、学者化人才。专业，意味着高质量，也体现着主体的不可替代性。中小学思政教育重点研究的是学生丰富多彩的精神世界，它负责解答昨天、今天和明天关于世界与人生的问题。解决的是学生面对社会与人生的问题，面临的是不断的发展、变化与研究探索；这一切要求思政理论课教师拥有广博、深厚的学识基础，拥有实操的技术能力；这也为思政理论课教师的专业化明确了指向，即要向事业型、开拓型、务实型、复合型方向发展。

第五，考核的综合化。中小学思政教育的发展是一个系统工程，要想使其不断地发展与完善就必须使思政教育考核体系更加完备，提高管理的科学化水平，并使考核手段、方法更加综合化。目前，中小学思政教育管理的趋势正在由传统的随意型、被动型向规范型、创新型过渡。基于此，中小学思政教育的重点就是着眼于管理理念、管理内容、管理形式和管理目标的科学化。至于考核的综合化，可将学生思政教育理论学习成绩、思想素质、日常表现，以综合测评的形式统一纳入思政教育工作整体考评体系中，使思政理论课的教育实践环节不仅与课堂教学衔接，还要与团队、社团活动有机结合。总之，在保证考核评价体现学生个性发展、体现民主参与过程、体现评价方式层次性和多样性的前提下，建设长效的思政教育考核综合工作机制。

（四）新时代思政教育的"四个"必须

一是必须用马克思列宁主义、毛泽东思想、邓小平理论、"三个代表"重要思想、科学发展观和习近平新时代中国特色社会主义思想指导新时代的中小学思政教育工作。这些先进的理论反映着当今时代的主题，体现着新时代的精神，展现出新时代的特征，保证了中小学思政教育不偏离方向，保持魅力和作用。

二是必须学会在经济全球化、政治多极化、文化多样化的国际竞争中，在不断提高综合国力的前提下，面向世界，站在国际化的高度，坚持民族传统文化的特色和优势，坚持传统文化的发扬，坚信民族的经济、政治、文化是与思政教育相适应的。同时，还要学习借鉴人类一切文明教育成果，合理认识其他国家公理性的价值观，使思政教育在与国际接轨，在与各文化教育发达国家的相互竞争中，长期共存，双赢共利，进而培养中小学生的综合素质特别是思想品德素质。

三是必须使中小学思政教育紧紧围绕着培养高素质的创新型人才这个中心进行不断改革。中小学思政教育为学校的改革、发展和稳定提供导向和思想动力保证，反过来改革、发展和稳定又为学校思政教育提供有利条件。现如今，面对持续进行的改革，面对社会状况复杂而深刻的变化，特别是在就业方式、利益关系和分配方式多样化的情况下，学校要向学生进行党的基本理论、基本路线、基本纲领、基本经验教育及爱国主义、集体主义和社会主义思想道德教育以及社会主义荣辱观教育。对于理想信念教育，要充分改革其原有的教学教研工作观念、内容和方式，一切以解决中小学生的思想认识问题和实际问题，以学生的全面发展成长为目的。

四是必须正视新时代基础教育飞速发展、办学规模持续扩大、教学质量深化提高、学校内部管理体制改革的情况。要更新落后的教育观念，改革过时的教育内容，扬弃陈旧的教育方法，使得中小学思政教育随着其原则、环境、内容、任务和对象的变化去探寻新的理念，研究新的思路方法，总结新的经验对策。

四、思政教育未来发展的保障

信息化时代，学校思政教育在总体上要力求把握"三个统一"、明确"四大特性"和达到"五项要求"。只有这样，中小学思政教育才能在总体上体现时代性、把握规律性、富于创造性、增强实效性；才能实现教育和谐，达到教书育人、管理育人、服务育人的统一；才能体现出思政教育的主阵地、主渠道作用和意义；才能优化思政教育的客观环境，保障制度建设顺利进行；才能使得作为受教育群体的中小学生在德、智、体、美、劳诸方面全面发展，做到五育并举。

（一）把握"三个统一"

这"三个统一"分别是：第一，主旋律与多样化的统一。在针对中小学生的教育中，马克思列宁主义、毛泽东思想、邓小平理论、"三个代表"重要思想、科学发展观和习近平新时代中国特色社会主义思想的教育无论任何时候都要旗帜鲜明地成为思政教育的主旋律。但在紧抓不放的同时，还要从客观实际出发，选择多种多样的形式。在信息传媒高度发达的今天，要善于运用新载体、新手段开辟新途径。在采用新的教育形式时，教师应采用学生喜闻乐见，对其管用有效、受益良多的方式。第二，远目标与近距离的统一。中小学思政教育要讲远大目标、战略目标。中小学思政教育的目标之一是提高中小学生的思政品德素质，杜绝动摇信念、淡化理想、远离崇高的放弃主义。中小学生思政品德素质目标的实现需要一个软着陆的过程，理论要讲清、讲明、讲透，要在这个过程中强调感召力、说服力、激励性、鼓动性，注重倡导奉献和付出。要讲贴近学生，贴近教学、科研、生活、实践的内容，不能脱离学生实际；要深入学生心灵，提倡近距离沟通。第三，高效益与低成本的统一。在今天高度发达的市场经济条件下，中小学思政课教育者都是怀着一颗热爱、执着之心在做这项工作，也对思政教育的发展充满了责任感和事业感。但光有决心和感情是不够的，信息时代的市场经济讲求的是效益的最大化，即使是思政教育也不能例外。换句话说，如果不能产出良好的效益便不会有中小学思政教育的良性发展。当然我们是在理智的前提下考虑效益化问题的，因为中小学思政教育的效益不是一个单一的经济性指标，毕竟思政教育还是通过精神生产产出精神产品，这种效益更多地表现在中小学生的品德知识素质等综合指标上。然而低投入、高产出，以最小的成本获得最大的利益是不能操之过急的，不能急于求成，否则往往欲速不达。总之，还是应该从成本预算的角度核算思政教育投入产出的效益问题。

（二）明确"四大特性"

一是党性，思政教育一定要坚持党性的原则、思想性的原则和方向性原则，坚持马克思主义在意识形态领域的指导地位，坚持落实习近平新时代中国特色社会主义思想的科学体系等教育内容，践行"中国梦"，培养中国特色社会主义建设的优秀人才，坚持在明确政治方向、政治立场、政治态度问题的前提下，把党性原则放在最为重要的地位。二是理性，中小学思政教育理论本身就是为中小学谋发展的理论，是为中小学生谋利益的理论，也是以理服人的教育理论，具有哲理性魅力、理论性魅力和科学性魅力，也正是由于思政教育科学的理论才保证了思政教育应该具有的感染力、说服力、吸引力和渗透力。三是人性，中小学思政教育要始终关心中小学生的实际需要和实际利益需求，以中小学生的成长、成才需要和利益为存在和发展的基础，因而要富有人情味，充满人性，要讲人性、讲关怀、讲关爱、讲情感、讲道德、讲良心。四是个性，中小学思政教育在讲求团体共性利益的同时，也要看到中小学生个体的差异和区别，看到在教育中中小学生千人千面的个性和特点。所以，在尊重集体主义精神的前提下，一定要尊重中小学生的个性发展需要，顾及个人满足感，尊重人格尊严并发掘其个性特长。

（三）达到"五项要求"

1. 能创新

中小学思政教育一定要坚持把中小学生作为思政教育的主体，把中小学生的全面、自由发展作为思政教育的根本。要站在历史高度，运用战略眼光，对教育创新进行宏观构想。中小学思政教育的创新包括理念创新、机制创新、内容创新、形式与方法创新、制度创新等。在这一系列创新中，一定要在理论上登高望远，运行上拉近距离，高立意、低姿态，重视具体操作，这样才能对学生产生亲近感和亲和力。为此还要做到几个转变：首先，是意识管理的转变，毕竟未来中小学思政工作要由繁杂转向简约，所以管方向、管规则、管结果的巧管、会管就显得很重要；其次，是姿态的转变，要由教育权威向平民教育过渡，多树立平等权利思想，多一点民主意识，多一点亲近态度，要在潜移默化中进行并完成思政教育工作；再次，要向主动参与转变，讲求所有受教育人的共同参与、自主进行、双向交流，这样才能使彼此都有收益；最后，要向务实转变，应虚事实办、虚功实做，以实求新、以特求新、以深求新、以精求新，重在实效。

2. 有特色，得实效

中小学思政教育有特色、得实效才有生命力，有求实精神才能增强思政教育的针对性和实效性，取得良好的育人效果。一般情况下，任何一所中小学的思政教育都有自己的独特之处，都会在构建富有特色的思政教育体系、机制和模式，在理论指导、主要内容、基本原则、重点要求上确立统一的标准。建构符合中小学实际的有特色的思政教育，主要是为了取得思政教育的实效，是为中小学生谋取最大化的利益。为此众多中小学纷纷在突出优势和培育专长上下功夫，通过优势突出特点，通过培育专长形成特色，通过不断扩大特色取得实际效果。为此，有的中小学从拓展思政教育的覆盖率、提升思政教育的接受率、增加思政教育的效益值、扩大思政教育的满意度等方面论证实效的取得和特色的培育。

3. 重人文

中小学思政教育应该以为学生服务为出发点和落脚点。以往的思政教育有时不是从人性化角度出发，没有落实以人为本，而是习惯于从某些理论、原则、观念出发，习惯于从某种政治需要出发，习惯于依靠或等待精神或指示，缺少积极主动地实地研究，缺少千方百计地解决中小学生思想认识的行动。要想做好中小学思政教育，必须以学生为主体，以学生为中心，无论如何不要压制学生、限制学生、束缚学生，要促进学生的全面发展和健康成长。为此，要尊重人的需要，正视学生正当的个人利益需要，正视学生追求幸福生活的思想行为和方式；要尊重学生的人格，尊重学生的差异和个性，重视对学生思想道德问题评价的标准；要维护中小学生的合法权益，帮助中学生实现自身价值，促进其全面发展。

4. 讲诚信

现代社会极其讲究以诚信立业、建业、兴业、成业，以诚实守信为人、立世、做事。现代诚信包含着名声、名誉、信用等多个方面，现代诚信是建立在诚实基础上的心理承诺与契约实践相结合的一种意志和能力。中小学思政教育的工作就是与中小学生的心灵、思想等人的最神圣的领域打交道，最应该讲诚信。思政教育如果失去诚信，就会使中小学生产生逆反心理，引起厌倦情绪。所以诚信是中小学思政教育工作取信于中小学生的关键，对一切毁损诚信的行为要坚决杜绝，坚持言行一致，绝不失信于学生。要打造中小学思政教育的诚信形象，就要树立诚信品牌，切实降低信誉风险。

5. 树品牌

中小学思政教育追求的目标就是产出优秀的人才、优良的成果、良好的效益。思政教育是中小学先进文化、前进方向的代表，是同没落的封建文化、腐朽的资本主义文化以及粗俗文化斗争的文化牌。思政教育是高品位文化，它讲理想、讲信念、讲道德、讲法纪、讲真善美，是中小学校的一个品牌、一种形象。它要求所有思政教育者重视创造性知识，重视吃苦、努力、奋斗的科学精神与人文精神，重视摆脱世俗、防止机械、超越功利，重视人性化，以为学生谋利益为思维重点、工作重点，既要帮助学生实现物质需求，更要帮助学生满足精神层面的需求。

第二章

中小学思政课的基本
原理和课程标准

第一节　中小学思政课的基本原理

中小学思政课包括高中思想政治、初中道德与法治和小学道德与法治课。性质是一事物区别于其他事物的特殊本质。思政课的性质，是思政课与教学的基本问题之一，也是思政学科课程改革的重要依据。对这个问题的理解不同，教师教学的指导思想和教学实践的方向也就不同。因此，进行思政课教学，首先必须对学科的性质进行必要的分析。

一、对思政课性质的不同看法

思政课是一门具有特殊性质的课程。它与其他课程既有共性又有自己的特殊性。长期以来，关于思政课的性质问题有着不同的认识和看法。

（一）思政课是文化知识教育课

这种看法认为，思政课属于人文学科领域，它的教学内容是一个知识体系，只要把知识原原本本地教给学生就行了。因此，喜好甲乙丙丁式的烦琐讲解，讲知识点，背知识点，考知识点，以一纸试卷考查学生的觉悟和行为等现象普遍存在。

这种看法是片面的。思政课的教学内容是一种知识体系，对学生进行的是人文知识教育，但这种教育绝不是单纯的文化知识教育，而是通过这些知识的传承，达到转变学生思想的目的。事实上，不管什么学科，卷面考试只能是针对知识内容和认识能力的测试，而不能作为检查学生觉悟和行为的依据，思政课更是如此。

（二）思政课应改称为德育课

这种看法认为，思政课的目的是育人。为此，建议思政课脱离人文学科领域，改称德育课，这样就可以名正言顺地实现并强化思政课的育人功能。

这种看法也是片面的。在我国，中小学德育课有学科形式的，也有活动形式的；有显性的，也有隐性的；有基础课程，也有时政课程；有由思政课教师承担的，也有由班主任、团队组织、各任课教师承担的。思政课就其课程性质而言，原本就是宏观"德育课"的范畴，但不可能包揽德育的全部任务，也不仅仅归属于德育的"编制"之中。德育、智育、体育、美育，其实是学校素质教育的分类系统，而不是划分学科的概念。唯有在学科教育和德育各自不同的系统中，分别定位思政课，才能确切地阐明其应有的育人功能，把握其固有的学科性质。

（三）思政课是公民素质教育课

这种看法认为，高素质的公民，对一个国家的建设和发展具有极其重要的意义。培养高素质的公民，长期以来受到世界各国的共同关注。同时，这种看法又认为，思政课将培养理想社会公民的目标定得太高，脱离了现实，这是它缺乏实效性的根本原因。

这种看法也具有片面性。从某种意义上讲，教育模式的形成和转换，往往以目标模式作为契机和标志。但理想教育的目标设置与实施是否切合实际、富有成效，则不宜笼统地用高或低、远或近这类字眼来表达。革命战争年代和新中国成立初期，我国的理想教育目标充满了革命的理想主义色彩，鼓舞了广大人民群众的斗志。由于社会的发展、时代的变迁，我们可以对理想教育具体目标模式的变化给予足够的理解，但也决不会认为那是教育的失败。理想教育的意义，决不会因时因事而受冷遇，各国概莫能外。在我国，理想和信念更被视为思政教育的核心。提醒人们注意现实社会并不理想或者并不存在理想化的社会，呼唤理想教育要回归到现实生活中来，这无疑是正确的；但如果就此淡漠了思政课的理想教育目标，我们的探讨就有可能步入新的误区。

二、对思政课性质的分析

对于思政课性质的准确认识，我们需要从两个层面来加以把握。一是思政课所反映的制度性质；二是思政课自身的学科性质。

（一）思政课的制度性质

从思政课所反映的制度性质来看，它是我国社会主义国家制度巩固与发展的内在客观要求，是基础教育社会主义性质和办学方向的重要体现。我国是以马克思列宁主义、毛泽东思想和中国特色社会主义理论体系为指导的社会主义国家，巩固和发展社会主义制度，客观上要求学校教育必须把培养和造就具有正确的政治方向、良好的思想道德素质、较强的工作能力的社会主义事业建设者和接班人作为自己的根本任务。思政课，正是为了适应和满足这种需要，从维护、巩固和发展中国特色社会主义事业的高度来设置的。

中小学道德与法治课程从学生适应社会公共生活和思政形成与发展的实际出发，以成长中的我，我与他人的关系，我与集体、国家和社会的关系为主线，对道德、心理健康、法律和国情等多方面的学习内容进行有机整合，引导和帮助学生逐步形成良好的道德品质和心理素质，养成遵纪守法和文明礼貌的行为习惯，增强爱国主义、集体主义的思想情感，逐步树立中国特色社会主义的共同理想，为学生逐步形成正确的世界观、人生观和价值观奠定基础，从而体现出了道德与法治课程的制度性质。

高中思想政治课，是依据中共中央关于学校德育工作的相关文件和《国务院关于基础教育改革与发展的决定》，以及教育部《普通高中课程方案（实验）》设置的，为高中生终身发展奠定思政素质基础的课程。进行马克思主义基本观点教育，以社会主义物质文明、政治文明、精神文明建设常识为基本内容，引导学生紧密结合与自己息息相关的经济生活、政治生活和文化生活，经历探究学习和社会实践的过程，领悟辩证唯物主义和历史唯物主义的基本观点和方法，逐步树立建设中国特色社会主义的共同理想，逐步形成正确的世界观、人生观和价值观，为终身发展奠定思政素质基础。这些充分表达了高中思政课的社会主义性质。

（二）思政课的学科性质

从思政课的学科性质来看，它归属思政教育学科，是一门综合性的必修课程。这个归属是就思政课的整体来讲的。诚然，思政课是由若干门课程组成的，这些课程所包含的基本理论和知识内容虽然来源于不同的学科领域，如哲学、经济学、法学、政治学、伦理学、心理学、人类文化学等，但思政课不同于其他学科教学，其核心内容是思政教育。

思政教育是指社会或社会群体用一定的思想观念、政治观点和道德规范，对其成员施加有目的、有计划、有组织的影响，促使其自主地接受这种影响，从而形成符合一定社会、一定阶级所需要的思政的社会实践活动。在阶级社会，统治者为了维护其统治地位，总是坚持以自己的意志去教育人、培养人。他们运用种种手段，宣传各种有利于加强其统治地位的观点和理念，以使人们认同其政治理想和道德规范。所以，这种从思政品德上培养人、教育人的活动并非现代社会才有，而是自有文字记载以来的一种社会现象，只不过是不同国家、不同时期的称谓不同而已；同样，这也并非是社会主义国家的专利，世界各国都非常重视，尤其是在当今时代，各国都愈来愈强化思政教育。与其他国家不同的是，我国的思政教育主要是以学校开设系统的课程（各级各类学校都设置统一规范的课程体系，规定统一的教学大纲、统一的教材、统一的课时要求），对学生进行全面的、直接的理论灌输为主要渠道的。而思政课正是中小学思政教育的主渠道。

1. 思政课是政治教育课

思政课是每一个中小学生的必修课，但又不是一般意义上的必修课。之所以如此，关键在于，它是中小学生在校学习的所有课程的灵魂，是一门事关中小学生政治方向性的课程。思政课教学是政治教育，它体现了中小学教育的社会主义本质特征，是区别于资本主义中小学教育的根本标志。

2. 思政课是思想教育课

从广义上讲，思政课是文化教育课，但它又不是一般意义上的文化教育课，而是一种专门的思想教育课，其根本目的在于使中小学生逐步形成正确的世界观、人生观和价值观。

马克思主义理论知识当然属于文化范畴。从这个意义上说，对中小学生进行马克思主义理论教育也是文化知识教育。但这种教育绝不是单纯的文化知识教育，而是要通过这些理论知识的教育，达到转变学生思想的目的。在思政课中，不是把马克思主义理论知识当作一般的知识来学习，更不是仅仅为了让中小学生掌握一些名词概念和几个基本原理，获得一个好的分数成绩。从根本上说，是为了使学生形成正确的世界观、人生观和价值观。这就是思政课与其他文化课程不同的地方。

当然，其他文化课程作为社会主义文化教育的一个组成部分，从根本的意义上说也具有思想教育方面的功能，也要求其他文化课程从自己的课程特点出发，有目的、有针对性地去做思想教育方面的工作。但是这只能从间接意义上去理解，是一种渗透功能；从直接意义上说，它并不具有直接的思想教育功能。这里有一个直接和间接的关系问题，我们既不能把二者等同起来，更不能使之互相代替。

3. 思政课是品德教育课

思政课是中小学的重点课程和主干课程。之所以如此讲，不仅因为它是对中小学生的政治教育和思想教育课程，更为重要的，它同时又是对中小学生的道德教育课程。从一定意义上说，这是一个更为基础的方面。一个道德品质有缺陷的人是难以接受进步的、优秀的政治思想，进而形成正确的政治方向和政治立场的。正是在这个意义上，学校的思政教育又被称为德育课程。

思政学科与其他学科不同，它有自身的特点：一是具有鲜明的阶级性。思政学科是以马克思列宁主义、毛泽东思想、中国特色社会主义理论体系为基本教学内容的课程。在整个教学过程中，要始终坚持以马克思主义为指导，坚持无产阶级思想，反对资产阶级思想，这是区分两种不同性质课程的重要标志。思政学科这种鲜明的阶级性，要求教师必须有坚定的无产阶级立场，鲜明的无产阶级观点，高尚的无产阶级道德品质。二是具有理论教育性。思政学科被纳入学校教学计划，以课堂教学为基本形式，以基础知识教学为前提和方式，对学生进行思政教育和道德品质培养，因而它与学校其他形式的思政工作具有明显区别。三是具有德育的主导性。思政课的教学是一种直接的德育，它以思政教育和道德品质培养为根本目的，从而体现出德育的主导性。四是具有强烈的实践性。思政课是中国共产党在长期的革命斗争和社会主义革命与社会主义建设中产生和发展起来的，因而其课程设置、教学内容、教学方法等，都必须随着社会实践的发展而发展，并为社会主义现代化建设而服务。以上这四个方面的特点，都充分反映了思政学科的德育性质。

4. 思政课是文化知识教育课

马克思主义的基本观点，中国的历史知识、文学知识、政治知识、法律知识、心理健康知识和中国特色社会主义核心价值体系等，都是人类优秀文化的结晶，有着丰富的知识内涵和教育意义。然而，相对于中小学生而言，它却是外在的。只有通过对这些知识的透彻讲解，才能使中小学生了解、认识、认同、接受，并内化为自身的情感、态度、价值观，锻造出认识和改造自然、认识和改造社会、认识和改造自我的能力。为此，必须正确处理好"坚持灌输"与"讲求实效"的关系。

根据《义务教育品德与社会课程标准》的规定，通过对课程的学习，要引导和帮助学生达到："初步了解生产、消费活动与人们生活的关系，知道科学技术对生产和生活的重要影响。知道一些基本的地理常识，初步理解人与自然、环境的相互依存关系，了解人类共同面临的人口、资源和环境等问题。"在《全日制义务教育思政课标准（实验稿）》中直接明确了思政课的"人文性"，提出思政课要"尊重学生学习与发展规律，体现青少年文化特点，用初中生喜闻乐见的方式组织课程内容、实施教学；用优秀的人类文化和民族精神陶冶学生心灵，用社会主义核心价值体系引领学生发展，提升学生的人文素养和社会责任感"。而根据《普通高中思政课标准（实验稿）》的规定，课程总体框架由学习领域、科目、模块三个层次构成，思政课属于人文与社会科学领域的一个科目。作为一门人文与社会科学领域的课程，思政课既要体现作为德育课程的特有性质，也要反映人文与社会科学领域的特有价值，注重对学生人文素质的培养。

三、思政课的功能

功能是指事物的功效和能力。思政课的功能是指思政学科本身所具有的效能。对思政课的功能进行分析和研究，有助于认识和理解思政课的教学价值和主要意义。关于思政课的功能，有以下几个方面的表述。

（一）思政课的导向功能

思政课的导向功能，是指思政课的教学能够在某种程度上对学生进行某种性质的引导。思政课的导向功能主要包括目标导向、价值导向和行为导向三个方面。

1. 目标导向

任何一种活动都会指向一定的目标，并按照一定的目标去行动，而目标又制约着人们对行动的内容、方法等要素的选择。思政课的教学也要按照一定的目标来进行，并希望它的活动趋向它所预定的目标。因此，思政课的教学过程也具有一定的目标导向功能。

目标引导是指思政课教师通过教学活动把学生的政治、思想、道德品质等发展的倾向性向教师预设的目标上进行引导，并产生教师所期望的教育效果。思政课目标引导的内容是非常丰富的，必须按不同层次的目标进行：第一层次是要以引导学生学会做人、遵守社会公德、热爱他人与社会、具有完美的人格和积极的人生态度等为目标；第二层次是要以引导学生具有较高的理论修养、正确的政治方向、良好的道德品质等为目标；第三层次是要以引导学生树立远大的理想和具有坚定的社会主义信念等为目标。最终，无论哪个层次，当其引导的目标达到时，其所要引导的内容就将逐步被学生认同和接受。

2. 价值导向

价值是一个表示主客体关系的范畴，是指作为客体的客观事物对主体的作用性和意义性。作为客体的客观事物对主体——人或社会的存在和发展有积极作用和意义，它就有价值，否则就没有价值。

思政课的价值引导，是通过思政课的教学，把教育内容向有用性和有意义性的方向引导。教育内容被引导到有用性和有意义的方向上，其教育的价值意义才大，否则便没有价值意义。思政课在教学中价值引导的内容有：一是马列主义、毛泽东思想和中国特色社会主义理论体系，这是价值引导的核心；二是我国改革开放以来在各方面所形成的新思想和新观念；三是我国的优秀文化传统和人类的一切先进文明成果。

思政课的价值导向功能是具体的，主要表现为：一是表达一定阶级、阶层、社会集团的利益、要求和愿望；二是通过教学说明一定的价值观念和价值目的，激发学生的行为动机和行为倾向。与此同时，思政课在教学中进行价值引导，必须与学生的价值取向有机地结合起来。因为思政课在教学中的价值导向是一元的，而学生的价值取向在客观上存在着多元的状况，只有处理好这两者的关系，价值引导才能获得成功。

3. 行为导向

人的行为，是在环境的影响和刺激下，内在生理变化的外在表现。人的行为就自身来说具有自主性和选择性，而这种自主选择与外界的引导又是密切相关的，正确的引导易使人采取正确的行为，错误的引导易使人采取错误的行为。思政课所要完成的任务就是要对中小学生进行正确的引导，这就是它的行为引导功能。

思政课的行为引导，是指通过教学对学生的行为进行某种倾向性的导向，使其行为具有积极意义，即达到真、善、美。思政课的行为导向从内容上说包括人格导向和行为方式导向。

所谓人格引导，是指通过树立榜样，以榜样的人格魅力来感召中小学生。行为引导的核心是先进楷模，这些先进楷模可以是群体性楷模，也可以是个体性楷模。以此作为行为引导的目标，就可以使学生选择正确的和积极的行为。一般来说，人格引导对中小学生影响的时效性较长，尤其是当学生通过学习榜样，将榜样的人格力量内化为自己的意识和行为动机时，这种人格力量就会长期影响他们的思想和行为，并使他们的人格趋向完善。而行为方式引导，是指引导学生效仿一系列已整合好的行为，并使其按此行为去行动。某一个体行为，其正确性和积极性若得到了群体的效仿和社会的确认，那么这种良好的行为就会被提升到行为方式的高度。思政课的教学目的，就是要引导中小学生按照这种行为方式去行动。

（二）思政课的规范功能

任何一个人生存在社会上，其思想和行为都不可能随心所欲，它必然会受到一定的社会思想意识的制约，并为该社会的思想意识所规范。思政课的教学内容是我国社会主义核心价值体系的重要体现，因而它对中小学生的思想和行为具有极为重要的规范功能。思政课规范功能的内容主要表现在以下几个方面。

1. 政治方向的规范

所谓政治方向，是指政治理想、政治信念、政治立场、政治态度、政治品质等的综合表现。对政治方向的规范，就是要使中小学生在政治方向上能达到一定的要求。具体而言，就是指导中小学生做到热爱中国共产党、热爱社会主义祖国、热爱人民、热爱和平、具有国际视野和世界眼光。

在不同的历史发展时期，政治方向的规范又表现出不同的具体内容。就现阶段而言，具体表现为：成为实践社会主义核心价值体系的社会主义建设者和接班人，做共产主义远大理想和中国特色社会主义共同理想的坚定信仰者，做科学发展观的执行者、社会主义荣辱观的自觉实践者、社会主义和谐社会的积极促进者。

对政治方向的规范又是分层次的。由于思政课的教学内容和教学对象不同，因而对学生政治方向进行的规范也应该有所不同，既要有共同的基本要求，又要有具体的、有差别的要求。这样才能保证不同层次的学生政治方向的正确性。

2. 思想观念的规范

人们的行为总是靠思想观念来指导的；思想观念正确，人们的行为才可能正确。因而，思政课对学生思想观念的规范，对于学生行为的正确性具有重要的指导意义。

目前，对于小学生思想观念的规范，旨在以正确的思想价值观念引导学生养成积极的生活态度，促使其认知能力健康发展，培养学生主动适应社会、积极参与社会的能力。而对于中学生思想观念的规范，就是要求他们更新传统的、不合时宜的旧观念与旧意识，树立与现代社会相适应的新观念和新意识。就现阶段来说，则主要在于要求他们树立中国特色社会主义的共同理想，增强爱国主义、集体主义的思想情感，养成坚强的意志和团结合作的精神等。

3. 道德行为的规范

人的行为是在一定的外在环境刺激下做出的反应，它表现在某种语言和行动上。人们的行为不是随意的，总会受到一定社会规范的制约，即是按一定社会规范进行的。当人的行为被动地受某种社会规范制约，并执行这一规范时，就叫作"他律"；当人主动认同某一社会规范，并按这一规范行为时，就叫作"自律"。一个比较完美的人，其行为不是按"他律"去行动，而是按"自律"去行动，总之是按规范去行动。思政课对学生行为规范的确立具有特别重要的意义。

对人的行为进行规范，这是教育的根本目标之一。思政课对学生的行为进行规范，其目的就是要求他们按照一定的要求学会做人。做什么样的人呢？要做品德高尚、遵纪守法、爱党爱国、人格完善、身心健康和具有良好生活习惯的社会主义"四有"新人。从实际意义上来看，思政课的规范功能主要有两个：一是预防，二是禁止。思政课对中小学生的思想和行为做出的正面规定，就是要预防他们在行动时无章可循，同时也是在提示并禁止他们的行动向错误的、不良的方向发展。当然，并非所有的人都能按规范去做，不按规范去做和达不到规范要求的人也总是存在的。这也正说明了思政教育的必要性和艰巨性。

（三）思政课的个性化功能

思政课的个性化功能是针对中小学生个性健康发展而言的。个性，是指人的个性倾向和个性心理特征。个性倾向包括人的动机、需要、理想、信念、世界观、价值观等。个性心理特征则主要包括人的能力、兴趣、气质、性格等。两者共同构成人的心理品质和思想品质，它们是决定人对现实的态度和积极性的基本功能。实现好和发展好人的这一基本功能，可以说既是思政课的主要内容，也是它的基本教学任务。

1. 个性发展的定向作用

人的世界观、人生观、价值观以及理想、信念等，既是人的个性心理品质结构和思想品质结构的核心要素，也是思政教育的核心内容。思政课正是通过对学生进行该部分内容的教育，进而对他们的整个个性塑造起到积极作用。一个人生存在世上，总要有一定的思想和价值追求。从最一般的意义上讲，思政教育逻辑现实的出发点和归宿点，就是从人的需要、动机、思想、行为、人生目标等出发而有效地作用于人，以达到转变人的思想、调节人的行为、改变人的"生存状态"的目的。同时，每个人在社会生活中都在有意无意地塑造着自己的个性。思政课正是着眼于学生历史与现实的状况，运用马克思主义理论和方法，为学生提供个性发展的价值"参照系"和方法，启发学生追求个性的完善。

2. 个性发展的合理建构

心理学研究表明，人的个性发展是由各方面特质建构而成的统一整体。如果这一整体的某一方面特质有问题，那么个性的完善与和谐发展就会受到影响。人的个性发展是不断趋向完善的，所以个性发展需要不断构建。思政教育可以帮助青少年学生从整体上认识个性问题，树立正确的个性发展观，形成对个性的正确理解，摒弃对个性的种种偏见，正确对待自己积极或消极的个性品质，矫正、克服不良个性品质，构建良好个性品质。因而发扬个性化发展中的某些积极因素，克服个性化发展中的某些消极因素，就显得特别重要。而思政课的教学则可以使学生充分认识到其在个性化发展中的积极因素和消极因素，并知道什么样的个性才符合时代发展潮流和社会要求，怎样顺应个性发展规律，使个性发展有正确方向，进而不断进行自我调整，以促进个性化不断发展完善。

3. 个性发展的享用功能

所谓个体发展的享用功能，是指通过思政课的教学使学生的个性得到充分发展，使学生从教育中体验满足、快乐、幸福，从而获得一种精神上的享受。

在现实生活中，许多人把人的价值放在自然生命的价值之上，把奉献看作是一种幸福的人生而不是将其视为一种自我的牺牲，这就是个体享用功能具体的、现实的充分体现。这也是思政教育引导学生实现个性化发展的精神需求。思政教育就是要满足人发展的精神需求，为人的个性完善创造条件、提供帮助，要引导学生的个性发展，张扬人的个性，鼓励、鞭策学生在正确的方向上去思考、选择和行动，使学生成为具有良好、鲜明个性的新人。

四、思政课的教学任务

思政课的教学任务，主要是指小学道德与法治、初中道德与法治和高中思政课在对学生进行思政教育中所承担的职责。中小学思政课的教学主要应完成以下几个方面的任务。

（一）政治理论教育的任务

思政课是以马列主义、毛泽东思想、中国特色社会主义理论体系的基础知识和党的路线、方针、政策等为指导思想和主要教学内容的课程。因而，通过教学，使学生掌握马列主义、毛泽东思想、中国特色社会主义理论体系的基础知识和党的路线、方针、政策等，便成为思政课教学的基本任务。

马列主义、毛泽东思想、中国特色社会主义理论体系是我们党的理论基础，是我们党和国家的指导思想，也是指导我们社会主义现代化建设的基本方针。而对学校教育来说，它又成为我们对青少年学生进行教育的育人之本。因此，我们要通过思政课的教学，用马列主义、毛泽东思想、中国特色社会主义理论体系的基础知识武装学生。把社会主义核心价值体系融入国民教育，通过学习它使学生掌握当代中国马克思主义的基本立场、基本观点和基本方法，为提高他们的认识能力和思想觉悟夯实基础。

（二）思政教育的任务

思政课就是完成对学生进行思政教育任务的课程。这一课程要通过教学提高学生的思政觉悟和道德水平，并引导学生逐步树立科学的世界观、人生观和价值观，这是对学生思想和行为方面的要求。

思政课对中小学生进行思政教育所要完成的任务主要有：一是注重以社会主义思想道德引领学生感悟人生的意义，形成基本的善恶、是非观念，学做负责任的公民，过积极健康的生活。二是注重以民族精神和优秀文化培养学生，增强爱国主义、集体主义和社会主义的思想情感，树立中国特色社会主义的共同理想，确立为实现中华民族伟大复兴而奋斗的志向。具体来说，就是使学生热爱生命、自尊自信、乐观向上、意志坚强；亲近自然、爱护环境、勤俭节约、珍惜资源；孝敬父母、尊重他人、乐于助人、诚实守信；热爱劳动、热爱科学、勇于创新、热爱集体；具有责任感、竞争意识、团结合作和奉献精神；热爱祖国、热爱和平、具有世界眼光。

（三）基本能力教育的任务

能力是一种个性心理品质，是人们在活动中表现出来的直接影响活动效率的心理特征。人的能力不是天生的，而是在先天生理条件的基础上，通过后天环境和教育的影响及主观努力而形成、发展起来的。人的能力是多方面的，不同的人具有不同的能力结构。学校的各门课程都讲究培养能力，但各门课程培养能力的要求是不尽相同的。思政学科所要培养的能力有其特定的含义，不像其他课程是培养专业技能，而是要培养学生运用马克思主义的立场、观点和方法，正确认识、分析和解决实际问题的能力。这一能力概括来说，一是指正确认识和改造客观世界的能力；二是指正确认识和改造主观世界的能力。

当前的课程标准对各年级的教学有明确的要求。

1. 小学《品德与生活（社会）课程标准》对能力目标的要求

掌握自身生活必需的基本知识和基本技能。

具有与同伴友好交往、合作的基本方法和技能。具有初步的探究能力。

初步认识自我，掌握一些调整自己情绪和行为的方法。

初步掌握收集、整理和运用信息的能力，能够选用恰当的工具和分析方法说明问题。

2. 初中《思想品德课程标准》对能力目标的要求

掌握爱护环境的基本方法，形成爱护环境的能力。

逐步掌握交往与沟通的技能，学习参与社会公共生活的方法。

学习搜集、处理、运用信息的方法，提高媒介素养，能够积极适应信息化社会。

学会面对复杂的社会生活和多样的价值观念，以正确的价值观为标准，做出正确的道德判断和选择。

学习运用法律维护自己、他人、国家和社会的合法权益。

3. 高中《思想政治课程标准》对能力目标的要求

面对现代化进程中出现的各种思潮，以及伦理和人生问题，具有辨识、判断的理性思维能力。

培养运用马克思主义基本观点和方法分析、把握重要问题的能力，培养理论联系实际，敏锐洞察、分析问题的能力。

立足于当前的经济、政治、文化生活，提高主动参与的能力。

着眼于未来的创业生活，培养自主学习、选择、探究的能力，学习、生活有计划性、创造性、超前性。

提高依法维护自身权益，依法做事、依法律己的能力。

发展采用多种方法特别是现代信息技术，收集、筛选社会信息的能力。

（四）心理健康教育的任务

关于心理健康的内涵，美国心理学家杰达认为，主要表现在对自我的态度、自我实现的方式和程度、主要心理机能的整合程度、行为的自主性和独立性等几个方面。我国学者认为，心理健康可概括为知、情、意、行等方面的健康状态，即发育正常的智力、稳定而乐观的情绪、高尚的情感、坚强的意志、良好的性格、完善的人格、和谐的人际关系等。目前，随着我国现代化社会高速度、快节奏的变化与发展，人们的心理健康受到极大的影响，许多人存在着一定的心理问题。因此，对学生进行必要的心理健康教育，便成为思政课教学的重要内容和任务之一。

一是促使学生保持乐观而稳定的情绪。情绪是一个人内心体验的流露，反映一个人的心境，体现一个人对客观事物及其发展变化的态度。青少年学生的情绪往往表现得比较强烈，有发生快、变化多、控制差等特点，做事很容易出格或失常。因而，心理健康教育必须从这些特点出发，教育学生保持舒畅的心情、轻松愉快的情绪，努力消除紧张感、嫉妒心，以平和的心态接受学习，以勇敢的精神战胜困难。

二是促使学生建立良好的人际关系。由于青少年的社会知觉能力和处理人际关系的能力较差，因而很难处理好各种复杂的人际关系。他们有的把"哥们儿义气"当作友谊，把"互相利用"当作友好；有的对人总是抱着怀疑的态度，形成一种排他、封闭、消极的心理。培养学生良好的人际关系，首先应为学生创造良好的人际环境，以使学生在一个好的人际环境中陶冶自己、发展自己。教育学生学会与人相处，能够正确认识和对待自己和他人。要教育学生努力做到：严肃而不孤僻，活泼而不轻浮，稳重而不呆板，尊重而不迁就，热情而不轻狂，和气而不盲从，沉着而不寡言。

三是促使学生形成健全的人格。人格是一个人的性格、气质、能力等心理特征的综合与做人的资格。青少年学生由于其先天和后天的条件不同，加上诸多因素交互作用的结果不一样，在人格上是存在着差异的。思政课的教学对学生进行健全人格的培养，就是要教育学生由自然人转化为社会人，着重对他们进行社会化教育，促使他们个性成熟。也就是教育他们对客观环境采取的态度和行为方式要符合社会规范，且要比较稳定，不要出尔反尔；就是要教育他们能够自觉地调节和控制自己的行为和态度，对他人有责任心，对自己有自信心，提高抗挫折能力和承受能力。

四是促使学生消除心理障碍。青少年学生心理健康问题最为严重的就是心理障碍问题。心理障碍是各种不同类型的心理和异常行为的总称，有轻度和重度之分。轻度心理障碍是指人整体心理活动的某些方面或部分受到损害，心理活动各个方面的协调性受到一定的影响，人和周围环境的关系也出现某种程度的失调。重度心理障碍是指人整体心理活动瓦解，不仅心理活动本身各个方面的协调一致遭到严重破坏，而且人和周围环境之间的关系也严重失调。消除学生的心理障碍，就要教育学生形成良好的集体心理态势，使其注意心理接触，注意转化心理劣势，巩固和发展心理优势，善于解剖自己，增强理智，提高自我控制力。消除学生的心理障碍，可通过对学生进行心理辅导、心理咨询、人格辅导、环境熏陶、有益活动等方式来进行。

五、科学文化素质教育的任务

科学文化素质，是科学素质、文化素质和人文素质的总称。科学素质，指具备相应的科学知识基础，尤其是现代科学知识、科学方法和科学精神。文化素质，指掌握人生存发展的最起码的基础知识，包括社会科学知识和专业基础知识，其中，专业基础知识是学生立足社会并不断发展的基础。人文素质即人文知识，包括文学、历史、哲学、艺术等。没有文学艺术知识，就脱不了俗。没有历史知识，就不可能对国家和民族有感情、有责任心，就谈不上爱国。没有哲学知识，就不会有科学的思维，不可能有正确的世界观、人生观和价值观。人文素质表现出一个人对人类发展，对民族命运的关注、情感、责任和献身精神。只有具备这种素质的人，才能够担负起对国家、民族、家庭、他人及自己的责任，才可能从内心真正地爱国、爱家、爱人、爱自己。

思政课主要是培养和提高中小学生人文素质的课程，其主要任务一是对学生进行马列主义、毛泽东思想、中国特色社会主义理论体系等基本观点的教育，坚定走中国特色社会主义道路的信念；二是帮助学生领悟辩证唯物主义和历史唯物主义的基本观点和方法，为提高他们的正确价值判断和行为选择能力打下思想基础；三是对学生进行社会主义物质文明、政治文明、精神文明建设常识的教育，使其获得正确选择人生发展道路的相关知识，为培养和提高他们为未来生活而自主学习、选择、探索的能力提供理论支持；四是培养学生的进取精神，使其树立科学发展观，热爱和平，尊重世界各民族的优秀文化，关注全人类的共同利益。

第二节　中小学思政课的课程标准

课程标准是规定某一学科的课程性质、课程目标、内容目标、实施建议的教学指导性文件，是对学生经过一段时间学习后应该知道什么和能做什么的界定和表述，反映了国家对学生学习结果的期望。

一、课程标准的意义和功能

教育部在《基础教育课程改革纲要（试行）》（以下简称《纲要》）中指出：国家课程标准是教材编写、教学、评估和考试命题的依据，是国家管理和评价课程的基础。应体现国家对不同阶段的学生在知识与技能、过程与方法、情感态度与价值观等方面的基本要求，规定各门课程的性质、目标、内容框架，提出教学建议和评价建议。

从以上规定中可以看出，课程标准包括以下内涵：它是按门类制定的；它规定本门课程的性质、目标、内容框架；它提出了指导性的教学原则和评价建议；它不包括教学重点、难点、时间分配等具体内容；它规定了不同阶段学生在知识与技能、过程与方法、情感态度与价值观等方面所应达到的基本要求。

由于课程标准规定的是国家对国民在某方面或某领域的基本素质要求，这些基本素质要求是教材、教学和评价的灵魂，也是整个基础教育课程的灵魂，因此，课程标准无疑是国家课程的基本纲领性文件（法规文件），是国家对基础教育课程的基本规范和质量要求（教学法规）。它是教材、教学、评价和考试命题的依据，对教材、教学和评价具有重要指导意义，是教材、教学和评价的出发点与归宿。无论教材还是教学，都是为这些方面或领域的基本素质培养服务的，而评价则是重点评价学生在这些方面或领域的表现如何，是否达到了国家的基本要求。如果说"课程是教育的心脏"，那么"课程标准就是课程的基石"。可以说，无论教材怎么编，无论教学如何设计，无论评价如何开展，都必须围绕着这一基本素质要求，都不能脱离这个核心。

但是，课程标准是教材、教学和评价的灵魂，并不等于课程标准是对教材、教学和评价方方面面的具体规定。课程标准对某方面或某领域基本素质要求的规定，主要体现为在课程标准中所确定的课程目标和课程内容。因此，课程标准的指导作用主要体现在，它规定了各科教材、教学所要实现的课程目标和各科教学中所要学习的课程内容；规定了评价哪些基本素质以及评价的基本标准。但是，课程标准对教材编制、教学设计和评价过程中的具体问题（如教材编写体系、教学顺序安排及课时分配、评价的具体方法等），则不做硬性的规定。

总之，课程标准对教材、教学和评价的指导既实实在在，又不是方方面面、事无巨细、面面俱到地这也管那也管，不像教学大纲管得那么细、那么死。这是课程标准与教学大纲在功能上的一个重要区别。

二、课程标准与教材的关系

《纲要》第七条指出：国家课程标准是教材编写的依据；第十二条指出：教材内容的选择应符合课程标准的要求。那么，教材与课程标准的关系究竟如何？

第一，教材编写必须依据课程标准，教材编写者必须领会和掌握本学科课程标准的基本思想和各部分的内容，并在教材中予以充分体现。课程标准是教材的编写指南和评价依据，教材却是课程标准最主要的载体。教材的编写思路、框架、内容不能违背课程标准的基本精神和要求。教材的内容要达到课程标准的基本要求，同时又不能无限制地提高难度，教材内容的设计与呈现方式要有利于改善学生学习方式。

第二，义务教育的课程标准应适应普及义务教育的要求，让绝大多数学生经过努力都能达到。也就是说课程标准只是一个最低限度的要求，是一个基本性的要求。这为编写多样化的教科书提供了广阔的空间。

第三，教材是对课程标准的一次再创造、再组织。不同版本的教材具有不同的编写体例、切入视角、呈现方式、内容选择及图像系统。不同地区经济发展、自然条件、文化传统有很大差异，教材的编写者要努力体现本地域经济发展、文化特点的特殊发展需求，要考虑本地区教育发展水平、儿童身心发展水平及特殊需要，充分利用本地区具有特色的丰富课程资源，开发出既符合课程标准又能体现当地实际，各具特色、丰富多样的教材。

第四，教材的编写和实践可以检验课程标准的合理性。一方面，教材编写可以检验课程标准的可行性和合理性；另一方面，可以通过使用教材不断检验、完善教材和课程标准。通过使用新教材，教师可以更加深刻地了解课程改革的理念和课程标准的实质，同时又能为进一步完善和丰富课程标准奠定基础。

三、课程标准的内容结构

课程标准一般包括前言、课程目标、内容标准、实施建议、附录五部分。

第一，前言。包括：①课程性质；②课程理念；③设计思路。这一部分对课程的性质、价值与功能做了定性的描述，阐述了本课程领域改革的基本理念，并对课程标准设计的思路做了详细的说明。

第二，课程目标。包括：①总目标；②分类目标。这一部分确立了知识与技能、过程与方法以及情感态度与价值观三位一体的课程目标。把过程与方法作为课程目标之一是课程标准的突出特点。

第三，内容标准。包括：①学习领域；②学习主题；③目标要素。这一部分是课程目标的具体化。

第四，实施建议。包括：①教学建议；②评价建议；③教材编写建议；④课程资源开发与利用建议。这一部分为使用者（教师、教材编写人员、教育管理者等）准确理解课程标准和减少课程标准在实施过程中的落差提供了参考建议。

第五，附录。包括术语解释、案例等。这一部分对课程标准中出现的一些主要术语进行解释和说明，便于使用者更好地理解与把握。

这种课程标准框架是经过学习和借鉴各国的课程标准，并结合我国的教育传统及教师的理解和接受水平，反复研究所形成的。它包括课程定位、课程理念、课程设计思路、课程目标、内容与要求、课程实施、课程评价、课程管理和课程保障等部分，并提出相应的可以操作的指导性意见，内容范围扩展到了整个课程层面，比教学大纲更具可控性、可测性和可操作性。

四、课程标准的特点

与教学大纲相比，课程标准具有以下主要特点。

第一，教学着眼点由教师转向学生。教学大纲关注教师，课程标准关注学生。教学大纲对教师的教学工作做出细致的规定，教学大纲之下教师的教是课程实施的中心。这种以教师的教为中心的课程实施，忽视了学生学习的主体性、能动性。课程标准则把教学的中心由教师的教转移到学生的学。课程标准关注教师的教学方式，但更关注学生的学习方式。归根结底，"教"是为了"学"。各学科课程标准结合本学科的特点，加强过程性、体验性目标，引导学生主动参与、亲身实践、独立思考、合作探究，从而实现学生学习方式的变革，改变单一的记忆、接受、模仿的被动学习方式，发展学生搜集和处理信息的能力、获取新知识的能力、分析和解决问题的能力，以及交流与合作的能力。这种课程实施中心的转换，使教师由知识的权威转向学习的组织者、引导者和管理者，使学生由被动接受转向强调主动获取，使原有死气沉沉的课程焕发出生命活力，使课程促进人的发展的功能得到充分发挥。

第二，课程价值趋向从精英教育转向大众教育。以往的中小学教育，以升学作为主要甚至是唯一目标，这种课程的价值定位导致教学大纲以考试为中心，教学大纲要求过高，教学内容存在繁、难、偏、深、旧、窄的情况。这种以升学作为主要甚至是唯一目标的课程价值主要是为培养社会精英服务的，它面向的是少数学生，而不是全体学生。精英主义教育实际上窄化了课程在培养人其他方面的价值。与世界各国相比，我国同一学段教学大纲所规定的内容知识面较窄，同一知识深度较深。同时，对各科教学的内容、教学要求做了统一的硬性规定，缺乏弹性和选择性。这种现状导致大多数学生负担过重，学生辍学率增加，不利于学生的全面发展。而课程标准是国家制定的某一学段共同的、统一的基本要求，其基本目的是培养合格的公民，而不是最高要求，它应是大多数学生都能达到的标准。因此，课程标准是一个"最低标准"，是一个绝大多数学生都能达到的标准，着眼于中小学生的发展，价值取向是大众教育。

第三，课程目标由片面走向全面。教学大纲只规定了单一的知识目标，关注的是学生知识和技能方面的要求，发展的是学生应试的知识和技能。这种课程目标以学生的知识和技能掌握代替学生其他素质的发展。课程标准则着眼于未来社会对国民素质的要求，努力将素质教育的理念落实到课程标准的各个部分中。从素质教育方面看，人是由多种素质组成的综合体，知识和能力只是其中的一个组成部分。作为培养未来国民素质的纲领性文件，课程标准的核心定位是培养各学科、各领域的素质。在这种理念指导下，课程标准走出了狭隘的知识和能力范围，确立了以学生为本的基本观念，重视学生素质的全面发展，力图在"课程目标""内容标准"和"实施建议"等方面全面体现"知识与技能、过程与方法以及情感态度与价值观"三位一体的课程功能，从而促进学校教育中心的转移。加强课程的目标意识，是各国课程改革的共同趋势。

第四，突破学科中心，双基内涵由学科知识系统内的基础知识和基本技能转向学生终身学习和终身发展所需的最基本的基础知识和基本技能。

教学大纲以学科为中心，强调的是学科知识系统内的基础知识和基本技能，课程标准强调的是学生终身学习和终身发展所需的最基本的基础知识和基本技能。它关注学生的兴趣与经验，精选学生终身学习必备的基础知识和技能，努力改变课程内容繁、难、偏、旧的现状，密切教科书与学生生活以及现代社会、科技发展的联系，打破单纯强调学科自身系统性、逻辑性的局限，尽可能体现义务教育及高中阶段各学科课程应首先服务于学生发展的功能。

第五，课程评价由重结果转向重过程，评价建议有更强的操作性。课程标准的课程评价重过程，强调评价的教育功能，各学科课程标准力图结合本学科的特点提出有效的策略和具体的评价手段，引导学校的日常评价活动，更多地指向学生的学习过程，目的是促进每个学生的全面和谐发展和学生个性的充分发展，采取的是考试、学生自评、学生互评等多元化评价方法。教学大纲则重结果评价，突出的是评价的选择功能，采取的是考试一元化评价方法，评价建议有更强的操作性。

第六，课程管理从刚性转向弹性，为课程的实施提供了广阔的空间。教学大纲从国家的角度对各学科课程和教学工作都做出了十分具体细致的规定：不仅对教学目标和教学内容做出了明确的规定，而且用大量的篇幅具体规定了日常教学中可能涉及的所有知识点的要求；大多数课程的教学大纲还规定了具体的教学顺序及各部分内容所占的课时数。这虽有利于国家对课程、教学的统一管理，也便于教师学习和直接运用，但是其最大的弊端是统得过死，"刚"性太强，不利于教师创造性地发挥，没有给教材特色化和个性化发展留下足够的空间，不利于教材多样化地实现，无法适应全国不同地区学校发展极不平衡的状况。

　　与之相比，国家课程标准只对学生某一方面或领域应该具有的素质提出最基本的要求，是一个面向全体学生的标准。同时，课程标准关心的是课程目标、课程改革的基本理念和课程设计思路。教师在使用课程标准的过程中，主要关注的是如何利用各门课程所特有的优势促进每一个学生的健康发展，而不是仅仅关心学生对某个结论是否记住，记得是否准确，某项技能是否形成，运用起来是否得心应手等。此外，课程标准对教学目标、教学内容、教学实施、评价及教材编写只做出一些指导和建议，而对实现目标的手段与过程，特别是知识的前后顺序，不做硬性规定。这样，课程标准给学校、教师、教学内容、教学实施以及教材的编写和评价提供了选择的余地和灵活的空间。这种弹性的课程管理赋予教师教学的创造性，给教材提供了多样化的空间，给学校提供了一定的管理自主权。

第
三
章

中小学思政课一体化的
理论基础

第一节　中小学思政课一体化的含义

一、相关问题概述

（一）相关概念界定

1. 大中小学思政课一体化

　　小学、中学和大学是循序渐进的教育阶段。由于不同阶段的教学目标、教学内容和教学方法有差异性，各学段具有一定的独立性。思政课即思想政治理论课，是坚持社会主义办学方向，把握意识形态工作大局的重要阵地；也是大中小学生正确、系统认识马克思主义、中国特色社会主义，掌握科学的世界观和方法论以及形成良好品德的关键途径。因此，思政课的立德树人属性十分突出。习近平总书记在学校思政课教师座谈会上首次提出"大中小学思政课一体化"的概念，为思政课改革创新提供了重要指引。小学和初中道德与法治课、高中思政课。过去的大学思政理论课现在都可以称作思政课，大中小学思政课性质具有了统一、明确的定位，有利于各学段思政课为实现立德树人的教育目标共同发力、形成合力。结合《现代汉语词典》对"一体化"是"使各自独立运作的个体组成一个紧密衔接、相互配合的整体"的解释，我们可以尝试将"大中小学思政课一体化"定义为"以立德树人为目标，为形成全程育德育人合力，基于教育规律和学生身心发展规律，优化家庭、学校和社会环境，把大中小学思政课整合成一个紧密衔接、有机联系的整体"。

2. 中小学教学衔接

　　教学包括"教"与"学"，是以学生为主体，教师为主导，在教师有目的、有计划、有组织地指导下传授知识、技能，帮助学生学习以获得知识、技能与方法以及必要的思想道德品质和政治法治素养的对立统一的双边活动过程。"衔接"在《现代汉语词典》中的意思是"事物相连接",包括横向衔接和纵向衔接。教学衔接是前后教学活动、教学过程的衔接,主要表现为一种时间上的纵向衔接,是一种包括跨学期、跨年级和跨学段的纵向衔接。中小学教学衔接是小学阶段和中学阶段之间的教学衔接,包括教学目标、教学方法、教学评价和教学研究等具体教学方面的衔接。大中小学思政课一体化背景下的中小学教学衔接要根据我国教育发展状况、德育工作新形势和思政课发展的新要求,遵循学生身心发展规律和认知发展规律,切实改善和加强中小学思政课衔接,完善教材体系和评价体系,改进教学方法,增加不同学段有机良性互动,增强人才培养的系统性。

(二)大中小学思政课一体化的意义与要求

1. 大中小学思政课一体化的意义

大中小学思政课一体化有利于提高立德树人实效。在迈向教育强国的征途中,要切实提高教育质量,真正实现立德树人目标,坚守中国底色,就要办好思政课,提高思政课质量。而新形势下提高思政课质量,实现思政课育德育人的关键就在于推进大中小学思政课一体化建设。通过统筹一体化建设,不断推动思政课改革创新,把握思政教育实践,适应学生身心发展的阶段性要求,做好思政课程(即大中小学思想政治理论课程)和课程思政(即"把思想政治工作贯穿教育教学全过程""使各类课程与思想政治理论课同向同行,形成协同效应")、学科德育相结合的横向贯通。加强大中小学不同学段间的必要联系、有机联系,促进大中小学思政课纵向有机衔接,营造思政课生态,激发思政课活力和生命力,切实提高教学实效,从小学到高中逐步涵养、提升学生的学科核心素养,从而真正提高立德树人实效。

大中小学思政课一体化有利于促进思政课内涵式发展。在选拔性考试的深刻影响下,过去各学段思政课独立性过强,更注重不同阶段内部思政课程的横向建设,不同学段进行的课程建设取得了众多成果,但各学段思政课割裂的弊端也不断显露出来,思政课建设亟需新的发展方向。立德树人是思政课程的根本任务,也是思政课的本质属性,只有聚焦"质"的发展,才能真正促进守正创新,推动思政课内涵式发展。在新时代背景下要实现更高层次的发展,提高教学育人质量,必须大力推进大中小学思政课一体化建设。一体化建设是新形势下思政课发展的内在需求,是实现思政课系统优化、整体功能最大化的最优解，也是思政课建设的关键。在一体化建设的推进过程中，不同学段的思政课将深入改革，结构不断优化，质量不断提高，思政课系统活力、实力不断增强，在纵向衔接中产生德育新动能，实现思政课内涵式发展。

2. 大中小学思政课一体化的要求

坚持正确方向。中国共产党是中国特色社会主义教育事业的领导核心，大中小学思政课一体化建设要以马克思主义为指导，坚持党的领导，要明确各级党委的领导地位，加强统筹规划，优化一体化建设工作格局，坚持严格管理和科学治理并举。教育主管部门和思政课教师等相关各方要坚持正确政治方向，坚定政治信仰、理想信念，不断提升自身思政素质，筑牢思想基础，用习近平新时代中国特色社会主义思想铸魂育人。

促进纵向衔接。针对目前存在的大中小学思政课各为自为政的状况，一体化建设就是要让各学段思政课程有机联系，形成系统，产生合力。要循序渐进、螺旋上升地开展思政课，就要遵从教学育人规律、学生身心发展规律和思政教育规律，促进各阶段思政课纵向衔接。这种纵向衔接既包括大中小学前后两个学段双向衔接、双向互动，又包括高等教育与基础教育的多向互动，从而贯通思政课资源，拓展思政课空间。

协同育人资源。在课程体系方面，要积极促进各类课程与思政课相配合，充分挖掘、开拓育人资源，让学科德育、课程思政和思政课程结合起来。在课程、教学管理方面，各级课程管理部门、教育行政部门和学校要强化主体责任，开发课程资源、教学资源，监控课程实施，推进课程建设，加强教学管理，落实一体化建设。还要大力发展家庭教育和社会教育，让家庭教育和社会教育密切配合学校教育，开拓出更广阔的思政教育空间。

（三）大中小学思政课一体化与中小学教学衔接的关系

1. 目标与路径

大中小学思政课一体化是在新的历史阶段、新形势下加强和改进思政教育的前进方向和奋斗目标。当前大中小学思政课一体化建设这一思政课总体布局，能够为思政课开启新一轮综合改革、实现内涵式发展提供重要机遇。中小学阶段是青少年学习生涯中的重要阶段，具有基础性意义。因此，优化中小学思政课教学衔接是实现大中小学思政课一体化建设的必然路径选择，中小学思政课教学衔接也要始终以大中小学思政课一体化为出发点和落脚点。改革开放四十多年来，我国思政课适应着不断变化的现实情况，与时俱进，不断改进与加强，彰显着独特的育人价值。同时，也出现了中小学思政课存在断层、未实现有效衔接、思政课育人不足等问题。这就要求我们根据新情况、新变化和新要求，增强问题意识，完善大中小学思政课一体化顶层设计，优化总体布局，促进思政课资源在各个学段合理流动，加强中小学思政课教学衔接，进而推动一体化建设，实现思政课内涵式发展。

2. 系统与要素

大中小学思政课一体化既是一个建设目标，也是一项系统计划。它是我国在思政教育领域的一项全新计划，对思政课发展具有全局性影响，我们可以把大中小学思政课一体化视为一个系统。马克思认为，"不同要素之间存在着相互作用，每一个有机整体都是这样"。在马克思主义哲学中，系统是相互联系、相互作用的诸要素构成的统一整体，要素是组成系统整体的各个部分。在大中小学思政课一体化这一系统中，教学衔接便是一个关键的要素。课程的生命力很大程度上由教学决定，划分的学段只是相对独立，中小学在教学目标、教学方法和能力培养等方面存在的断层会直接影响到思政课的整体质量。思政课伴随着青少年成长的全过程，发挥着铸魂育人的重要作用。"十年树木，百年树人"，要切实做好人的培育就必须从学生的身心发展规律、教育教学规律出发，树立系统思维，循序渐进，抓住关键，优化教学衔接，促进思政课建设内部系统优化，充分发挥部分的功能，达到整体的功能大于部分之和的效果。在一体化建设中，要充分发挥中小学思政课教学衔接这一重要要素的重要作用，做好教学衔接，为把思政课塑造成一个紧密联系的跨学段有机整体强基固本。

（四）大中小学思政课一体化背景下的中小学教学衔接要求

1. 坚持政治性与学理性的统一

习近平总书记就思政理论课改革创新问题提出了"八个相统一"，第一个统一就是"政治性和学理性相统一"，大中小学思政课一体化背景下的中小学教学衔接也要坚持政治性和学理性的统一。从思政课的作用看，它是思政工作的主阵地，是牢牢把握意识形态工作领导权的重要途径；从思政课的目标来看，它培养的是社会主义建设者和接班人，从这两个角度都可以反映思政课高度的政治性和思政课教师政治立场坚定的必要性。要坚守思政课的本质属性，充分体现思政课的特色，就要让基础教育领域的思政课程形成一个紧密联系的整体；让各学段思政课实现自然过渡、有效衔接就要坚持政治性和学理性的统一，正确认识促进教学衔接的思想基础和科学方法。大中小学思政课一体化背景下的中小学思政课教学衔接既包括"教"的衔接，也包括"学"的衔接，"教"影响着"学"，让学生更好地"学"是"教"的目的。要培养德智体美劳全面发展的时代新人需要思政课教师自身讲政治，强思维，打牢思想基础，掌握科学方法。根据不同阶段学生的接受能力进行适宜的学理分析，借助相关各方力量合理推进教学，帮助学生逐步深化学科核心素养，养成学科思维。因此，要在大中小学思政课一体化背景下优化中小学思政课教学衔接，就需要全社会共同营造浓厚的思政课氛围，激发中小学思政课教师政治热情，促使他们坚持马克思主义，加强理论武装。用习近平新时代中国特色社会主义思想武装头脑，提升自身政治素养和专业素养，坚持政治性与学理性的统一，坚持正确政治方向，不断深化和养成学生的思政学科思维和学科素养。

2. 坚持整体性与层次性的统一

大中小学思政课一体化是思政课内部的一项系统建设，需要我们用系统思维去看待这项建设，坚持系统思维就必须坚持整体性原则。处理好整体与部分的关系，处理好大中小学思政课一体化与中小学思政课教学衔接的关系，坚持整体性与层次性的统一。整体性主要表现为一体化的方向、目标和管理，包括部门职责、课程管理、教学管理等方面的统一要求。层次性就是在进行不同学段衔接的时候，在坚持一体化方向和整体把握整体性要求的前提下，根据不同学段学生群体的心理、认知和需求，因时制宜、因地制宜、因材施教，采用多样化、差异化的路径、方法和手段来进行教学衔接。我国的德育一体化建设经过三十多年的探索，整体上形成了一体化的内容、管理、运行和保障等方面的体系。全国各地德育一体化实践形式多样，效果良好，正是为了在总体原则和方向的指引下，根据当地不同学段的教学实际情况积极改革创新，不断增强德育工作的针对性和实效性。德育一体化的成功经验可供借鉴，促进一体化建设背景下的中小学教学衔接要坚持整体性与层次性相统一，保持系统连贯性与灵活多样性，遵循教育要求和内容梯度衔接，充分考虑不同学段目标重点、实施方式、运行机制和特点规律，突出核心理念一致性、主题思想统一性、内容方法梯度性、资源供给整合性、主体互动融合性，形成循序渐进、螺旋上升的教育系统。

二、大中小学思政课一体化背景下优化中小学教学衔接的现实条件

（一）学科教材趋向整合

从1995年"中小学教材要在统一基本要求的前提下实行多样化"到2019年"国家统一开设的大中小学思政课教材全部由国家教材委员会组织统编统审统用"，我国思政课教材结束了实行30多年的"一纲多本""多纲多本"局面。过去在统一这一基本要求下的教材多样化，是鼓励按照党和国家的教育方针和课程标准的基本要求，编写适应与满足不同地区、不同层次学校需要的各种教材，允许教材在内容的选择和体系的安排上有不同风格，符合当时的实际情况和现实需要。中国特色社会主义进入了新时代，大中小学思政课一体化是新形势下加强和改进思政教育工作的需要，也是促进思政课建设的必然选择，在大中小学思政课一体化建设中，进行教材一体化建设是必然要求。《关于深化新时代学校思政理论课改革创新的若干意见》指出，"国家教材委员会统筹大中小学思政课教材建设，科学制定教材建设规划，注重提升思政课教材的政治性、时代性、科学性、可读性"，教材一体化建设要在增强"政治性、时代性、科学性、可读性"的指引下不断推进、不断优化。过去我国高中思政教材有"人教版"和"沪教版"两种版本，小学和初中思政教材有"人教版""教科版"和"湘师版"等十个版本。现在，我国实现了全国小学和初中统编版道德与法治教材的统一使用；到2023年之前，我国也将实现全国统一使用统编版高中思政新教材。中小学思政课教材趋于整合，这是教材一体化建设的良好基础。当前，教育部教材局已经开展了覆盖基础教育领域、中等教育和高等教育领域，面向各学段师生的大中小学思政课教材一体化建设问卷调查工作，出台了相关文件，思政课教材一体化建设已经迈开步伐。

（二）教材梯度趋于合理

从小学、初中和高中三个学段的角度以及各个学段不同年级的角度来看，中小学思政课教材内容梯度、知识容量和难度趋于合理。

小学和初中《道德与法治》教材每个单元之间、每册书之间都是层层推进的，内容梯度较为合理，由浅入深，由己到人，由生活到生命，由现象到本质，是一种螺旋上升的编排方式，具有跨主题组合的综合性。小学《道德与

法治》教材从学生学习、生活实际出发，融合了中华优秀传统文化教育，根据不同年级学生的特点和需要有层次地编排内容。从低年级初步对亲情、集体、自然、社会等进行感受、了解，逐步引导中高年级学生爱亲敬长、爱集体、爱自然、爱家乡和爱祖国，再放眼世界，增强全球观念，掌握必备的基本方法、知识和技能，培养学生的初步探究能力。初中《道德与法治》七年级教材是从学生新阶段的校园生活出发，聚焦于学生新开始的初中生活，包括师生之间、同学之间和家庭之间的相处交往，引导学生珍爱生命；八年级教材内容逐步扩展，以学生的社会生活为主，重点学习宪法；九年级教材进一步扩展到国家、国际生活，注重国情国策教育，培养学生国际视野。统编版高中《思想政治》教材必修一《中国特色社会主义》主要引导学生正确认识社会主义、中国特色社会主义和中华民族伟大复兴以及三者之间的关系，理论性、政治性大大增强；必修二《经济与社会》引导学生深入理解我国经济制度体系，了解经济发展与社会进步，理解我国经济发展理念和方向、个人收入分配与社会保障；必修三《政治与法治》主要引导学生深入认识"党的领导""人民当家做主""依法治国"；必修四《哲学与文化》引导学生理解马克思主义哲学，从而正确认识社会，做出正确价值选择，进行文化传承和创新。

中小学思政课统编教材的知识逻辑联系加强，各个学段的教材都包括了生命教育、品德教育、法治教育、国情和中华传统文化教育的内容，在引导学生对同一事物认识程度上的编排具有层次性、渐进性，教材内容的知识容量和难度梯度趋于合理。小学阶段教材内容以学生的形象思维为主导；初中阶段教材内容在让学生的形象思维起重要作用的同时，逐渐让抽象思维占主导，增加理论观点，增强思辨性；高中和大学以抽象思维占主导，理论性、思想性和学术性逐步增强。中小学《道德与法治》教材都以学生的生活为基础，注重以德育人、以法护人，循序渐进，关注学生在道德、心理、国情、法律等方面的成长。小学时期注重学生养成良好的行为习惯，树立人际交往观念，对学生进行道德启蒙，引导学生认识国情，初步形成规则意识、道德意识、责任意识、法律意识等公民意识。初中阶段进一步引导学生正确看待人际关系，提高人际交往能力，增强规则意识、集体意识和法治意识，养成良好品德，全面认识国情。中小学阶段《道德与法治》的学习又为学生学习高中《思想政治》奠定了认识基础，有利于进一步学习中国特色社会主义、经济、政治、哲学和文化方面的知识，高中的学习又为大学学习理论性、学术性较强的思政课程打下认识基础和思想基础。

（三）思政课建设关注度提高

过去，中小学思政课教师通常被以"政治老师"称呼，但这一称谓并不能准确反映中小学思政课程的课程性质，思政课教师这一身份定位极大地增强了中小学思政课教师的身份认同感和使命感。大部分思政课教师对大中小学思政课一体化持积极态度，这些都是促进一体化建设的有利条件。为深入学习贯彻习近平总书记重要讲话精神，各地大中小学校和相关教研机构积极响应，陆续开展了大中小学思政课一体化建设研究项目推进会和一系列一体化建设活动。多地召开大中小学思政课一体化建设研讨会，成立大中小学思政课一体化建设研究中心，建立大中小学思政课一体化建设研究基地，多地积极开展大中小学思政课集体备课活动和一体化建设教学观摩活动。各地开展的各种形式的一体化建设活动，将为一体化建设的推进提供有益的实践经验。

三、当前中小学思政课教学衔接现状

一直以来，小学、初中和高中各学段的教学都保持着较强的独立性，存在着各自为政的现象。这种情况不利于思政课全程育人目标的实现和人才的系统培养。要推动思政课内涵式发展，必须从各个具体方面正确认识中小学思政课教学衔接现状。

（一）教学目标衔接现状

教学目标是根据课程目标、教材和学生实际情况来制定的，教材是根据课程目标来编订的，是课程目标的具体化，学生的实际情况又是课程目标制定的重要影响因素。从各学段的课程目标内容和教学目标达成情况来看，当前中小学思政课教学目标衔接主要有以下两个特点：各学段教学目标衔接度较高和各学段教学目标实际衔接不佳。

各学段课程目标衔接度较高。当前中小学思政课教材发生了改变，但使用的仍是之前的课程标准，这里根据实际情况采用现行课程标准进行讨论。不同学段的课程标准明确规定了各学段的课程目标，包括总目标和分类目标。从总目标来看，小学课程主要是培养学生的良好品德和行为习惯，促进学生的社会性发展；初中课程主要是促进学生正确思想观念和良好道德品质的形成与发展；高中课程主要是促进学生成为社会主义合格公民，形成必备的能力、态度和思想；大学思政课的目标是立德树人，培养担当民族复兴大任的时代新人。由此可以看出，这些目标各有侧重，层层递进，互相衔接，为下一学段人才的培养奠定了基础。通过各学段分目标的表述来看，从小学时期的"参与""初步体验""初步了解""初步认识"等表述到初中"形成""掌握""了解""理解"等表述再到高中"明确""认同""坚定""具备"等表述，可以看出中小学的课程培养目标是相互衔接、不断深化的。通过小学时期启蒙道德情感，初中时期打牢思想基础，高中时期提升政治素养，大学时期增强使命担当，共同促成合格社会主义事业建设者和接班人的培养。

各学段教学目标实际衔接不佳。比如小学课程教学目标包括"情感与态度""行为与习惯""知识与技能"和"过程与方法"，初中课程教学目标包括"知识与技能""过程与方法"和"情感、态度、价值观"的三维目标，二者的差别可以反映教学目标的渐进性和衔接性。基于思政学科的学科特性和对新课改理念的贯彻落实，思政课教师在设计教学目标时通常把"情感与态度""情感、态度、价值观"目标放在首位，采用"情感、态度、价值观""知识与技能"和"过程与方法"目标的表述次序。但受到应试体制的深刻影响，为满足学生的升学需要，实际上真正侧重的还是知识目标，关注的是学生最终掌握的知识和获得的分数，这种功利性趋向往往就使得教师在教学过程中真正关注的是如何使学生更多、更好地掌握知识。此时的"使学生更好地掌握知识"看似包含能力目标和过程与方法目标，实际上这个时候的能力和方法只是变成了教师实现知识目标的手段，服务于实现知识目标，在知识目标的主导下，情感态度价值观目标难以充分实现。大中小学思政课教学目标的衔接更多地表现在知识方面，而大学思政课的教学目标侧重点在于实践。在中小学时期忽视学生思维方式和学习方法的系统培养，也会制约大学阶段思政课教学目标的真正实现。

（二）教学内容衔接现状

教材是教学内容的主要来源，当前全国小学和初中思政课统一使用的是统编版《道德与法治》教材，高中除北京、上海、天津、山东、海南、辽宁等6个省市在2019年9月开始使用统编版高中《思想政治》新教材外，其他省市使用的仍是旧版人教版《思政》教材，到2022年之前将会实现新教材全覆盖。大学思政课教材建设不断推进，目前使用的是2018版国家统编的四本教材。从教材的编写逻辑来看，小学《道德与法治》是遵循儿童成长与发展的生活逻辑进行设计的，具有生活化的特点；初中《道德与法治》教材以青春生命在与他人、与集体、与社会、与国家以及全球关系中的自我发展为主要线索，基于初中生生活经验的逻辑，着眼于学生的发展需求，体现着生活性和思想性的统一；人教版高中《思想政治》教材以生活为基础，以学科知识为支撑，坚持对学生进行马克思主义基本观点的教育、政治教育和优秀传统文化教育，引导学生初步了解马克思主义政治经济学与哲学社会科学知识，增强公民意识；大学思政课四册教材分别以马克思主义中国化的两次飞跃、培养担当民族复兴大任的时代新人、实现中华民族伟大复兴中国梦为主线，引导学生系统、深入地学习马克思主义的基本理论和马克思主义中国化的理论成果，提高大学生运用马克思主义的立场、观点和方法分析和解决问题的能力，培养学生正确的历史观、政治观和思维观，促进大学生思想道德素质和法治素养的提升，坚定中国特色社会主义道路自信、理论自信、制度自信和文化自信。各学段思政课教材之间合理的内容梯度既是遵循青少年身心发展规律和德育规律的需要，也是促进各学段逻辑衔接的科学设计。

从具体教材内容来看，各个阶段内容相互衔接，存在重复之处，但各有侧重。小学《道德与法治》教材中的主体是儿童，教材的内容是儿童的生活，通过引导学生正确认识自我、社会和自然从而更好地生活；初中《道德与法治》包括道德、心理、法律和国情四个方面，从刚迈入新阶段的初中生的心理入手，引导学生正确认识身边事物、集体、社会和国家，进一步理清道德认识，明确道德要求，将道德教育与法治教育有机结合，突出法治教育；高中《思想政治》教材共有《中国特色社会主义》《经济与社会》《政治与法治》和《哲学与文化》四册，紧密联系学生生活实际，学习马克思主义基本观点，提升理论素养，引导学生正确认识社会现象，为学生下一阶段的学习奠定基础。以法治教育为例，小学道德与法治课的法治内容主要包括国家象征、公民意识、规则意识、安全意识和生态意识，引导学生初步认知国家象征，初步建立公民意识、规则意识、安全意识和生态意识。初中阶段法治内容增多，注重进行宪法教育，八年级下册专门讲宪法，包括宪法的地位、性质和基本内容。高中阶段的法治内容主要分布在《经济与社会》和《政治与法治》中，引导学生在正确认识经济现象和政治制度与现象的同时，理解相关的法律内容。从规则意识到法律意识再到法治素养，各个阶段的法治教育不断深化，侧重点有所不同。

（三）教学方法衔接现状

根据调查，教师在课堂中使用讲授法较多，讲授法是中学和小学高年级思政课课堂教学的基本方法，讲授式教学活动在思政课堂是基本的教学活动，通过教师系统地知识讲解，可以更好帮助学生形成清晰的知识结构。但要达到知识内化还需要结合更有生命力的教学活动，突出学生主体性，充分考虑学生学的方法，激发学生积极性。学者刘强将讲授法细分为讲述、讲解、讲读、讲演、讲评五种方式。在实际教学中，一些教师没有正确理解讲授法，把讲授法简化成了对着课本或者课件讲解，整个课堂气氛冷清，教学变成了简单的灌输，导致填鸭式教学。部分思政课教师仍偏爱"省事"的填鸭式教学，忽视活动设计，致使课堂十分枯燥，学生昏昏欲睡，教师的教学方法直接影响着学生在思政课堂的"获得感"和"幸福感"。

初中和高中教师平时上课以讲授法、讨论法和演示法为主，注重结合时事进行讲解，教学方法的选用大多服务于知识，没有把知识和学生真正有机地结合起来，侧重于通过简明、易懂的事例让学生理解教学内容，把教学内容讲清楚，使学生会做题、会考试。目前，初中道德与法治教材新的内容编排方式和栏目设计驱使教师使用案例分析法和合作探究法，新教材提倡合作学习、探究学习、体验学习、对话学习，推动学习方式的改变。高中思政活动型学科课程的构建影响着教师教学观念的转变，决定着教学方法的选用。思政课是一门知识性学科课程，这就决定了课堂教学是中小学思政课教学的基本形式和主要形式，但绝不是唯一形式，思政课也需要"走出课堂"、走进社会，与课外活动相结合。当前我国中小学思政课局限于课堂，缺乏实践教学，较少采用调查研究、参观访问等教学方法，学生缺乏在教师统一组织下于真实环境中进行生成性活动的机会。这对于学生核心素养的培养是十分不利的，也不利于大中小学思政课实践教学的衔接。

（四）教学研究衔接现状

思政课的学术含金量不亚于其他人文社会学科，当前对思政课的研究在不断增加。但具体来看有关中小学各阶段思政课教学的相关研究还是偏少的，对教学的研究有待进一步深入。当前高校思政课教学研究对中小学关注较少且偏向理论层面，大中小学思政课教师缺乏合作研究，中小学对思政课教学研究相对不足，教学研究质量有待提升。

教学研究的对象包括教学内容、教学方法、教学问题和教学理论，大学教师的教学研究偏向理论研究，对课堂教学的关注度不高，中小学教师的教学研究论文又容易缺乏学术性、规范性。实际上，大学教师可以和中小学教师共同确定课题，为他们提供理论假设、研究方法和研究成果表述等方面的支持。目前中小学思政课教师教学研究合作意愿不高，在教学研究方面缺乏合作，教学研究合作主体意愿不强。教研活动是教学研究的重要载体，中小学思政课的教研活动各自为政，学段间的教研活动缺乏衔接，学段间的联合教研较少，不利于中小学思政课教师在交流、对比中深化对教学的认识。

（五）教学评价衔接现状

素养的养成是一个长期持续的动态过程，这就要求不同学段思政课教师重视教学评价，掌握科学的教学评价方法，在进行教学评价时坚持及时评价、科学评价和全面评价，保持教学评价的科学性和持续性。从教学评价方法和教学评价结果运用方面来看，当前中小学思政课教学评价衔接缺乏持续性。从思政课考核方式看，小学思政课以定性评价为主，思政课教师根据学生的课堂表现、测验情况等给予学生"优秀""良好"和"合格"等成绩评定；中学思政课教学评价以总结性评价为主，主要根据考试成绩对学生进行评价。部分省份小学和初中思政课是开卷考试，高中思政课是闭卷考试，这种"前松后紧"的考核要求差异会导致学生学习态度的差异和学习方法的脱节。小学升学考试和中考成绩是后一学段思政课教师了解学生在前一学段学习状况的重要来源，但是考试不一定能充分体现学生的真实水平和思想状况。尤其当前思政课教学目标是素养指向的，在进行教学评价时如何对素养进行测评，对于一线中小学思政课教师而言，是一个很大的难题，也是相关专家正在着手解决的问题。

四、当前中小学思政课教学衔接存在的问题及原因分析

（一）当前中小学思政课教学衔接存在的问题

1. 教师教学衔接观念不强

当前，中小学思政课教师教学衔接观念不强，一方面表现在教师对其他学段缺乏关注，另一方面表现在缺乏对学生进行学法指导。大部分思政课教师对

其他学段缺乏关注、了解。从小学时的"做聪明的消费者"到初中阶段"依法维权"再到高中阶段"商品""货币""价值"等马克思主义政治经济学的学习，从中小学时期养成良好行为习惯，学习"如何做人"到高中用哲学思考人生、世界，很多方面的学习都具有一定的跨度，有的跨度还很大。如何促进学生由形象思维向抽象思维转变，如何实现不同学段的良好过渡，需要思政课教师进行及时有效的学法指导。比如，初中道德与法治课考核方式是闭卷或开卷考试，这种情况下从考试角度来看，思政课本身对学生的吸引力较低，学生对思政课学习认知出现偏差，具有功利性，容易形成错误的学习方法。面对这种情况，高中思政课教师不仅要在课堂教学中吸引学生，增强学生的获得感、幸福感和认同感，还要做好学法指导，帮助学生形成思政课学科学习能力。

2. 学生对思政课认识不足

从中小学生对思政课的看法和课堂表现可以看出，中小学生对思政课的认识存在不足。由于思政课在中考、高考这两大考试中的分值相对于语文、数学和英语较少，通常被视为"副科"。许多中小学生认为思政课最大的价值在于升学考试需要，具有功利取向。有些地区的初中道德与法治课实行的是开卷考试，初中学生通常认为道德与法治课考试就是"抄书的考试"，较多高中学生认为思政课内容较为枯燥，他们认为学习思政课程的关键就是死记硬背，因此，初、高中生都较为在意记课堂笔记。在"你认为思政课堂存在哪些问题"这道多选题中，初中和高中学段有很多学生在"其他"这一补充选项中填写了比如"记笔记时间不足""笔记记不到"等和记课堂笔记有关的内容，学生在课堂上过于注重记笔记会影响学生对课堂活动的参与，这种情况下学生在课堂上处于被动地位，难以发挥学生的主体作用。中小学生通常把思政课视为可以写作业的"水课""休息课"。有的学生会经常或偶尔在思政课上写其他科目的作业或者阅读课外书，这就导致了思政课堂学生专注度不高的问题。

3. 中小学教师缺乏交流、互动

在中小学思政课的考试取向之下，小学思政课容易被忽视，甚至没有专职专任老师，而初中思政课教师都忙于应付考试，无暇顾及其他学段思政课的教学内容、教学要求，制约着纵向思政课教学衔接的真正实现。这种各学段思政教师只对各自阵地教学关注的状况就导致了不同学段思政教师间交流、互动的缺乏。"国培计划"和教师进修等活动为高校思政课教师与中小学思政课教师交流提供了重要平台，但是覆盖面较小，且人数较多，互动机会不多。教研活动是教师交流的重要平台，当前省、市、县各级各学段的教研活动具有封闭性。

（二）当前中小学思政课教学衔接存在问题原因分析

1. 应试教育体制影响深远

当前处于应试教育体制向素质教育体制转变的探索时期，对学生综合素质发展的重视程度在增加，但从现实来看，应试教育体制依然影响深远。大中小学思政课一体化与应试教育存在矛盾，二者的侧重点不同。一体化建设的价值定位在人，在于促进学生的全面发展，培养后备人才，而应试教育体制以考试为中心，分数是考核的主要指标。在考试的指挥棒下，思政课教师关注的是学生对知识的理解、掌握，侧重的是当前知识考试的达标和高分的获得，这种情况下对学生学法的指导便表现出策略性和应试性。当中小学思政课教师聚焦于考试而不是聚焦于学生核心素养的培养和学生的可持续发展时，思政课教学必然会割裂为不同碎片，导致教师教学衔接观念薄弱，各学段间缺乏联系、交流和互动。那些以运用形式多样的教学方法科学设计、组织活动来引导学生自主探究、合作探究的课堂更多的是具有展示性，而不具备普遍性。较多的思政课教师认为公开课和平时真正上课差别很大，实际中主要还是以"知识讲授"为主，不过更注重采取更为幽默、灵活的方式来进行"知识授受"。由于缺乏对其他学段的关注，当思政课教材的整体模块设计、内容发生改变时，很多思政课教师对教材的适应性就会大大降低，对教学内容的理解和把握就会不足，在教学方法的运用和对学生学法的指导等方面亟须提高。在应试教育体制的深远影响之下，如何把教材体系转化为教学体系，提高教学质量，促进教学衔接，推动一体化建设，需要思政课教师从根本上增强教学衔接观念，主动加强交流、互动。

2. 思政课全员育人不足

在中小学分数取向的影响下，学校、社会和家长各方对思政课的认知存在偏差，对思政课缺乏重视，由学校、家庭、社会各方参与的思政课全员育人大格局尚未形成。德育工作是学校的一项重要工作，中小学思政课是一种直接德育形式，是直接德育课，但较多学校没有足够重视和利用思政课的德育资源，以致思政课的德育资源被忽视、闲置和浪费，更为关注思政课考试成绩，专注于"管"而没有实质的"育"。良好的校园文化环境对思政课人才培养目标的实现具有感染功能、凝聚功能和导向功能。但当前大部分学校的校园文化建设没有考虑到与思政课的联动，没有为思政课营造浓厚的校园氛围，简单的横幅、口号、守则和规范难以与思政课相呼应。在升学的压力之下，不论学生成绩如何，家长都乐于花费大量财力、物力把孩子送进补习班，提高薄弱科目，加强优势科目，甚至于从初一、高一就开始让学生每一门科目都补课，包括道德与法治课和高中思政课，这种情况体现的并不是家长对思政课的真正重视，而是在考试竞争的实质情况下对分数的重视。思政课通常被家长视为语数英之外的"副科"，他们认为思政课知识只需要死记硬背，加之不少地区中考道德与法治多为开卷，家长对思政课的关注度较低，对思政课缺乏全面、深入的认识，没有认识到思政课立德树人的重要作用。家校共育没有形成合力，一方面是由于家长缺乏家庭教育观念，以工作忙碌为由，把学校教育当作学生成长既充分又必要的条件，置身教育之事外；另一方面是学校思政课对于人才培养具有相对统一的目标和要求，但是每个家长对孩子成长的要求有所不同，每个学生的具体情况又不尽相同，在教育目标上没有与学校达成一致，存在着即使有家校互动，但是家校互动的方式方法没有被科学运用，没有起到实际有效的作用等问题。但从总体上来看，思政课的实践性往往被忽略，实践教学育人体系尚未成熟，社会各方如党政机关、文明办等有关部门没有协同形成合力育人工作网络来为思政课实践育人营造良好社会环境，创造良好社会条件。

3. 思政课教师专职队伍建设不足

当前，思政课教师专职队伍建设不足，主要表现为思政课师生配比不合理和缺乏专任教师两方面问题。在高中、初中和小学阶段，特别是小学、初中阶段，思政课处于"副科"地位，加上其不考试或者开卷考试，学校招聘的思政课教师数量较少，甚至不招聘，使思政课教师数量较为有限，全职思政课教师工作任务较重，导致思政课教师课时过多，作业批改、阅卷花费过多时间，而备课的时间就会被压缩，这就使得思政课教师缺少参与教研活动和与其他不同学段的思政课教师交流的时间和精力，同样不利于同一年级思政课教师的交流、探讨。

第二节　一体化背景下中小学思政课教学衔接优化路径

在大中小学思政课一体化背景下，要优化教学衔接，就需要从细化顶层设计、凝聚建设合力、提高教师素质和加强教学管理等方面下功夫。

一、细化顶层设计，优化教学衔接

大中小学思政课一体化是一项全新的建设工程，要促进一体化背景下的思政课教学衔接，需要通过整体规划、加强系统设计、优化管理架构、激活联动机制、整体规划目标来为优化教学衔接创造良好条件。

（一）加强系统设计，优化管理架构

"办好中国的事情，关键在党"，推动大中小学思政课一体化建设要始终坚持党的领导，突出各级党委在一体化建设中的领导核心地位，建立党委统一领导、党政齐抓共管、有关部门各负其责、全社会协同配合的工作格局。中小学思政课教学衔接是大中小学思政课一体化的重要方面，因而对中小学思政课教学衔接的系统设计也是大中小学思政课一体化整体规划的一个重要方面。在推动一体化建设的过程中，切实贯彻落实"以人为本"的教学管理理念，建立健全自上而下、权责明确的一体化教学管理体制机制，建立一体化的目标机制、教学管理机制、教学评价机制、教学保障机制和队伍建设机制，也是促进大中小学思政课衔接的重要前提。

大中小学思政课一体化建设需要成立一体化建设指导委员会，完善一体化管理体系，明确一体化建设目标，对一体化建设工作进行统一部署，以系统思维考虑不同阶段思政课的教学衔接问题，推动目标一体化、教材一体化、教学

管理一体化和师资队伍一体化等具体工作的开展与落实，统领好从中央到地方各相关单位的工作。具体来说，一方面各级党委和大中小学校各级党组织要组建一体化领导班子和工作班子，研究新情况，收集有益建议，总结实践经验，探索衔接路径，加强教学衔接管理工作；另一方面要凝聚力量，使校长、党委书记、团委、教研室和思政课教师等各方加强交流、互动，形成工作合力，组建大中小学一体化思政课教学指导委员会，发挥对思政课"咨询研判、督查评估、培训示范、指导引领"的功能，促进教学衔接工作顺利开展。

（二）整体规划目标，形成科学指引

"思政教育的目标，具有方向性、时代性、整体性、差异性和实践性等特性。"大中小学思政课一体化是一个系统，是用综合的思维办好思政课的重大规划，其内部的大中小学各阶段的思政课是主要要素，一体化教学衔接是关键要素。优化一体化教学衔接要增强一体化建设的整体性、有序性，促进系统内部结构的优化趋向，一个首要的问题就是要明确大中小学思政课一体化建设的目标，包括课程目标和衔接目标，为中小学思政课教学衔接指明方向。在立德树人这一培养目标之下，一体化的课程目标是优化教学衔接的重要指引，也是为各学段思政课课程的开设和教学指引正确方向的关键。过去，思政课各学段的课程目标主要基于本学段的实际情况，有对前后学段教学情况的考虑，但不够充分，课程目标呈现在各学段的课程标准中，独立性较强。在一体化建设的背景下，新课改不断推进，课程标准处于不断完善之中，发展趋向是从各学段相对独立的课程标准到不同学段统一于一处的一体化教学大纲，这就要求必须深化系统思维，加强课程目标衔接，优化一体化课程目标。优化教学衔接是推动大中小学思政课一体化的关键，教学衔接的好坏直接影响着一体化的质量，这就要求我们还要注重一体化衔接目标的设置。各学段应该实现哪些具体方面的衔接，衔接到怎样的程度，应该实现怎样的教学衔接，都需要有一个明确的指引。一体化衔接目标应该清晰表明这些问题，并且衔接目标应该是科学的、可达成的。

（三）打造互动平台，激活联动机制

中小学各学段应是相对独立又有机联系的。在一体化建设背景下，要营造良好的思政课教师队伍生态，就要建立中小学思政课教师伙伴关系，促进中小学思政课教师良性互动，密切中小学思政课教师的教学研究互动，深度激发思政课活力，实现学生的贯通培养。针对当前中小学各学段思政课教研活动过于封闭的现状，需要重视学段纵向互动，精准定位中小学思政课教学、教研的衔接点。以一体化建设为契机，聚焦各学段长期有效、可持续的合作伙伴关系，促进育人资源流动，在大中小学思政课一体化这个大平台上打造好中小学思政课教师合作互动平台，激活联动机制。在教研方面，通过健全教研制度，发挥教研员在学科教研活动中的关键作用，促进中小学校、教育局和省市教育科学研究机构联动，定期开展课题联合申报活动和形式多样且有效、有深度的跨学段学科教研活动和教学观摩活动。深化中小学思政课教师的课题合作关系，推动一体化教研活动常态化。网络是拓宽不同学段教师交流、互动的重要渠道，要积极利用好互联网平台，拓展一体化教研新空间，建立一体化网络培训、备课平台。高校与中小学可以通过成立类似一体化建设联盟、建设论坛等的一体化组织来密切大中小学校的交流互动，促进思政课共建、教学资源共享。

在教学实践方面，一方面，党委书记、校长要走进中小学思政课课堂，带头推动思政课建设，引领思政课治理新路径、新形式，还要增加各级党委、高校与中小学校师生共同参与的思政课实践活动。探索让中小学思政课师生走进大学校园参加大学生思政社团活动，或者让中小学参与到高校思政课已有的社会实践活动中来，让思政课师生在活动中交流、互动。不断丰富教学和实践资源库，共同使用和开拓思政课实践资源，共同发现问题、解决问题。另一方面，要促进中小学思政课教师就教学目标、教学内容和教学方法等具体问题加强交流，加强联合备课、听课互动，提升中小学思政课教师政治素养和理论素养，深入探讨实践教学，强化中小学思政课教师实践教学意识，掌握实践教学方法，形成一体化实践教学体系，推动一体化实践育人。促进课堂教学衔接和实践教学衔接，让课堂教学与实践教学形成合力，切实提高中小学思政课质量。

二、凝聚建设合力，增强协同效应

习近平总书记在全国教育大会上强调："办好教育事业，家庭、学校、政府、社会都有责任。"坚持全员育人是在大中小学思政课一体化背景下促进全过程育人、优化教学衔接的必然要求，需要通过推动思政课不断创新来彰显学科魅力，还要通过密切家校联系以促进家校互动，整合社会力量来开展社会活动。

（一）坚持守正创新，彰显学科魅力

之前受到中小学各学段思政课教学内容编排不当、教学方法简单灌输、

教学评价考试取向的影响，思政课育人成效不佳，也使得学生、家长和社会各方对思政课缺乏正确认知，不够重视思政课。近几年来，思政课建设取得诸多成果，学生的获得感和幸福感不断增强。新形势下要促进思政课进一步发展，必须从思政课自身出发，坚持与时俱进，推动思政课不断守正创新，关键就在于通过守正创新来彰显思政课的魅力，凝聚力量来推动一体化建设。中小学思政课教师要坚持"八个相统一"，优化教学内容，改进、创新教学方式、方法和载体，保持思政课的源头活水。思政课教师是展示思政课魅力的主体，要增强思政课吸引力就要彰显思政课教师的魅力。一方面，要彰显思政课教师的思想魅力。思政课的"魂"是马克思主义，坚持马克思主义基本立场、基本观点和基本方法是思政课建设的基本要求。思政课教师要以深入浅出的理论阐释、清晰的学理分析和严密的逻辑论证帮助学生正确认知马克思主义世界观和方法论，树立正确的世界观、人生观、价值观，掌握科学的思想方法和工作方法，这是思政课的重要教育价值，也是思政课的思想魅力所在。另一方面，要彰显思政课教师的人格魅力。思政课教师要不断增强政治素养，深化家国情怀，创新思维方式，开拓专业视野，加强自律修养和锤炼健全人格。在思政课教学过程中，以坚定的政治信仰，深厚的家国情怀，科学的思维方法，宽广的知识视野、国际视野和历史视野，得体的言行举止和高尚的人格感染、启发学生。

（二）密切家校联系，促进家校互动

加强家校合作是促进一体化建设和优化教学衔接的一个重要方面。学校、教师和家长是家校合作的主体，首先要增强各方的家校合作观念，让家校合作各方在相互了解和尊重的基础上双向互动，充分认识到家校合作的价值。家校合作应该是全面而有深度的。从形式上看，不能认为有家长会、家长开放日、家访和家校练习本就是家校合作。这种情况下家长处于被动地位，此时的合作偏向单向的信息传递，而合作应该是一种双向互动。从内容上看，要实现学生的全面发展，家校合作的内容也应该是全面的，不能只停留在考试成绩、生活习惯这些方面，应该是多维度地拓展家校合作的深度和广度。在家校合作中对旨在促进学生成长成才的思政课加强关注，合理安排思政课内容，使得思政课能够适应学生的发展规律，即在中小学阶段循序渐进、螺旋上升式地开展教学活动，从而真正产生实效。家校合作要坚持科学性和灵活性的统一。学校要加强家校合作的相关制度和组织建设，在制度化、规范化的前提下保持家校合作

的科学性。结合学校、家庭和学生的实际情况保持家校合作的灵活性。结合大中小学思政课一体化综合考虑、合理安排、科学评价，建立健全家校合作、互动机制，让家长参与到学校管理中来；组织家长志愿者，使家长参与校园环境和班级文化建设、参与联合教研和资源开发，进一步发挥家长委员会的作用。增进家长对学校、对思政课的了解，激发家长的主体意识，使其以更积极的心态参与到家校合作的组织建设、文化形成和活动开展中来。探究家校互动的有效形式，让家校德育日记、家校联系册、亲子共读和亲子探究真正发挥作用，真正落到实处，增强家长的家庭教育观念，加强家风建设，关注学生品德养成。积极配合学校，配合思政课教师工作，从而加强家校沟通、联系，促进相互理解，做到目标一致，正确引导学生成长成才。

（三）整合社会力量，开展社会活动

"人类社会自从有教育与培养活动以来，道德上的教育与培养都是通过家庭、学校和社会影响的方式实施的。"中国特色社会主义教育事业要保持特色，就要坚守底色，做好思政教育工作，提高人才培养质量，这就需要学校、家庭和社会各方通力合作，为思政课开辟出更大的、应有的空间。通过挖掘、丰富协同育人资源和营造良好社会环境，促进思政课课程合力和社会合力产生同向合力，促进中小学思政课教学衔接，真正实现大中小学思政课一体化。首先，要整合、拓展中小学德育资源，打造立体化思政教育网络。一方面，目前中小学阶段思政课实践教学和社会实践的活动空间是有限的。要推动大中小学校共享德育和实践教学基地资源，大中小学校加强合作，探索共同开展实践教学和社会实践活动，加强与教育基地、公共文化设施、革命老区、红色景点、党政机关以及企事业单位的合作。强化伙伴关系，加强基地建设，建立实践教学基地和社会实践基地，共同开拓思政课实践教学资源，提高实践教学和社会实践质量。另一方面，全社会要共同行动，社会各方要通过开展各种形式的文明创建活动，让中小学思政课师生有机参与进来。深化道德教育引导，推动道德实践养成，抓好网络空间道德建设，营造良好的社会氛围。各级文明委、党委宣传部在新时代加强公民道德建设中具有领导责任，要积极作为，利用好大中小学思政课这一青少年思想道德建设的重要信息渠道和建设途径，加强与中小学思政课教师的联系，获取重要的决策信息。促成相关部门与中小学校的合作，加强榜样教育合作，鼓励学生参与线上线下先进模范评选、宣讲、报告等活动。规范各类媒体坚持正确的价值导向，创造、宣传和传播人民群众喜闻乐见的社会主义先进文化，营造良好的社会舆论氛围和道德氛围，优化思政育人环境，增强道德建设活动的针对性和时效性。

三、提高教师素质，培养衔接意识

在大中小学思政课一体化背景下，优化教学衔接要发挥教师在推动思政课内涵式发展中的关键作用，贯彻落实对思政课教师"六要"和"八个相统一"的要求，改进教师培训，建设专职队伍，完善评价体系，鼓励职业追求。

（一）改进教师培训，建设专职队伍

在新形势下进行思政课建设，要紧扣大中小学思政课一体化这个主题，促进各学段教学衔接，就要抓住"人"这个根本要素。充分发挥教师的积极主动性和创造性，营造一体化教师队伍内部生态，推动中小学教师队伍专业发展一体化建设。坚持党的领导，发挥学校党委书记、校长的带头作用，使其带头推动思政课建设，走进思政课课堂，走近思政课教师。其他各相关部门也要积极为队伍建设提供经费、教师实训场所等方面的支持和保障，增强支持中小学思政课教师队伍建设的合力。加强中小学思政课教师队伍建设，需要切实加强和改进思政课教师培训，增加思政课教师一体化培训，提高教师培训质量，加强培训结业考核。中小学思政课教师队伍建设包括思政课教师队伍思政建设、能力建设和教研队伍建设三个方面。这就要求中小学思政课教师培训要有针对性，坚持问题导向，针对中小学思政课教师的思政素质、专业素养和教育教学能力进行专门培训，力求中小学思政课教师能在培训中常学常新，在对学生进行理论教育时能够做到常讲常新。各级党委、教育局、教研室、教科院、教师发展中心要加强和中小学校的联系，使相关负责人、教研员等与中小学思政课教师产生良性互动，了解中小学思政课和思政课教师的实际情况，促进教研队伍建设，合理安排培训、教研活动，增强培训、教研实效。加强中小学思政课教师队伍建设，还要建立健全思政课教师配备、准入和退出制度，科学配备师资，建立起一支专职为主、兼职为辅的高质量思政课教师队伍，健全思政课特聘教师制度。发挥教学名家、领军人物的带头作用，完善思政课名师大家、教学领军人才、教学骨干有机衔接的优秀思政课教师培养体系。

（二）强化身份认同，回归育人本心

办好思政课的关键在教师，要充分发挥思政课教师的积极性、主动性和创造性，就要强化思政课教师的身份认同，唤醒育人本心。可以通过增强中小学思政课教师的职业自信以强化教育担当、完善评价体系以鼓励职业追求两方面来着手。中小学思政课教师的职业自信是对中国特色社会主义道路自信、理论自信、制度自信、文化自信的集中表现，要树立中小学思政课教师的职业自信首先就要强化思政课教师的学科认同、职业认同。一方面，中小学思政课教师要深度认知思政学科的性质和定位、构成和逻辑、价值和功能；另一方面，中小学思政课教师应该明确思政课与其他课程的区别与联系，强化育人担当，把马克思主义科学世界观和方法论、思政教育方法、德育方法和教学法有机结合起来。这也是中小学思政课教师培育学生政治认同素养的重要前提。在一体化建设中，要发挥高校马克思主义学院的重要作用，面向中小学思政课教师，把高水平、高标准的专业培训和高层次理论学习活动常态化、制度化。通过加强理论学习，帮助思政课教师深刻领会思政学科的现实意义和价值，促进广大思政课教师学思践悟行，增强职业自信，理直气壮上好思政课。

做经师易，做人师难。在现行的考试、教师评价制度之下，中小学思政课教师往往以考纲为纲，教学活动的开展也多以考试为导向。要改变这种情况，就要从根本上变革思政课教师评价制度、教学改革激励机制和表彰奖励机制，强化中小学教师的使命担当、专业情感和专业责任，为中小学思政课教师进行有效的思政课教学提供动力，开辟出更广阔的教学空间。考试成绩能够在一定程度上反映学生理论学习的掌握情况，但思政课是育人、育心的德育课程，中小学思政课教师的教学成果不能完全由考试成绩来衡量，因此就需要以课堂教学质量和育人实效为导向，根据思政学科的学科特性和岗位特点制定评价标准，变革思政课教师评价制度。在一体化的建设过程中，要不断完善思政课教师评价体系。一方面，要克服唯分数论和唯论文论等错误倾向，从教学活动、社会实践、实践教学等方面来科学考核、认定思政课教师的教学成果和工作量，并将考核结果纳入职称评定、师德考核、绩效分配、升职加薪参考中，改进思政课教师评价制度。另一方面，要健全教学改革激励机制和表彰奖励机制，鼓励思政课教师不断加强和改进教学，注重教学研究，举办多种层次、多种形式的思政课教师教学技能大赛，评选教学标兵、教学改革标兵，推选模范教师、教学名师，鼓励思政课教师的职业追求。

（三）重视教学研究，深化以研促教

2018年1月，《中共中央国务院关于全面深化新时代教师队伍建设改革的意见》提出，"全面提高中学教师质量，建设高素质专业化的教师队伍"，强调促进教师专业发展，侧重培养专业突出、底蕴深厚、肯于钻研的研究型教师。要促进一体化背景下的中小学教学衔接，加强跨学段教研十分必要，这也是提高思政课系统性、科学性的重要途径。中小学思政课教师要利用好一体化平台，加强教学研究交流和合作。教学与研究相互依存、相互促进，教学的有效开展，教学目标的充分实现要求思政课教师加强教学研究，更好地传道授业解惑。通过教学研究，也可以深化中小学思政课教师对教学和教材的认识，促进教学与教材的有机结合，提高教师运用中国化马克思主义理论解决现实问题的能力，使其更好地进行思政教育、道德教育和心理教育，实现立德树人目标。思政课教学评价是中小学思政课教师进行教学反思的重要资源，也是其进行教学研究的重要资源。经过充分思考的教学评价与教学反思产生的成果能够进一步为教学研究提供有效支撑，中小学思政课教师的科研成果又是可以有机融入课堂教学、实践教学的重要教学资源。中小学思政课教师应坚持教学与科研相统一，坚持问题导向，以课程教学为中心，科研方向紧扣课程教学，以课程和教学的具体问题为切入点，深入研究教学的重难点问题和基于社会实际变化、学生心理学习实际的教学方法改革创新等方面的具体问题。把理论与实践紧密结合起来，深化对中小学教学问题的认识，发挥学科建设和科学研究对于思政课的学科支撑和理论支撑作用，提高思政课教学的科学含量。

四、聚焦教学本身，加强教学管理

（一）贯彻课改理念，正视学生本位

大中小学思政课一体化建设是新形势下推动思政课发展的重大举措，从根本上来说就是要实现立德树人目标，出发点在学生身上，落脚点也在学生身上。一体化建设聚焦于学生发展的整体性和阶段性，要符合思政教育规律、学生身心发展规律和认知规律。在一体化背景下优化中小学教学衔接必须贯彻以人为本的理念，坚持学生本位。循序渐进、螺旋上升式地开展好思政课需要中小学思政课教师关注、了解学生，根据各阶段学生的实际情况完成确定教学目

标、选择教学内容、应用教学方法和进行问题设计等工作。思政课教师在课堂教学中应该始终坚持马克思主义的立场观点方法，坚持正确方向，尊重学生，发挥学生的主体作用，鼓励、组织学生积极参与到教学活动中来，加强对学生的引导，帮助学生掌握一定的学习方法，培养学科能力。思政课教师应该对课堂有把控能力和洞察能力，在讲授的过程中要维持学生的兴趣，吸引学生的注意力。通过改变、调节语言声调和动作表情来感染学生，通过观察学生的表情、状态来调节讲授的进度、教学活动的进程以及引导方式，运用强化理论使学生保持良好的状态、改变不良课堂行为，保持良好的教学纪律。设计好、开展好实践教学，让学生明确自己要做什么、怎么做，面向全体学生，给予学生必要的、及时的引导，及时对学生进行评价，还要处理好教学突发事件，增强应变能力，加强正确引导，进行适时教育。

（二）完善教材体系，优化教学内容

完善教材体系是促进教材体系向教学体系转化的重要前提。一方面，要继续完善中小学统编教材。要从新时代新要求出发，根据大中小学思政课一体化的发展方向，完善中小学思政课课程标准或者制定一体化教学大纲，整体规划中小学思政课课程目标，为中小学思政课课程教材一体化建设提供基本遵循。另一方面，要适应必修和选修课程相结合的课程体系要求，强化中小学校本课程研究。

（三）明确教学目标，合理设置目标

新课标凝练了学科核心素养，中小学道德与法治、高中思政学科核心素养包括政治认同、法治意识、科学精神和公共参与，旨在引导学生经过学科课程学习后形成正确价值观念、必备品格和关键能力，形成学科思想、思维方式。此时教学目标是素养指向的，要科学设置素养目标，评定学生的素养表现就要根据学业质量标准并结合教学实际情况来考虑。关注教师的教学目标和学生的学习目标，有利于学生形成思政学科思想和思维方式，提高学生学科学习能力，促进学生的可持续发展。中小学思政课教师要在吃透教材，细研课程标准、教学大纲的基础上，站在一体化的高度，注意设置明确的、符合实际的教学目标和衔接目标。教学目标的表达要确切，避免类似"让学生正确认识我国的根本政治制度，为高中的学习打下基础""让学生对哲学有一个较为全面的认识，为大学的学习打下基础"这样空泛的目标，应该具体描述学生应达到的对某一方面怎么样的正确认识或全面认识以及为下一学段的什么方面的学习打下什么基础和什么程度的基础。能够充分预设、有效生成的教学目标才是有价值的，也是更科学的。

（四）改进教学方法，推动内涵发展

在一体化背景下，要促进思政课改革创新，就必须关注教学方法，探索新时代学生身心发展规律、教学规律和育人规律，研究适宜的思政课教学方法。党的十九大报告指出，要加快双一流建设，培养创新人才。要实现创新人才的培养，思政课教师自身首先需要做到不断创新，在教学过程中以自身的创新理念、创新方法去感染学生。中小学思政课教师应该自觉强化对党的理论创新成果的学理阐释，优化组合，创新知识传授的方法，努力实现思政教学"配方"先进、"工艺"精湛、"包装"时尚。"思政教育要有效果，就要根据学生的认知起点、身心成长情况，找到适宜他们接受的叙述话语和活动方式"，教学任务、教学内容和学生的实际情况是影响教学方法选择的主要因素。中小学思政课的课程性质和人才培养指向相同，但具体教学任务、教学内容和学生的实际情况存在差异，根据不同阶段学生的认知发展特点改进教学方法是增强思政课建设实效性的关键。中小学思政课教材内容都体现着生活逻辑，思政课教师要把思政课教材体系转化为教学体系，在选择教学方法时就要清楚认识到小学应该是生活指向知识再回归生活；初中先是生活指向知识，后是知识指向生活；高中要实现由知识到生活的复归，要结合实际积极运用议题式教学、案例教学、小组合作教学、实践教学和体验教学等教学方式。

要让学生形成正确的世界观、人生观和价值观，必须通过实践教学，帮助学生理论联系实际，在实践中深化理解，消化教学内容，建构起自己的知识体系。在实践中运用学到的理论分析问题和解决问题，提高分析和解决问题的能力，让学生在实践中亲自观察、体验和感悟社会主义现代化建设的成果和进程，以及产生的新变化、新问题，增强对祖国的热爱之情，坚定理想信念。中小学思政课教师必须重视实践教学的作用，增强实践教学意识，不断提升自身的实践教学能力，让有效的实践教学与扎实的课堂教学形成合力，提高思政课质量。同时，要不断创新教学方式、方法，打破传统课堂教学的局限，利用好互联网平台，使用网络教学，加强与学生的互动，促进互联网背景下的教学内容创新、技术创新，深入研究网络教学的内容设计和功能发挥，不断创新网络

教学形式。还要把思政课程与课程思政结合起来，找到思政课与不同学科的有机结合点，促进跨学科融合。

（五）加强教学评价，发挥评价效用

中小学思政课管理部门和学校应该重视思政课教学评价，加强教学评价培训，提高思政课教师的教学评价能力，实现科学评价、持续性评价，同时，要注重教学评价结果的运用，让不同学段的教学评价为促进思政课教学衔接提供真实、有效的参考，进一步发挥教学评价的效用。当前中小学思政课的评价多以作业和考试为主，一般主要包括平时作业和期末作业或考试，不能完全反映学生的学习成果。因此，要准确反映学生学习的效果，提高教学评价的质量，中小学思政课教师必须提高教学评价设计能力，重视学生的主体地位，将定量评价与定质评价相结合，形成性评价与过程性评价相结合，注意及时评价。议题式教学是培育思政课学科核心素养的重要教学方法。在议题式教学中，以议题为中心，如何测评学生的学业表现，如何评定学生在教学活动中达到的某一方面核心素养的水平，需要思政课教师精心设计、动态评价，利用好教学评价的监控、反馈作用，培育学生的学科核心素养。在进行教学评价设计时，将学生作为参评主体，设置的评价指标应该是具体的、规范的、可操作的，同时要注意避免笼统评价，及时对学生的作业进行批改与反馈。灵活布置课堂内外的创作类、观看阅读类和活动类等作业，多让学生进行展示、评点作业，增强评价的针对性，激发学生的兴趣。

中小学思政课一体化的
课堂教学策略

第一节　思政课一体化课堂教学策略及其运用

一、教学策略的界定

（一）教学策略的含义

关于教学策略的含义，中外学者提出了很多不同的认识。从国外来看，20世纪60年代以后，国外教育理论界开始对"教学策略"予以关注和研究。这以美国匹兹堡大学罗伯特·格拉泽（Robert Glaser）教授为带头人的一批认知心理学家开始使用"教学策略"一词为标志。较早研究课堂教学策略的美国学者埃金等人认为，教学策略就是"根据教学任务的特点，选择适当的方法"。埃金对教学策略的界定突出了教学策略的两个特点：任务的要求和方法的选择。埃金的《课堂教学策略》一书对各种教学模式的特点和具体操作程序做了详细的介绍，体现出了教学策略的选择性和方法性特点。

在我国，自20世纪80年代以来，教学策略一直是教学研究的一大热点问题，频繁出现于教育教学著作当中，不论是对教学理论研究的深化还是对教学实践的指导，都有重要价值。很多学者也对教学策略进行了不同的界定。归纳起来大致有以下几种说法：一是"系统"说，认为教学策略是一种为完成特定的教学目标而对教学系统的各个要素进行的总体规划。如顾明远在《教育大词典》中对教学策略的定义是：教师在教学过程中为达到某一特定教学目标而采用的相对系统的行为，包括事先有意识地确定的一些教学方法。郑杰斌在《有效掌握教学的策略》一书中提出，教学策略是指在教学过程中，为完成特定的目标，依据教学的主客观条件，特别是学生的实际，对所选用的教学顺序、教学活动程序、教学组织形式、教学方法和教学媒体的总的考虑。关松林在《教学策略导航》一书中提出，教学策略是对为完成特定教学目标而采取的教学活动程序、方法、形式和媒体等因素的总体考虑。周军在《教学策略》中提出，教学策略是教师为了实现教学目标，根据教学情境的特点，对教学实施过程进行的系统决策活动。教学策略是教师在教学过程中，为达到一定的教学目标而采取的相对系统的行为。二是"方案"说，把教学策略看作是形成教学方案的原理、原则、方法。如李志厚在《新课程教学方略》一书中提出，教学策略是指在课程与教学目标确定之后，依据学生的学习规律和特定的教学条件，灵活机动地选择与组合相关的内容、媒体、评价技术、组织形式、方法和各种手段等，以便形成具有效率意义的特定教学方案的原理、原则和方法。三是"方法"说，把教学策略看作是一种方法。如皮连生在《智育心理学》中把教学策略定义为：教师采取的有效达到教学目标的行动，也可以称为广义的教学方法。四是"措施"说，把教学策略看作是实现教学最优化的一种重要措施。如张大均在《教学心理学》一书中提出，教学策略是教学设计的有机组成部分，是在特定教学情境中为完成教学目标和适应学生认知需要而制定的教学程序计划和采取的教学实施措施。

尽管不同学者基于不同角度对教学策略有不同的界定，但对教学策略的理解，有以下几点是需要共同注意的。

第一，教学策略要基于一定的教育教学理论。教学策略是一种理论应用活动，必须在一定的教育理论、教学理论、学习理论等指导下进行，是对教育理论、教学理论、学习理论等的综合运用，不同的理论指导会形成不同的教学策略。

第二，教学策略不同于一般的教学方法。策略性行为对于方法的实行是在明确的教学目标和教育理念支配和监控下完成的，这就使方法带上了计谋的色彩。教学策略是将教学方法的选择置于广阔的教学情境及教学方法选用的各种变量及变量之间的关系中，将教学方法提高到一般策略性行为的新水平。

第三，教学策略的运用是一个动态的过程。教学策略不是固定不变的，必须因地制宜、因人而异。由于具体的教学情境是复杂的，教学策略的建构和使用，往往要经历两个过程：一是对教学方法的选择和使用过程，二是对教学活动的调控过程。而这两个过程又常常随着情境的变化而变化，处在不断的运动与变化之中。

当然，要真正理解教学策略的含义，还必须正确理解教学策略与相关概念的关系。

（二）教学策略与相关概念的关系

1. 教学策略与教学设计

"教学设计是对整个教学系统的规划，是教师教学准备工作的组成部分，是在分析学习者的特点、教学目标、学习内容、学习条件以及教学系统组成部分特点的基础上统筹全局，提出教学具体方案，包括一节课进行过程中的教学结构、教学方式、教学方法、活动形式、知识来源、板书设计等。"可见，教学设计是教师开展教学活动之前对整个教学活动的计划与安排，教学设计的结果或教学设计的文字表达形式是教学活动方案。

教学策略是教学设计的有机组成部分。教学策略与教学设计是部分与整体的关系，国内有的学者将教学策略的选择和制定视为教学设计的四大领域之一，即确定教学目标、了解学生的起始特征、教学策略的选择和制定、教学评价的设计与执行。教学设计涉及的范围比较广，它可以是对整节课或整个单元的设计，也可以是对整个科目的设计。教学策略的运用范围较窄，一般主要集中在某一课时、某一内容的范围内，并且具有较强的灵活性。教学策略与教学设计各有自身的内涵，在具体内容或环节上有交叉、重叠部分，因此，在进行教学设计时要考虑教学策略的制定、选择与运用，在选择与运用教学策略时，也要通盘考虑教学的整个设计。

2. 教学策略与教学思想

有人把教学策略看成是一种教学思想。的确，教学策略与教学思想之间有着密切的联系，任何教学策略的选择和运用都不是盲目或随意的，都要受到一定教学思想的制约或指导。教学策略与教学思想之间并不具一一对应的关系。教学思想位于较高层次，属于理论、观念形态；教学策略也包含一定的教学理论成分和思想成分，这是教学策略的核心和灵魂。本质上教学策略是属于操作形态的东西，具有一定的可操作倾向。它是指向教学实践的，是教学思想观念的具体化。在同一种思想指导下，结合不同的背景、条件，由不同的人来开发，就会形成不同的教学策略。同一种教学策略，可以源于一种教学思想，也可以源于多种教学思想。

3. 教学策略与教学模式

"教学模式是能用于构成课程和课业，选择教材，提示教师在课堂或其他场合教学的一种计划或范型"。它具有简约化、概括化、理论性和相对稳定性的特点。教学模式与教学策略都具有可操作性，因此，国外有学者把教学策略看成是教学模式。但单从这一点并不能认为这两者是等同的。一般而言，实现从教学理论到教学实践的转化，其过程首先是由教学理论到教学模式，再到教学策略、教学方法、教学实践。教学策略是教学模式的进一步具体化，教学模式包含着教学策略、规定着教学策略，属于较高层次；教学策略比教学模式更详细、更具体，受到教学模式的制约。从教学研究的发展来看，是先有教学模式的研究，然后才有教学策略的研究。这也反映出了两者的区别与联系。

4. 教学策略与教学方法

在已有研究中，不少学者把教学策略等同于教学方法，这种认识是不妥的。"策略"一词与"方法"有联系，但又有区别。"教学方法是为完成教学任务，教师的教和学生的学相互作用所采取的方式、手段和途径"。教学策略的含义比教学方法要宽广，层次也比教学方法更高。教学策略不仅包括对教学方法的选择，还包括对教学媒体和教学形式的选择等，而且在具体的教学方法及其组合上也存在着策略问题。在教学活动中，教学方法为教学策略服务。在教学方法的使用过程中，包含和体现着教学策略的意图，教学策略又通过各种教学方法的运用而得到实现。但教学策略不是教学方法的简单堆积或串联，而是比教学方法更高级，对教学方法具有统摄、控制和调节作用的教学决策活动。教学方法是具体的、可操作的，教学策略则包含监控、反馈内容，在外延上要大于教学方法。

（三）教学策略的结构

任何教学策略都有其内在的结构，教学策略的结构是由它所包含的诸要素有规律地构成的系统，一般包括指导思想、教学目标、实施程序、操作技术等。

1. 指导思想

指导思想是某一教学策略所依据的理论基础，它能对具体的教学策略做出理论的解释，是教学策略的灵魂。任何一种教学策略的背后都有一定的教学思想观念、教学理论做支撑。在教学策略的制定和实施过程中，教师拥有不同的教学思想、教学观念，对教学进程和要素有不同的认识，就会导致不同的教学策略产生。比如，同样是讲"生活与消费"，有的教师视学生为学习的主体，通过联系实际、列举案例等鼓励学生，激发学生的兴趣，调动学生的学习积极性，让学生愉快主动地学习；有的教师视学生为被动的"容器"，教学中反复强调的是抽象的概念、原理，要求学生对诸如商品、货币、外汇、汇率等相关概念死记硬背，不关注学生的学习主体性。两种不同的教学思想观念，必然产生两种不同的教学策略。每一个教师的知识背景、教学经历并不相同，即使接受同样的教师教育，教授同样的学科，他们对教学的环节，对学生的认识，对教学的手段、媒体的使用以及不同的时间和场所，都会显出各自不同的特点，也都会在教学中表现出来。明确这一点，有助于教师有目的、有意识地贯彻教学理论，更好地发挥理论的价值。

2. 教学目标

任何一种教学策略都是指向一定的教学目标，为完成一定的教学任务而创立的，目标是教学策略的核心要素，对其他要素起制约作用。也就是说，一定的教学策略总是针对一定的教学目标的，并且总是尽力满足教学目标所提出的要求。教学策略的运用，无论是活动内容，还是活动细节、活动方式，或者是活动的程序及各个环节，都是指向教学目标的，为达成教学目标而存在。比如知识目标的讲授策略，其目标是通过教师对学生难以理解的教学内容进行分析、讲解，通过语言的表达，使教学内容简化成易理解、易接受的内容，达到被学生理解、把握和运用的目的。又如课堂讨论策略，其目标是充分调动学生积极主动参与课堂教学的热情，体现学生的主体性地位。教师通过创设一定的情境、提出一定的问题，让学生在课堂讨论中相互交流、积极探讨、发现问题、解决问题，从而提升学生主动参与、自主学习等的能力。每一种教学策略都有一定的教学目标，但教学策略与教学目标又不是一对一的关系。一种教学策略可以有多种目标，其中又有主次之分。主要目标是区别不同策略的特点，也是运用教学策略的重要依据。

3. 实施程序

实施程序即教学策略按时间展开的逻辑活动步骤，以及每一步骤的主要做法等。教学策略是针对一定教学目标组织起来的程序化设计，因此有其自身的操作序列，它指出教师在采取一定的教学策略时先做什么、后做什么、再做什么。如杜威的"中学教学策略的程序"是创设情境、明确问题、提出假设、执行计划、检验假设。教学策略的实施程序是基本的和相对稳定的，但由于教学活动的复杂性和特殊性，教学策略的实施程序不可能是僵化的和一成不变的。

也就是说，教学策略的实施程序有一定的先后顺序，但没有定式，可以随着教学条件的变化以及教学的进程及时调整和变换。如黎世法的"六阶段教学策略"，虽然按"自学、启发、复习、作业、改错、小结"六个步骤依次递进，但其中某些步骤可以根据教学的实际情况进行压缩、省略和叠合，生成多种变式，而每一环节又可作为单一策略来实施。如作业策略，可以是教师先布置具有代表性的作业，然后再指导，指出完成作业时应注意的问题，学生独立完成作业，教师巡回指导，力求使技能综合化。又如小结的策略，首先由教师布置小结提纲并进行指导，然后由学生根据提纲独立小结。进行小结时，先由学生宣讲小结，再由教师加以评论，总结全部内容，最后对学生还存有的疑问进行解答。由此可见，教学策略虽然有一定的程序，但无定式，教师应对其灵活运用。

4. 操作技术

操作技术即教师运用教学策略的方法和技巧。要保证教学策略实施的有效和可靠，就必须提出一整套明确易行的行为技术和操作要领，如布鲁纳的发现教学策略曾规定，矫正学生的学习结果，或者对学生提供其他帮助，必须是在学生得到实验结果并拿它跟希望获得的结果进行比较的时候进行。若过早，学生不理解；若过迟，则无法对下一步活动起到指导作用。所以，教学策略必须有具体的操作方法和技术，这其中涉及教师在教学策略中的角色作用、教师对教学内容的处理、对教学方法的灵活掌握、对教学手段的使用等。

了解了教学策略的基本结构，就掌握了教学策略建构的要领，抓住了它的实质。这不仅有助于学习和借鉴有效的教学策略，而且有助于总结和建构自己的教学策略，知道从哪些方面去总结归纳教学策略。

二、课堂教学策略的含义与特征

（一）课堂教学策略的含义

课堂教学策略是教学策略在课堂中的应用，是指教师为实现教学目标或意图（指难以明确或无须明确的目标）所采用的一系列问题解决行为。它有广义和狭义之分，广义的课堂教学策略是指总体方案，包括方法、步骤、媒体、组织形式等教学措施；狭义的课堂教学策略仅指为完成教学目标而采取的最佳方法、技巧。

本书中所探讨的课堂教学策略，仅指课堂教学中所采取的方法、技巧。

（二）课堂教学策略的特征

1. 综合性

应当看到，在教学实践中每个教师都在自觉或不自觉地运用或执行着某种教学策略，我们的教学理论也或多或少地涉及与教学策略相关的问题。但教学理论是从静态的、单一因素的角度分别研究诸如教学方法、教学手段、教学组织形式等构成教学策略的要素。而教学策略则从动态的角度对教学的诸要素进行整体把握，将教学形式和方法、媒体等的选择置于一个更广阔、更复杂多变的教学情境中进行考察；在对影响教学过程的各种变量及变量的关系进行综合分析的基础上，对教学内容、教学方法、教学手段、教学过程、教学对象、教学组织形式等要素加以综合考虑，进行明智选择，形成切合实际的最佳教学实施方案，使各要素相互交叉地共同发挥作用。

2. 灵活性

教学策略与所要解决的教学问题之间的关系不是一一对应的，要根据不同的教学目标、教学内容等方面的要求，参照学生的初始状态，将最适宜的教学方法、教学组织形式、教学手段等要素组合起来，并随着教学情境的变化而做相应的设计与调整，以便实现特定的教学目标、完成特定的教学任务。可见，教学策略的运行始终都伴随着问题情境、教学目标、教学内容和教学对象等方面的变化而变化。同一种教学策略在不同的课堂情境中会产生不同的教学效果，并且，许多具体的课堂教学策略，会随着教师的知识水平、教学观念、情绪情感、教学风格以及个性特点等而有不同的变化。因此，如果教学中的任何一个要素发生了变化，课堂教学策略也会相应地发生变化，这都充分说明了教学策略具有灵活性的特征。

3. 调控性

课堂教学策略含有的元认知监控成分，使教师在运用教学策略时，能够保持一种自我警觉状态，对自身认知活动进行自觉的调节，时时反馈自己对教学策略的操作是否符合教学理念，并进行及时地调控、修补，根据课堂活动的要求，选择解决问题的恰当的方法恰当地解决问题。课堂教学策略的运用受师生关系以及教学目标、内容、环境等各方面的影响，因而教师应该对教学活动有一个整体地把握和了解，洞察教学的进程，及时对教学策略的运用做出适时、适当、适度地调整和修改，以完成教学任务。调控性表现了教师对教学活动的及时把握和调整，表明教学活动的动态性。当教师能够自觉认识和调节教学的进程时，教师对教学策略的运用就达到了较高的水平，教师的教学水平就达到了较高的境界。

4. 操作性

教学策略与教学理论的一个重大区别就是操作性特征。没有可操作性的教学策略是没有任何存在价值的，也不能被称为教学策略。教学策略既不是一项抽象的教学原则，也不是在某种教学思想指导下构筑起来的教学模式，而是可供教师和学生在教学中参照执行或操作的具体方案。它有着明确具体的内容和实施方式、步骤，是教学活动具体展开的基本依据。教学目标解决的是教师要"教什么"的问题，教学策略解决的则是"如何教"的问题。教学策略的最终落脚点是完成教学目标，提供的是教师如何才能教好学生的实用技巧与方法，通过培训易为教师所理解、掌握，也能物化到教师的教学实践中。因此，教学策略具有可操作性和实用性。

三、课堂教学策略的影响因素

从可操作的层面来说，教学策略包括对教学过程、教学内容的安排和对教学方法、步骤、组织形式的选择。由于这些要素的组合方式多种多样，随之产生的教学策略便也是复杂多样的。教学目标、教学对象、授课教师是影响和制约课堂教学策略的主要因素。

（一）教学目标是影响课堂教学策略的关键性因素

课堂教学的灵魂是教学目标，制定合理的教学目标是课堂教学的核心环节和关键因素。课堂教学策略的开发或选择基于一定的教学目标。教学目标不同，所需采取的教学策略也不同，即使同一学科的教学也是如此。如思政学科，其前期的教学目标是提高学习者对思政学科的兴趣和信心，然后才是促进学生掌握具体的知识、发展智能的终极目标。针对不同的教学目标，教师应采取不同的教学策略。如对于上述前期目标，可选择对了解本学科的最新发展动态、与社会生活紧密联系、对学习者自身发展的重要作用等方面都有促进作用的教学策略，进而达到提高学习者的兴趣、保持学习者的积极性的目标；而对于上述终极目标，则应根据知识技能内在的逻辑关系、知识技能掌握对学习者认知结构形成的促进作用、知识与技能迁移的规律、学习者的主观状态等进行综合考虑，然后制定或选择相应有效的教学策略。因此，每一个教学策略的实施指向都应该是教学目标。教学策略在实施过程中的"有效性"主要体现在教学策略围绕教学目标而展开，而对教学目标的分析，是制定有效教学策略的关键。

（二）教学对象的起始状态是制定课堂教学策略的重要基础

学生的起始状态，主要指学生现有的知识技能水平、学习情况、心理发展水平和学习心理准备水平等。实践证明，如果仅根据教学目标制定教学策略，无视学生的起始状态，那么所制定的教学策略就会因缺乏针对性而失效。因为学生的起始状态决定着教学的起点，教学策略的制定必须从该起点出发，进行具体分析。有效课堂教学策略的制定一定要结合学生的学习和生活实际。从学生的学习和生活实际出发才能做到具体问题具体分析，才能落实"贴近学生""贴近生活""贴近实际"的"三贴近"原则。只有把学生的学习和生活实际作为制定教学策略的依据，才能开发出体现学生主体性的有效课堂教学策略，制定出与学生知识水平、学习情况、心理发展水平相一致的课堂教学策略。如果说对教学目标的分析是制定教学策略的关键，那么对学生起始状态的分析则是制定有效教学策略的基础。

（三）授课教师自身的特征是构建课堂教学策略的主观条件

教师是课堂教学策略的制定者和执行者，教师自身所具有的特征是影响课堂教学策略制定的主观因素。在教学过程中，教师一般都倾向于选择与其教学思想、知识经验、教学风格、心理素质相一致的教学策略。例如，教师对新课改的教学思想有着深刻的理解和把握，在课堂教学中，就会更多地采用合作探究等方面的教学策略，注重激发和调动学生学习的能动性、自主性和创造性，注重培养学生的探究能力和水平，充分发挥学生的主体地位和在学习中的主体作用，促进学生全面发展。教师的知识经验也是影响教学策略制定的重要因素，知识经验丰富的教师能够根据具体的教学情境、学生的实际需要、授课的教学环境等各方面的因素灵活选择相应的教学策略。每个教师的知识储备不同，教学风格各有特点，心理素质存在差别，这些都在一定程度上影响着教学策略的制定。因此，教师在制定教学策略时，不仅应重视对教学目标和学生起始状态的分析，还应努力发挥主观能动性，充分挖掘自身特征中的积极因素在制定有效教学策略中的作用。

四、课堂教学策略运用应坚持的原则

课堂教学策略具有明确的指向性和操作程序，但由于具体的教学活动过程中存在着许多变数，课堂教学策略的运用并不是机械地照抄照搬，而是要在运用中灵活掌握，有所变化，有所创造。在教学实践中正确地运用教学策略，应该坚持四个重要的原则：教学思想现代化、教学过程最优化、教学方法多样化、教学成效最大化。

（一）教学思想现代化

教学策略总是受一定教学思想、教学观念的支配和规范。教学策略的运用能否达到预期效果，关键在于是否有正确的思想指导。在制定课堂教学策略时，教师必须树立现代化的教学思想。首先，要树立与新课程改革要求相一致的学生观。明确学生是学习的主人，教师的教是为了学生的学，为了学生学会学习。教学的根本目的在于使学生学会做学习的主人，能自觉主动地学习，成为自我发展的主体。教师要面向全体学生，相信所有的学生都有上进心、自尊心、求知欲，都有对独立自主的渴望。因此，教师应该为所有的学生创造条件，充分发挥他们的主观能动性。其次，要树立新的课堂教学质量观。对课堂教学质量的评价，不能仅以成绩作为唯一的标准，学生自主学习、协作学习、探究学习、创新能力等方面也应成为评价课堂教学质量的重要标准。课堂教学策略的运用应以此为根本指导思想，通过采用各种有效的形式调动学生学习的积极性、主动性和独立性，引导学生通过积极的智力活动去掌握知识、发展能力、完善人格。

（二）教学过程最优化

教学最优化理论最早是由苏联教育学家巴班斯基提出的。他认为在课堂教学过程中，教学有着共同的原则、规律和方法，这是千百年来教学智慧的结晶。但这些原则、规律和方法毕竟只是总体的、一般意义上的概括，在实际教学中，需要把这些共性要求与具体的教学结合起来，并进行创造性运用，从而实现教学过程的最优化。实现最优化并非指开发出特别的教学方法或教学手段，而是在教学规律和原则基础上，教师用辩证系统的方法，把教学过程置于系统的形式中加以考察，从整体与部分、部分与部分、整体与外部环境之间的相互关系中综合地研究对象，以期最优处理教学过程中遇到的问题，即在规定时间内以较少的精力取得当时条件下尽可能大的效果。事实上，在教学中面对多样的教学内容、复杂的教学对象，教师不可能用固定的公式去解决教学中的各种问题。这就要求教师在教学过程中，突破固有的模式，不墨守成规，通过对教学系统的分析和综合，通过对最优教学方案的安排，有效调控课堂教学过程，争取在现有条件下用最少的时间和精力获得最大的效果。

（三）教学方法多样化

每一种教学方法都有其功能、特点及应用范围和具体条件，而且有各自的局限性。在课堂教学过程中，为了更好地完成教学任务、达成教学目标，不可能一种方法从头用到尾，而是要坚持教学方法多样化的原则，根据不同的教学目标、不同的教学情况、不同的教学环节采用不同的教学方法。如，就教学内容方面而言，对于深奥的、难以理解的知识点，教师可以更多地使用讲授、探究等方法；对于学生有困惑、意见存在分歧的教学内容，教师采用小组讨论等方法则可能更为合适。就学生方面而言，教师可以根据学生在学习准备、认知风格、学习进度、学习技能等方面的个别差异选择相应的教学方法，做出相应的变化和调整，以满足在班级教学中对学生进行个别指导的需要，给每个学生提供尽可能多地参与教学活动的机会。因此，教师要根据教学的实际情况创造性地组织教学，融会贯通地理解和运用多样化的教学方法。

（四）教学成效最大化

制定与选择课堂教学策略，是为教学实施服务的，最终的目的是提高教学效果。因而，课堂教学策略的运用，要保证课堂教学有序、高效地进行，不能过于追求形式，追求教学中的热闹场面，而要强调教学成效的最大化。教学策略的运用，要符合学生的特点，讲求实效。学生是学习的主体，教学策略的运用要建立在对学生充分了解的基础上，不但要静态地了解学生的一般知识基础、年龄特点、心理特点、思想特点，而且要动态地把握学生的发展变化，如学习进退的变化、思想认识的变化、行为习惯的变化等。这样才能在教学中充分调动学生学习的积极性和主动性，使学生学有所得、学有所思、学有所感、学有所用。教学不仅使学生掌握科学知识，锻炼各方面能力，而且促使学生产生良好的、积极的情感体验，以及进一步学习的强烈需求，使不同的学生在原有基础上都有所提高。因此，课堂教学策略要充分重视对学生认知水平、情感态度、行为习惯等方面的了解，有的放矢地运用，使学生真正有所收获，从而实现教学成效的最大化。

第二节　中小学思政学科课堂教学策略的认识基础

对中小学思政学科课堂教学策略的研究，要建立在对中小学思政学科课程准确理解的基础上，也就是要深刻理解和把握中小学思政学科课程的性质和理念，全面认识中小学思政学科的功能，深入了解中小学思政学科学习者的特点和需要。

一、理解中小学思政学科课程的性质与理念

（一）理解中小学思政学科课程的性质

1. 初中、小学思政课的性质

《义务教育思想品德课程标准（2011年版）》明确指出："思想品德课程是一门以学生生活为基础、以引导和促进学生思政发展为根本目的的综合性课程。"由于思政课是依据学生的成长需要，旨在促进学生道德品质、健康心理、法律意识和公民意识的进一步发展，使其形成乐观向上的生活态度，逐步树立正确的世界观、人生观和价值观，因此，思政课具有思想性、人文性、实践性和综合性的性质。

思想性，是指课程要以社会主义核心价值体系为导向，深入贯彻落实党的十九大精神，根据学生身心发展特点，分阶段分层次对学生进行爱祖国、爱人民、爱劳动、爱科学、爱社会主义的教育，为青少年健康成长奠定基础。

人文性，是指课程要尊重学生学习与发展规律，体现青少年文化特点，关怀学生精神成长需要，用学生喜闻乐见的方式组织课程内容、实施教学，用优秀的人类文化和民族精神陶冶学生心灵，提升学生的人文素养和社会责任感。

实践性，是指课程要从学生实际出发并将学生逐步扩展的生活作为课程建设与实施的基础；注重与社会实践的联系，引导学生自主参与丰富多样的活动，在认识、体验与践行中促进正确思想观念和良好道德品质的形成和发展。

综合性，是指课程要有机整合道德、心理健康、法律和国情等多方面的学习内容；与学生的家庭生活、学校生活和社会生活紧密联系；将情感态度价值观的培养，知识的学习，能力的提高与思想方法、思维方式的掌握融为一体。

2. 高中思政课的性质

《普通高中思想政治课程标准（实验）》指出："以社会主义物质文明、政治文明、精神文明建设常识为基本内容，引导学生紧密结合与自己息息相关的经济、政治、文化生活，经历探究学习和社会实践的过程，领悟辩证唯物主义和历史唯物主义的基本观点和方法，切实提高参与现代社会生活的能力，逐步树立建设中国特色社会主义的共同理想，初步形成正确的世界观、人生观、价值观，为终身发展奠定思政素质基础。""高中思政课与初中思政课和高校政治理论课相互衔接，与时事政策教育相互补充，与高中相关科目的教学和其他德育工作相互配合，共同完成思政教育的任务。"

从《普通高中思想政治课程标准（实验）》的表述中我们可以看出，就课程的核心价值来说，思政课是一门以社会主义物质文明、政治文明、精神文明建设常识为基本内容，对高中学生进行马克思列宁主义、毛泽东思想、邓小平理论和"三个代表"重要思想的基本观点教育的课程；就课程的能力目标来说，它是一门引导学生紧密结合与自己息息相关的经济、政治、文化生活，经历探究学习和社会实践的过程，领悟辩证唯物主义和历史唯物主义的基本观点和方法，切实提高学生认识、参与现代社会生活能力的课程；就课程的培养目标来说，它是一门帮助学生逐步树立建设中国特色社会主义的共同理想，初步形成正确的世界观、人生观和价值观，为终身发展奠定思政素质基础的课程。

因此，对高中思想政治课的性质定位，既需要在学科系统中把握，又需要在德育系统中把握。

作为学科课程，思政课是集理论教育、社会认识和公民教育于一体的综合性课程，与其他学科课程相比，其既具有更为宽泛的学科背景，又具有更为重要的德育功能。思政课的设置，是其他任何课程都替代不了的，也是其他课程所无法比拟的。作为德育课程，应该说，思政课是学校德育工作系统中的一个重要环节，具有不同于一般德育工作的课程特点。要增强德育工作的针对性、实效性和主动性，就要使德育工作真正做到无时不有、无处不在，使各种形式的教育活动和社会实践都成为德育的重要载体。

总之，高中思政课的设置，集中体现了开展未成年人思想道德建设的根本指针、根本目标、根本任务、根本途径和根本举措。

（二）掌握中小学思政学科课程的基本理念

课程所展开的一切，都是课程制定者依据课程理念和原则制定的，只有认真研究课程理念，教师才能制定出有效的教学策略。

1. 思政课的基本理念

思政课的理念主要是从社会需要和学生个体发展需要这两个角度提出的。

（1）帮助学生过积极健康的生活、做负责任的公民是课程的核心

中小学思政课课程标准指出："学生正处于身心发展的重要时期，自我意识和独立性逐步增强。帮助学生形成良好品德，树立责任意识和积极的生活态度，对学生的成长具有基础性的作用。思政课的任务是引领学生了解社会、参与公共生活、珍爱生命、感悟人生，逐步形成基本的是非、善恶和美丑观念，过积极健康的生活，做负责任的公民。"

责任是对一个人做或不做某些事的要求，这一理念强调要引导学生认识到承担责任的重要性，增强责任意识，努力使自己在生活中成为一个对自己、对他人、对社会负责的人。

（2）学生逐步扩展的生活经验是课程的基础

中小学思政课课程标准指出："思政是人在对生活的认识、体验和实践过程中逐步形成的。初中学生的生活范围逐渐扩展，需要处理的各种关系日益增多。思政课正是在学生逐步扩展的生活经验的基础上，与他们一起体会成长的美好、面对成长中的问题，为初中学生正确认识成长中的自己，处理好与他人、集体、国家和社会的关系，提供必要的帮助。"

这一理念体现出对学生生活体验的重视，注重引导学生在鲜活的生活中体验、感悟、内化教学内容，从而使学生形成良好的思政。因此，思政课教学应该贴近学生的社会生活，思考学生的需求，激发学生去探索与实践。

（3）坚持正确价值观念的引导与学生独立思考、积极实践相统一是课程的基本原则

中小学思政课课程标准指出："思政的形成与发展，离不开学生的独立思考和积极实践，国家和社会的要求只有通过学生的独立思考与实践才能为学生真正接受。思政课将正确的价值引导蕴涵在鲜活的生活主题之中，注重课内课外相结合，鼓励学生在实践中进行积极探究和体验，通过道德践行促进思政的健康发展。"

坚持正确价值观念的引导，就是以优秀的传统、先进的文化、正确的理念、积极的行动以及社会发展的光明趋势等来感动学生、感染学生、激励学生，因此，教师要深谙教学内容，创设恰当的情境，给予学生积极地引导，尊重、信任学生。

2. 思政课的基本理念

思政课的课程理念是其课程性质的具体体现，是社会科学常识认知规律、思政课建构与实施规律的方法论的时代表述。思政课只有建构突显时代特征、反映自身性质及其教育教学规律的崭新课程理念，才能有效地推进其改革创新，优化其自身与教学的设计和实施，制定和实施有效的教学策略。

（1）坚持马克思列宁主义基本观点教育与把握时代特征相统一

这是思政课旗帜最为鲜明的课程理念。它体现了思政课的本质特征，也是思政课性质的根本标志。坚持马克思列宁主义的基本观点教育，是我党一贯强调的基本理念，更是我们在任何情况下都必须坚持的原则。高中思想政治课要与时俱进地进行马克思列宁主义基本观点的教育，要紧密联系我国改革开放和社会主义现代化建设的客观实际，贯彻"少而精、讲管用"的原则，采用马克思列宁主义的新思想、新观点和新论断，与时俱进地充实和调整教学内容，体现当今世界和我国发展的时代特征，显示马克思列宁主义科学理论的强大力量。

为社会主义事业的发展、为实现中华民族的伟大复兴培养多样化的人才，是高中思政教育肩负的不可推卸的历史使命。在坚持马克思列宁主义基本理论教育的前提下，积极主动地关注社会发展和科技进步的新要求，在课程目标、课程结构、课程内容、课程实施和管理制度等方面的改革上要主动适应时代发展的要求。与时俱进强调的是思政课的设计和实施应主动适应社会发展与科技进步的时代需要。这最终反映在学生的素质发展上，因而以人为本是高中思政课改革的根本理念。以人为本要求思政课尊重学生人生历程的发展需要，尊重学生作为人的人格和尊严，尊重学生的个体差异和人性发展需要。从课程设计到课程实施都应体现人文关怀，体现选择性和多样性，为每一个学生的个性成长和发展服务。

（2）加强思政方向的引导与注重学生成长的特点相结合

加强思政方向的引导，就是要鲜明地提供正确的价值标准，把握正确的政治方向。新中国成立以来，我国学校的思政教育一直坚持这种传统。但从总体上说，我们总是在一厢情愿地灌输，而没有认真研究应如何根据学生的特点来进行引导。新课程理念的提出，使高中思政课教学在加强思政方向引导的同时，研究高中学生的成长特点，坚持根据学生成长的特点，采取符合他们成长特点的方式方法进行思政方向的引导。

注重学生成长的特点，就是要坚持贴近实际、贴近生活、贴近高中学生群体的原则。也就是说，思政课要重视高中学生在心理、智力、体能等方面的发展潜能，针对其思想活动的多变性、可塑性等特点，教师对学生要多尊重、多理解、多关心、多帮助，教学要贴近高中学生的思想实际，注重释疑解惑、因势利导、生动形象、润物无声，帮助高中学生认同正确的价值标准、把握正确的政治方向，增强思政教育的实效性。

（3）建构以生活为基础、以学科知识为支撑的课程模块

建构以生活为基础、以学科知识为支撑的课程模块是思政新课改的鲜明特点和一大亮点。"本课程要立足于学生现实的生活经验，着眼于学生的发展要求，把理论观点的阐述寓于社会生活的主题之中，构建学科知识与生活现象、理论逻辑与生活逻辑有机结合的课程模块""要引领学生在认识社会、适应社会、融入社会的实践活动中，感受经济、政治、文化各个领域应用知识的价值和理性思考的意义"。为此在高中思政课程设计上建构了"经济生活""政治生活""文化生活""生活与哲学"四大必修课程模块，在具体内容的选择上，更是以现实生活中的常见现象，如"生活与消费""投资理财的选择""收入与分配""公民的政治参与""文化与生活""生活智慧与时代精神"等为主题，具有浓郁的现代生活气息，体现了对学生生活的关注。

以生活为基础，体现了新的学生观的要求。在新的学生观的视野中，学生是生活世界中的人。面向学生的教育，必须要回归生活，面向学生的生活，面向他们的生活世界；联系学生的已有经验，将思政教育内容纳入学生与自然的关系、与社会的关系、与自我的关系、与文化的关系中；引导学生在习得书本

知识的同时，形成对待生活世界中各种问题的健全的价值观、良好的情感和负责任的生活态度。当然，回归生活世界，并不意味着要回归到每个个体的具体生活过程和生活情节或事件之中，而是要回归到整个社会经济生活之中、政治生活之中、文化生活之中，在更高层次上重建学生与生活世界的意义关系。

在强调以生活为基础的同时，不能忽视以学科知识为支撑的原则。在新课程的理念中，学科知识的地位已经发生了变化。它已不再是本位，而是占据了核心位置。对学科知识的掌握是学生学习的目的之一，帮助学生掌握一定的学科知识是思政教师的重要职责之一。

（4）强调课程实施的实践性和开放性

实践性和开放性是新课程在实施过程中统领教学方式和学习方式的基本理念，对各门课程的实施都起支配作用；但是相比较而言，两者对于高中思想政治课来说显得尤其重要。

思政课的教学内容和价值取向，其本身就具有极强的实践性。思政课要引导学生融入社会实践活动中，感受在社会经济、政治、文化领域中应用马克思主义基本原理认识和改造社会的价值，以及用理性思考问题的意义。要引领学生在课堂学习过程和各种实践性活动中学会体验、获得体验，在增长知识、提高能力的同时，优化自己的情感、态度与价值观，形成良好的思政意识。

思政课的教学环境具有开放性，学生的生活环境具有开放性，思政课教学只有坚持开放性，其目标才能真正实现。对于教师来说，开放性意味着其不能只作为课程实施中的执行者，更应成为课程的开发者和建设者，不断拓展和更新课程资源，给学生呈现一个真实的世界，使他们具有走进社会、面对挑战、规划人生的真实本领。对于学生来说，要转变他们的被动学习状态，把学习变成人的主体性、能动性、独立性不断生成、发展、提升的过程，实现学习方式的根本性变革。新课程倡导开放互动的教学方式与合作探究的学习方式，真正实现从以"教"为中心向以"学"为中心的转变。在教学中，教师可以提出有意义的问题，促进学生在问题的解决过程中成为学习活动的主体；也可以设计真实的、具有挑战性的、开放的学习环境，引导和带动学生积极主动地探究，使他们从中感悟到读书是学习，实践是更重要的学习。教师要关注学生的情感、态度和行为表现，使学生在充满教学民主的过程中，提高主动学习和发展的能力。

（5）建立促进发展的课程评价机制

教育评价在课程改革中具有导向和质量监控作用，建立促进发展的课程评价机制是改进课程评价方式方法的目标。

发展性评价的根本目的，应是促进学生的全面发展。学校不能因为选拔性考试的存在而削弱评价的发展性功能。事实上，发展性评价与各类考试并不是完全对立的，充分发挥评价的发展性功能，不但可以促进学生的全面发展，而且对于提高学生的考试成绩也是有帮助的。发展性评价的内容是多元的。对学生的评价，既要重视其学习成绩，也要重视其思想品质以及多方面潜能的发展，特别是思政学科，不能仅看学生理论课程的考试成绩，也应特别关注每个学生的行为表现，重视对学生实践能力和创新能力的考查。要改变过去注重知识性和单一的纸笔测验的评价方式，建立能够激励学生不断进步的评价机制，注重学生发展和变化的过程，把形成性评价与终结性评价结合起来，采用多种多样的评价形式，使评价能够全面反映学生思政素质的发展状况。对教师的评价，要改变以学生成绩作为评价教师的唯一标准，要对教师的专业发展提出要求，评价的主要内容以职业道德、了解和尊重学生情况、教学方案的设计和实施、合作与交流等为主，全面关注教师的职业道德、教育理念、教学和研究能力等多方面的发展，同时建立以教师自评为主，学校领导、同事、家长和学生共同参与的评价制度，改变以评比代替评价的做法。

建立促进发展的课程评价机制，在制定评价标准时，既应注意对学生、教师的统一要求，也要关注个体差异以及发展的不同需求，为学生、教师有个性、有特色的发展提供一定的空间。

二、把握中小学思政学科的功能定位

要构建恰当的中小学思政学科课堂教学策略，必须准确把握思政学科的功能定位，既要在学科系统中把握，又要在德育系统中把握。相比于其他学科课程，思政学科既具有更为宽泛的学科背景，又具有更为重要的德育功能，是其他任何课程都替代不了的。

（一）在思政教育中的主渠道地位

对中小学生进行思政教育，其教育途径很多，各个学科都承担着这样一个责任。但与思政学科相比，其他学科都不能对学生进行比较完整地、系统地教育；只是在不同程度地对学生进行思政教育的"渗透"。而思政学科对学生进行的思政教育却是直接的、明显的。它必须向学生进行马列主义、毛泽东思想、邓小平理论、"三个代表"重要思想、科学发展观和习近平新时代中国特色社会主义思想的基本观点、基本原理的教育，以及对学生进行世界观、人生观和价值观的教育。思政学科有明确的课程标准，有确定的教学计划、教学内容、教学过程、教学队伍，能够对学生进行完整地、系统地思政教育。这是思政学科有别于其他学科的天然特征和特有属性，进一步确证了思政学科在思政教育中的主渠道地位。

（二）在素质教育中的核心地位

对学生进行素质教育的内容是多方面的，包括思政素质、道德品质素质、科学文化素质、能力素质、创新素质、身心素质等，其中最为重要的是思政素质和道德品质素质。所以，思政学科在素质教育中的核心地位是非常明确的。它与其他学科实质上是"直接的德育与间接的德育"的关系，即思政学科是专门的德育学科，承担着德育的首要任务。思政学科的教学内容主要包括两大方面：知识教育和做人教育。知识教育主要是对学生进行马克思主义理论基本知识和其他社会科学知识的教育；做人教育主要是对学生进行基本观点和行为规范的教育，帮助学生树立正确的世界观、人生观、价值观和道德观。正因这两方面的教学内容，思政学科才得以确立其在素质教育中的核心地位。

（三）在人才培养中的主导地位

中小学思政学科是着眼于当代社会发展和学生成长的需要，增强思政教育的时代感、针对性、实效性和主动性，"逐步树立建设中国特色社会主义的共同理想，初步形成正确的世界观、人生观和价值观，为终身发展奠定思政素质基础"。思政学科具有明显的导向性功能、规范性功能和服务性功能，在对人才的培养中居于主导地位。

1. 思政学科的导向性功能

思政学科的导向性功能，是指思政学科的教学能够对学生在目标的树立、价值观的确立、人生发展动力的激发等方面进行某种程度的引导。

（1）目标导向

目标导向是指思政学科教师通过教学活动将中小学生的思政、道德品质等发展的倾向性向符合社会和个人发展需要的预设目标方向进行引导，并产生符合预期的教育效果。思政学科目标导向的内容是非常丰富的，而且必须按照不同的层次目标进行导向。如，理想、信念的导向，就是要引导中小学生以树立崇高的理想和具有坚定的马克思主义信念、社会主义信念以及共产主义信念等为最高目标；行为规范的导向，就是要引导中小学生以学会做人、遵守社会公德、热爱他人与社会、具有完善的人格和积极的人生态度为目标。

（2）价值导向

思政学科的价值导向，是指通过思政学科的教学，把教育内容向有用性和有意义性的方向进行引导。中小学生由于受到社会上各种因素的影响，其价值取向在客观上存在着多元性、多样性，因此必须通过思政学科的一元价值导向对其进行引导。思政学科在教学中的价值导向核心是马克思列宁主义、毛泽东思想、邓小平理论、"三个代表"重要思想、科学发展观和习近平新时代中国特色社会主义思想，主要内容涵盖改革开放以来各方面所形成的新思想和新观念以及我国的优秀文化传统和一切人类文明成果。

（3）动力导向

思政学科对人生发展的动力导向主要表现在：第一，思政学科的教学过程可以激发学生的人格塑造动力。树立先进的楷模，既可以激发出学生自我人格塑造的内在动力，也可以成为引导学生进行人格塑造的外在动力。第二，思政学科的教学过程可以激发学生的学习动力。思政学科的学习需要一定的动力，而教学过程的教育性因素本身能够对学生的学习动机、学习兴趣、学习需要、学习积极性产生促进作用，从而促使学生努力学习。第三，思政学科的教学过程可以激发学生的精神动力。思政学科的教学，有助于学生形成积极健康的精神状态并拥有强大的精神动力。思政学科的教学过程，实际上既是一种实体性的教育，又是一种精神性的教育。它对学生的精神状态具有鼓舞、鼓动和激励意义，从而为学生从事某种活动提供精神动力。

2. 思政学科的规范性功能

思政学科的规范性功能主要体现在对政治方向、思想观念、道德行为的规范上。

对学生的政治方向进行规范，就是要使学生在政治方向上能够达到一定的要求，努力做到：政治理想远大，政治信念牢固，政治立场坚定，政治态度鲜明，政治品质优良。由于思政学科的教学内容和教学对象不同，因而对学生的政治方向进行规范在层次上也要有所不同，既要有共同的基本要求，又要有具体的、有差别的要求。

对学生的思想观念进行规范，就是要向学生指明什么样的思想观念是正确的，什么样的思想倾向是被认可的、是与我国的政治化和社会化相适应的。当前，在学生思想观念方面的规范，主要是使学生具有正确的政治思想意识，如马克思主义的科学世界观、人生观和价值观，发展中国特色社会主义的共同理想，崇高的道德思想境界，为人民服务的思想，坚定的共产主义信念等。

对学生的道德行为进行规范，是教育的根本目的。思政学科通过教学对学生的行为进行规范，就是要求学生按照良好的行为方式去行动，使自己的行动达到真、善、美。

3. 思政学科的服务性功能

思政学科的服务性功能，主要指思政学科在社会政治、经济、文化领域中的服务功能。

思政学科的性质决定了它要传播统治阶级的社会意识形态、政治观点和道德法律规范，使统治阶级的意识形态和政治观点成为社会中占统治地位的主导思想，使学生掌握其规定的政治行为准则和道德法律规范，并形成遵纪守法的自觉意识，以维护和巩固国家的社会基本制度与秩序。

社会经济服务功能主要体现在对学生的培养方面。众所周知，劳动者是生产力中最核心的要素。劳动者的素质如何，直接影响着生产力的发展和经济的增长。在知识经济的生产中，最关键的因素已不再是物的因素，而是劳动者的品德、知识和智慧，尤其是劳动者的创造力和责任感。思政学科的经济功能就在于通过全面提高劳动者的思政素质和社会科学文化素质，为社会经济建设和发展提供强大的精神动力和智力支持。

思政学科的文化功能是指它对整个社会文化结构及其构成部分所产生的作用与影响。政治学科的文化功能主要表现为它对各地区、各国家，特别是本国、本民族的各种形态和层次的道德文化、法律文化、经济文化、政治文化、哲理文化的选择、吸收与更新。思政学科新课程改革必须以我国的社会实际需求和发展趋势为依据，重点应放在培养学生形成与我国社会主义市场经济和民主政治相适应的社会主义先进文化——经济文化、政治文化、道德文化、法律文化——的思想价值观念上。

三、了解中小学思政学科学习者的特点和需要

随着年龄的增长、知识的增多、经验的丰富、能力的增强，中小学生的特点往往表现为：富于理想，兴趣广泛，但理想中幻想色彩浓重；感情热烈，注重友谊，但不成熟，易冲动，原则不清；自我意识强烈，成人感突出，想独立而立不住，想自主而主不了；求知欲旺盛，但动机不一，且不稳定。尤其是中学阶段是一个发展不稳定的阶段，也是教育难度最大的阶段。因此，在思政学科的教学策略上应该实现"以学生为本"，针对学习者的特点和需要开展课堂教学，以提高思政学科的教学效果。

（一）中小学生的思想特点

当前，可以肯定地说，中小学生的思想主流是好的，他们热爱党、热爱祖国、积极上进、刻苦学习、朝气蓬勃、意气风发、立志振兴中华，这是大多数现代学生所拥有的精神面貌。他们思维活跃、敏捷，兴趣广泛，努力掌握各种科学文化知识，培养和锻炼自己多方面的能力。他们乐于探索、勇于接受新知识和新事物，渴望了解祖国悠久的历史和灿烂的文化。但与此同时，中小学生的思想方面也存在着一些问题。

1. 小学和初中学生的思想特点

就小学和初中学生而言，他们的年龄小，身心发展迅速，正处于长身体、长知识的重要时期。他们活动和接触的空间范围比较狭窄，社会生活的知识、经验贫乏，因此，小学和初中学生的思想比较单纯。他们的思想特点主要表现为：

第一，接受能力强，辨别能力弱。中小学生的思维能力发展迅速，反应敏捷，求知欲强烈，接受信息的能力大大增强。他们对各门学科的知识，思政教育，社会上的各种新信息、新事物和新知识都容易接受。任何新奇的知识和事物都是他们探索和追求的对象。但由于中小学生的世界观尚未形成，没有一套系统的价值评价标准，社会经验少，因此判别是非的能力较弱，对所接受的大量的、复杂的信息，往往分不清真假，有时甚至对错误的事物津津乐道，是非观念比较模糊。

第二，模仿性强，易受暗示。由于中小学生的思想比较单纯幼稚，思维又具有形象性的特点，因此他们的思想行为容易受各种暗示的影响，模仿性很强。在接受暗示的过程中，容易去模仿暗示对象的性格、为人、言谈和行为，

可能造成难以预料的结果。如模仿自己崇拜的歌星、影星的发型和穿戴等，甚至模仿暴力行为和不道德行为。

第三，求知欲强，目标模糊。多数中小学生都能够刻苦学习，有强烈的求知欲望。他们认为最大的需要是学习知识，希望能够通过学习充实思想、增长才干。但初中学生对学习的社会意义不明确，缺乏学习的远大目标，学习的目的性比较模糊。因此，在一些外来因素的影响下，或学习遇到困难时容易动摇，缺乏持久学习的动机。

第四，兴趣广泛，转移迅速。中小学生具有强烈的好奇心理，精力也很充沛，因此，他们的兴趣非常广泛。大到新学科新知识、国内外重大事件、电影电视、歌星影星、文学作品，小到社会小道消息、娱乐游戏都能引起他们的关注和兴趣。他们的知识面因此迅速拓宽，知识积累迅速增加。但也由于兴趣过于广泛，因此在对大量无控信息的反馈过程中，中小学生的兴奋中心也会迅速不断地发生转移，造成兴趣定向的波动性——热得快，冷得也快，容易形成蜻蜓点水、半途而废的不良学习习惯。他们迫切需要加强钻研精神和意志力的锻炼。

2. 高中学生的思想特点

高中学生随着年龄的增长和社会经验的增多，身心发展逐渐趋于稳定和成熟，世界观初步形成，在思想方面主要表现出如下一些特点。

第一，思想敏锐，但辨别能力不强。在高中阶段，学生的抽象思维能力提高得很快，社会接触面增宽，视野也更开阔，能敏锐地提出问题、思考问题。他们常常以敏锐、批判的眼光来审视社会和人生；他们关心国家的发展和前途，希望祖国繁荣昌盛；对国内外局势变化非常关注，国内外发生的大事常常是他们谈论的热门话题；他们拥护党的领导和改革开放，对社会的腐败现象深恶痛绝。但他们辨别是非的能力较差，容易把错误的言论或思想界的混乱误认为是解放思想，有时甚至把散布违反四项基本原则的言论误认为是宪法规定的公民的言论自由。

第二，有一定的理论分析能力，但不够全面深刻。高中学生经过多年的学习积累，特别是通过思政学科较系统地学习了马克思主义基本观点和社会科学常识，已初步具有一定的理论分析能力。他们开始尝试着用学到的理论观点去观察、分析和认识现实社会生活中的现象和事件。但由于社会经验不多，不善于透过现象去揭示本质，还没有掌握科学的比较方法，于是他们时常从一些表面现象的比较中得出肯定的结论，因此观点还是肤浅的，看法也常常带有片面性。

第三，有较强的竞争和参与意识，但目标不够明确。高中学生的竞争意识比较强烈，有进取心，喜欢争辩，遇事爱争个高低，无论是上课、讨论还是集体活动，都爱表现自我，突出自己。他们希望社会理解、承认和尊重自己的独立人格，希望能在社会上有举足轻重的地位。他们关心时政，参与社会，参与政治。这种强烈的参与意识，使他们爱发表独立见解、评论国家大事、激烈抨击自己"看不惯"的社会现象，但却不注意或提不出切实有效的解决办法，常常流于空谈，在实践中又常常让自己扮演旁观者的角色。

第四，富有正义感，但理想主义倾向明显。学习先进人物，为社会多做贡献，已成为当代高中学生的一种美德。他们为贫困、失学儿童捐款捐物比较积极踊跃，反对和厌恶以大欺小、以强凌弱等。但与此同时，高中学生的理想主义倾向也比较明显，认为什么事情就应该怎样，把社会和他人设想得理想化、模式化，一旦社会现实和他人言行与自己的理想模式不一致，则转而对社会和他人失去信心。他们对社会和人生的期望带有强烈的理想主义色彩，因而对现实中存在的弊端极为敏感和反感；又由于社会经验、知识水平以及思维的深刻性、逻辑性发展不够的局限，他们还不能对现实世界做出全面客观地认识，常常会产生一些偏激的思想和错误的判断，甚至产生强烈的愤怒或绝望的情绪。

（二）中小学生的情感特点

中小学时期是人一生中热情奔放、富于理想的时期，是世界观形成的关键时期。教师要从学生的情感体验水平出发，帮助学生，使其情感发展趋于稳定，并逐步服从理智监督。

1. 小学和初中学生的情感特点

小学和初中阶段是学生长身体、长知识、长智慧的时期。他们面临着生理和心理上的急剧变化，情感表现一般有如下特点。

第一，情感带有冲动性。一方面，他们充满热情和激情，容易动感情，也重感情，很容易被那些可歌可泣的英雄事迹所感染；具有活泼、愉快的心境，对周围现实生活中发生的各种事情都很关注，对国内外政治生活中的重大事件也很关心。另一方面，他们的情感又极易受外界影响，易冲动；对自己喜欢的事积极性高，对不感兴趣的事则避而远之；思考问题往往带有浓厚的感情色彩，因而有时偏执地坚持己见；对教师的要求，合乎己意的就去办，不合乎己意的就拒绝或顶撞，不能控制自己，凭冲动行事，事后又非常后悔。

第二，情感表现强烈但不深刻。他们可能表现出强烈的愤怒或者失望，但是这种情绪体验可能并不深刻，很快会因为一件高兴的事情而转换情绪。由于高度关注自己的情感体验，他们经常会有十分强烈的情绪，但是这种强烈之感却往往带有自我夸张的成分。学生的情绪经常在暴风骤雨和温柔细腻之间摇摆不定，使得他们在情绪反应上表现出明显的不稳定性。

第三，情感表现隐蔽性和表演性共存。小学高年级和初中阶段学生的情感表达已经能够顾及自己的形象和当时的情景，做到有意识地掩饰、修正和控制自己的情绪。但与此同时，为了掩饰与理想形象不一致的真实情感，他们常常会要求自己按照理想中自我认为的最应该表达的情感来表现。然而这种紧张而认真的情感表演常常会因为经验不足、过分强调而变得不自然。所以，我们常常会发现初中学生的行为举止有时显得过于兴奋，有时又显得过于淡漠，很难做到恰如其分、适可而止。

2. 高中学生的情感特点

高中学生的情绪、情感仍具有两极性色彩，而且内心体验变化较大，带有闭锁性，不易被人发觉。具体表现为：

第一，情感内容更加丰富。随着生活、学校条件的改变和教育水平的提高，高中学生的情感内容趋向多样化、复杂化。他们对什么似乎都"多情"、感兴趣，对课堂学习、课外活动、文科知识、理科知识、国内大事、国际大事，以至于宇宙的奥秘或世界的未来等都充满了好奇。他们敬仰英雄人物，关心国家前途，追求美好未来，对国家和社会表现出极大的关注。另外，随着青春期生理的变化，他们有强烈的交友需求，甚至有了初恋的体验。

第二，情感体验更加深刻。在集体感上，高中学生特别重视自己在集体中的地位。能够掌握一定的原则，按照一定的思想、目标去形成集体。在友谊的形成中，比较注重共同的心理基础，有一定的选择性，往往容易选择兴趣相投、性格相近，在理想、信念、世界观上比较接近的人。交友比较理智，友谊持续时间比较长。大多数学生具有明确的道德意识，如集体荣誉感、社会责任感、民族自豪感，以及为真理和信仰而献身的精神。

第三，情感的"两极性"明显。高中学生的心里埋藏着多种矛盾。表现在情感上，就是"两极性"十分明显。他们有时会因一件小事的成功而欣喜若狂，如同一只打足了氢气的气球乘风飞舞；有时又会因一次小小的失败而心灰意冷，如同一只斗败的公鸡垂头丧气。他们有为真理献身的热情，盼望完成惊人的业绩，但也会因盲目狂热而干蠢事；他们的情感易从一个极端走向另一个极端。

第四，情感的自控力逐渐增强。尽管高中学生情感的"两极性"明显，但随着自我意识的发展，其自我控制情感的能力也在逐渐增强。有人把初中学生的情感比作"一团火"，把高中学生的情感比作"热水瓶"，就是这个原因。针对这种情况，教师可以在很多事上点到为止，让学生自己去思考，自己做决定，让他们感受到教师的信任，从而自觉自愿地丢下包袱、投身到学习中去。

（三）中小学生的学习特点

中小学生的智力水平逐渐接近于成年人的高峰状态：注意力具有一定的稳定性，能较长时间地关注自己感兴趣的事物，并能分配注意力；观察具有一定的目的性、系统性、全面性；初步完成了从以具体思维为主到以抽象思维为主的过渡，开始理智地思考问题，思维活跃，经常提出问题，兴趣范围进一步扩大，并具有一定的稳定性。因此，表现在学习上也具有自身的特点。

1. 小学和初中学生的学习特点

处在童年后期和少年期的小学、初中学生由于其心理活动带有明显的过渡性，因此其学习活动既具有童年前期的波动性，又具有青年期的主动性特征。他们的学习策略和自学能力得到迅速发展，学习风格日趋稳定，学习成绩的个体差异加大。总体看来，他们的学习主要呈现出以下特点。

第一，学习的自觉性和依赖性、主动性和被动性并存。进入小学高年级和初中阶段，学生的学习目的越来越明确，间接兴趣所起的作用越来越大。他们已经渐渐地理解学习的责任和意义，在学习中能够主动克服一些困难，主动地去探索，学习主动性获得了空前的发展。学生在学习上的自觉性和主动性逐步加强。但是，在这方面学生之间存在显著的差异。许多学生的自觉性和主动性还不能长久保持，教师和家长的管理稍有松懈，学生就会无法自制，把学业抛至脑后，从而导致学习成绩的下降。随着学生年龄的增长、心理的变化，电脑游戏、武侠小说等，乃至一些不健康的读物都会对学生产生极大的诱惑，成为影响其学习的因素。有些学生自制能力比较弱，甚至会沉迷其中不能自拔，严重影响学习。自觉性、主动性比较强的学生则能保持相对持久和稳定的学习状态。总体看来，小学和初中学生还处在自觉性和依赖性、主动性和被动性并存的阶段。

第二，自学能力逐步提高。学生随着心理上的成熟度、学习态度的变化以及年龄的变化，其非智力因素在整体水平上也有所提高。因此，由小学进入初中以后，学生自学的能力有了很大的提高。学习的自我监控能力获得很大的发展，在学习上的独立性逐步增强，大多数学生能较独立地安排自己的学习。课堂教学中，教师比较注意启发学生独立思考问题；课堂教学外，学生更多地需要自觉独立地安排自己的学习活动。因此，自学能力的强弱对学习成绩的影响明显增强，学习依赖性强的学生成绩往往每况愈下。教师对学生的指导应侧重于学习方法和学习意志品质的培养，使学生养成良好的学习习惯，并帮助其形成相对独立的学习能力。

第三，学业成绩开始分化。初中阶段，学生的学业成绩波动性增大，充满着动荡和分化。这种结果是由多方面的因素造成的。初中阶段的学习与小学阶段的相比，学习内容、学习形式、学习动机、学习监控的主体等都发生了很大的变化。在这些方面，个体差异日趋明显，学业成绩也越来越分化。初中学生学业成绩的分化，也反映出这个时期是智力因素和非智力因素迅速发展的阶段。从智力因素来看，学业成绩的分化反映智力水平和智力发展速率的个体差异；从非智力因素来看，此时也是初中学生学习风格形成的关键时期。他们可能形成冲动型和沉思型的差异、内控和外控的差异、高坚持性和低坚持性的差异。因此，此时的学习活动具有巨大的可塑性。

2. 高中学生的学习特点

随着身体的发育和社会实践活动的增加，可以说高中阶段的学生处于从不成熟向逐渐成熟过渡的阶段。处于这种过渡阶段的高中学生在学习上往往有以下特点。

第一，学习的目的性强。高中学生的理想、信念、人生观正在逐步形成，自我意识越来越强，对学习的动机和目的有了自己的认识，再加上高中学生面临着毕业后上大学或就业的选择；因此，高中学生在学习时经常把眼前的学习与将来升学或就业的需要联系在一起，表现出明确的目的性。凡是与考大学有关的学科、内容就认真去学，而自认为与考大学或就业无关的学科或专题，则采取一种应付、放松的态度。这种现象到了分科后就更加明显了。这种对学习内容的选择性，正是高中学生学习目的性强的一种表现。

第二，思维的独立性强。到了高中，随着神经系统发育逐步完善，生活空间不断扩大，实践活动不断增多，高中学生的知识增加了，经验丰富了，能力提高了，脑的机能也更加健全，所以高中学生在思维活动上有了明显的进步，逻辑思维能力大大加强。这种发展使高中学生能较好地抓住事物的本质和事物的内在联系，能从全局看问题。这样，高中学生通过独立的思维活动，能成功地认识和处理越来越多的问题，对家长和教师的依赖越来越少。而家长和教师也逐渐把高中学生看成是大人，尊重他们，信任他们，不再一切包办和命令，经常和他们商量着处理问题，听取他们的意见。这样便进一步促进了他们思维独立性的发展。他们表现出如下特点：喜欢通过独立思考去弄懂问题，希望别人尊重他们的意见，对别人的意见不再盲从，尤其不爱听取那些没有讲清道理的意见；对教师上课中提出的问题，也敢于发表不同的意见；在同学之间，常为一个问题争论不休，为了说明自己是正确的，总想独立地去寻找原因，求得了解；对有真才实学的教师十分佩服。高中学生在思维上的这种独立性，对搞好学习是十分重要的，是高中学生很宝贵的优点。

但也有些高中学生，他们思维独立性的发展过了头，往往变得过于自信、过于固执，总是自以为是，听不进教师和同学们不同于自己的正确意见。究其原因，一是这些学生没有认识到自己掌握的知识还很有限，自己的实践经验还很不丰富，过高地估计了自己的能力；二是这些学生经常处于成功的状态，顺利惯了，听的表扬多了，因此骄傲起来，认为自己的意见总是对的。

第三，学习的自觉性高。从高中学生头脑的机能上来讲，兴奋和抑制过程逐渐走向平衡，再加上学习目的、动机的明确，意志品质的发展，使高中学生的学习自觉性可以达到比较高的水平，能比较主动地为实现自己的学习目的而开展学习活动。他们可以较长时间孜孜不倦地伏案攻读，能主动地去订计划、做预习、课后复习、做作业、阶段复习、看课外书、做笔记等；也能较好地控制自己的情绪，能比较理智地去处理问题，排除影响学习的各种干扰。例如，能较好地处理学习和娱乐之间的矛盾，冷静地处理师生之间的矛盾、同学之间的矛盾以及恋爱等问题。对学习的动机和目的认识得越明确，对以上问题的处理也就越得当，因而高中生能把主要的精力和时间用在学习上，表现出学习的自觉性。

了解了中小学生思想、情感、学习等方面的特点，教师在课堂教学中就能够根据学生的特点，采用不同的教学方式、教学方法，以满足学生不同的学习需求，提升课堂教学效果。

第三节　中小学思政学科课堂教学策略研究的现实价值

一、有利于改进传统的思政学科教学方式

新一轮课程改革的核心理念是"为了每一个学生的发展"。它要求中小学思政学科的教学必须面向全体学生，创造适合所有学生的课堂教学方法。为此，我们需要深入分析、真正理解课堂教学策略，"以学定教""以生定法"，从而增强教学方法设计的针对性和预见性，使教学方法设计及其实施建立在客观的、符合学生实际的基础上。

有效的课堂教学策略能够树立以服务学生成长为本的教学意识。在课堂教学中，无论是讲授还是讨论等教学策略的制定，都是以促进学生的全面发展为前提的。学生是教育的主体，在课堂教学中，恰当的教学策略才能体现"一切为了学生，为了一切学生，为了学生的一切"。教师是学生学习的领路人、引导者，应时刻以服务学生为主要任务，在学生成长的道路上，为学生撑起一片发展的天空，让学生能够在教师的帮助下轻松愉快地学习。因此，思政学科的课堂教学要紧紧围绕学生来进行，一切从服务学生成长出发。在教学的具体过程中要尊重、培养、发展学生的主体性。人的主体性只有被唤醒、培植起来，才能发挥其能动性、主动性和创造性。教师在教学活动中不宜做一个指挥者、命令者，而应是一个有智慧的服务生的角色，要随时随地引导学生参与到学习过程中去，最大效能地培养学生的学习能力，让学生的学习具有自主性、探究性和趣味性。教师应是学生的良师益友，而不应是学生的"师傅"。师生关系应是一种在人格上平等、能融洽相处的新型伙伴关系。教师的态度不应盛气凌

人，而应平易和蔼。服务学生是一切教学活动的出发点和落脚点。忘记这一点，就不能贯彻以学生为本这一教学理念。

有效的课堂教学策略能够创新以引导学生思考为本的教学方法。长期以来，学校教育似乎更关注教师如何教，而很少关注学生如何学；许多教师也往往更专注于研究教材，而很少研究学生实际，以至于在很多课堂上，还是教师提问，学生回答问题，然后由教师提供一个标准答案。这种方式不利于学生创新思维和创新能力的培养，致使学生习惯于循规蹈矩，不善于独立思考，缺乏理解问题、分析问题和解决问题的能力。著名教育家弗莱雷曾说，"把他们自己认为正确的东西强压给学生，这是一种压迫式的教育"。因此，教师应摒弃只传授知识而不注重能力培养的旧的"填鸭式""灌输式"的教学方式；要纠正为赶教学进度、完成教学计划而忽视学生的可接受性的"一言堂"式的教学方式。在教学活动中要鼓励质疑，让学生提出问题，发表不同于教材、教师、权威的见解是非常重要的。教师应时刻深入到学生中去，与学生平等相处，自由灵活地进行适合学生实际情况的教学活动，使教师的教学活动做到有针对性且达到尊重学生的人性化要求，使学生能自觉学习和主动探究各种知识和技能，让学生亲身经历发现问题、分析问题、解决问题的全过程，将过程中的所学上升为各种实际应用技术或抽象理论知识，并因此而享受获取知识的乐趣和成就感。

有效的课堂教学策略能够开展以激起学生兴趣为本的教学活动。孔子说："知之者不如好知者，好知者不如乐知者。"教学活动中，要让学生对思政学科产生兴趣，就必须充分调动学生的积极性。要丰富教学内容以使其富有时代特征、能引起学生关注，要创新能够引导学生主动学习的教学方法，要采取能够吸引学生积极参与的教学形式。如在课堂教学中，可采用课前几分钟讲故事、讲时事，课后几分钟做游戏，如让学生参与"古诗接龙"，讲古代名人故事等多种多样的教学形式。教学形式如符合中学生的心理特点，就会调动学生参与教学活动的积极性。在课堂讨论中，如改变传统教室的空间组合，由传统的"秧田式"变为"圆桌式"等多种形式，就能够变师生间的单向交流为多向交流，为师生提供和谐互动的讨论交流环境，营造师生民主交流、对话的氛围。在课堂探究中，利用小组学习的优势，将学生按一定的标准编组，加强组内交流、组际交流，开展组际互查、组际竞赛，调动学生探究学习的积极性，使学生不仅学会自主探究学习，也学会以合作、竞争的方式进行相互协作，以体验反思的情怀，学会分享。所以，深入研究课堂教学策略，有助于在教学中做到教学相融、教学相长、共同提高。

二、有利于实现中小学思政学科教学目标

教学目标是根据课程标准而确定的，由课程标准分解成每一课时、每一单元的具体教学目标，这些教学目标能否实现是衡量教学有效性的重要标准之一。中小学思政学科有效的课堂教学策略能够促使课程目标得以很好地实现。

有效的课堂教学策略有利于知识目标的实现。课堂教学策略的制定是基于对学生的全面了解、对教材的全面把握。了解学生是思政学科课堂教学策略的一个前提和基础。教学策略的制定是基于对学生学习特点、学习需求、学习初始状况等多方面因素的了解和掌握，从学生的实际出发，经过科学的分析，制定科学的教学方案，采取有效的课堂教学方法，提高教学的针对性、实效性。把握教材是思政学科课堂教学策略制定的重要依据。中小学思政学科的教学内容是根据社会需要和学生的学业需要，根据中小学生的接受能力和理解水平精心选择的。研究课堂教学策略，需要对教材进行正确地解读，恰当地确定教学内容的重点、难点和关键点，选择与教学内容相适应的教学方法，从而促使学生更好地理解和掌握知识。

有效的课堂教学策略有利于能力目标的实现。就教师而言，在有效的教学策略指导下的思政课教学不仅解决了"教什么"的问题，同时还解决了"如何教""为什么这样教"的问题。可以说，思政学科有效教学策略为思政课教师的有效教学提供了技术路径，有利于教师主导作用的正确发挥。就学生而言，高效的课堂教学策略将最终成为学生全面发展的实现途径。高效的课堂教学策略，真正体现了学生的主体地位，让学生成为学习的主人，促进学生的发展。在课堂教学中，帮助学生提高用马克思主义立场、观点和方法对待实际问题，做出正确的价值判断和行为选择的能力；提高学生参与活动的能力；提高学生在社会生活中正确处理竞争与合作关系的能力；培养学生为未来生活而自主学习和探索的能力。

有效的课堂教学策略有利于情感、态度与价值观目标的实现。在有效的课堂教学策略中，课堂是学生表现的地方，是学生自主学习，合作学习，质疑

释疑，体验成功、自信和快乐的地方，而不是教师完成"教案剧"的地方，课堂处处体现的是学生的主体性。也就是说，课堂的大部分时间应是学生自主学习、合作学习的时间，教师更多的是要引导学生，让学生在和谐的课堂气氛下，把情感交流放在信息交流之上，从培养师生情感、生生情感入手，注意对学生学习动机的教育，对学习目的、意义的引导，培养学生热爱中国共产党、热爱祖国、热爱人民、热爱社会主义的情感，使其增强民族自尊心、自信心、自豪感，弘扬中华民族精神，树立为实现中华民族伟大复兴而奋斗的志向，养成热爱集体、奉献社会、关心他人、乐于助人、团结友善的品德，具有乐于学习、尊重科学、追求真理的科学态度和创新精神。

三、有利于转变中小学思政学科教师的角色定位

由于受"学科中心""知识本位"等方面（教学思想）的影响，在传统的中小学思政学科教学中，教师是知识的传授者，学生的学习处于被动接受的状态。在教学中的具体表现就是：教师讲、学生听，教师单方面向学生传授政治理论知识，忽视学生作为学习主体的主动性、积极性的发挥。教师在教学过程中单独拥有权利，学生在教师的控制和监督下被动学习；教师更多的是对知识进行灌输，对学生的情感、态度与价值观关注不够，也没有能够很好地将理论知识与学生的实际联系起来，只局限于教书，并没有将课程中包含的很多做人的道理教给学生，没有尽到育人的责任。教学目标、内容、方法、进程、结果和质量都由教师评定，学生的任务和职责就是彻底地"应试"和接受评定。

这种传统的思政学科的教学形式所导致的结果：一是使学生对思政课产生了厌烦情绪。教师的"一言堂"并不能使学生成为"忠实听众"，久而久之，反而使学生对思政课产生了逆反心理，思政课教师也在学生心中留下了"枯燥的大理论演说者"的形象。二是思政课教学没有达到预期的效果。在长期的以教师为主导的思政课教学中，学生一直扮演着课堂教学中的被动者角色。他们的主动性、积极性、创造性被完全抹杀，成为"填鸭"的对象。由于理论与实际的脱离，学生观察问题、分析问题、解决问题的能力不但没有得到提高，反而越来越差。

第一，教师应成为学生学习和发展的激励者。在思政课堂教学中，无论教

师采用哪种教学策略，都应该注重在学习和发展方面对学生进行激励。思政课教师对学生的评价不能如法官判决那样超然于对象的情感之外，而应以心灵拥抱心灵，以激情点燃激情。教师要多用寄寓真切期待的鼓励话语，以肯定和表扬为主，对于学生虽不成熟却是经过自己思索的独立判断，尤其是有建设性和创新性价值意蕴的，应予以积极的鼓励和表扬。学生从对思政课理论的理解到掌握分析问题能力的升华，需要极为漫长的心理同化和顺应过程，其自主意识的进步需要思政课教师以博大的胸怀去精心发现和细心呵护，其成长需要思政课教师为其营造和谐健康的氛围。

第二，教师应成为学生学习的引导者。有效的课堂教学策略能够帮助学生学习，使教学内容内化为学生的认知能力，成为促进其个性发展的溶化剂。正所谓教无定式、学无定法，任何教法与学法都是为了达到让学生学有所获、学以致用、学有所成的目的。在课堂教学中，教师要积极引导学生主动学习、自主学习，不仅要帮助学生在文化科学知识方面打好扎实的基础，更要着眼于学生和社会的发展，指导学生学什么、如何学，帮助学生实现由被动学习向主动学习的转变。教师还要引导学生进行合作学习，调动学生的学习主动性、积极性，培养学生分析问题、解决问题的能力，提高学生认知和探究的能力，真正实现课堂教学以学生为主体，使学生在一种融洽的互动中轻松掌握知识、提升能力、培养情感态度与价值观。

第三，教师应成为学生学习的合作者。学会合作是学生在学习过程中，与他人交流、沟通，与他人共同完成学习任务、分享成果的过程。这一过程也是学生自主探究和认知、情感升华的过程。中小学思政课新课程改革强调"倡导开放互动的教学方式"，因此，在新课程实施过程中也理所当然地包括师生之间的合作。教师如果没有"合作学习"的理念，不参与到"合作学习"中来，就很难保障研究性学习的实施，也很难完成新课程的教学目标。有效的课堂教学策略，架构了师生之间合作学习的桥梁，师生为了共同的任务而进行对话、交流和合作，通过这种方式学生最终完成对知识的学习。

第四，教师应成为教学情境的创设者。在新课程实施中，教师对教学情境的创设，直接影响新课程实施过程中的教学效果。根据新课程的特点，恰如其分地设置各种教学情境，激发学生的思维和求知欲望，能提高新课程落实的效果。也就是说，无论教师采用什么样的教学策略，都不能把自己当作演员，把学生当作观众。中小学思政学科的一大特点是其具有生活性和实践性，这为教学情境的创设提供了有力的素材和基础。思政课教师要能根据学生学习的具体内容，有效地创设教学情境，让学生积极投入到自己的角色中去，使学生在情境中获取有效信息，从而实现预期的教学目标。

5

一体化背景下中小学思政课的
教学方法

第一节　教学方法的认知

一、教学方法的概念及特点

（一）教学方法的概念

教学方法是现代教学论的重要内容，任何一门学科的课堂教学都需要采用一定的教学方法。虽然不同的学者对教学方法的理解和界定是各不相同的，但也有着对共同本质的理解和规定。概括来说，业内比较认可的界定是：所谓教学方法，是指教师和学生为了完成共同的教学目标和教学任务，而在教学过程中所采用的方式与手段的总称。然而，具体的教学过程又有着具体的教学方法，不同学科的教学过程也存在着各不相同的教学方法。

教学方法是教师和学生为了实现共同的教学目标，完成共同的教学任务，在教学过程中运用的方式与手段的总称，可以从以下三个层面进行解释。

第一，教学方法包括教师教的方法（教授方法）和学生学的方法（学习方法）两大方面，是教授方法与学习方法的统一。教授方法必须依据学习方法，否则便会因缺乏针对性和可行性而不能有效地达到预期的目的。但由于教师在教学过程中处于主导地位，所以在教法与学法中，教法处于主导地位。

第二，从定义来看，教学方法包含教学方式。教学方式是构成教学方法的细节，是运用各种教学方法的技术。任何一种教学方法都由一系列的教学方式组成，可以分解为多种教学方式。另外，不同的是，教学方法是一系列有目的的活动，能独立完成某项教学任务；而教学方式只被运用于教学方法中，并为促成教学方法所要完成的教学任务服务，其本身不能完成一项教学任务。

第三，与教学方法密切相关的概念还有教学手段。教学方法的改革和实施离不开教学手段的综合运用。教学手段是师生在教学过程中相互传递信息的工具、媒体或设备。随着科学技术的发展，教学手段经历了口头语言、文字和书籍、印刷教材、电子视听设备和多媒体网络技术等五个使用阶段。传统教学手段主要指一本教科书、一支粉笔、一块黑板、几幅挂图等。现代化教学手段是指各种电算化教育器材和教材，即把幻灯机、投影仪、录音机、录像机、电视机、VCD机、DVD机、计算机等搬入课堂，作为直观教具应用于各学科教学领域。

（二）教学方法的特点

在教学过程中，教学方法要服务于教学目标和教学任务的要求，是师生双方共同完成教学活动内容的方式和手段，也是教学活动中师生双方行为作用的结果。教学方法具有以下的内在特点。

1. 实践性

教学方法与教学实践紧密相连，其工具性质显而易见。教学方法的基本精神、影响媒介、作用方式、具体步骤、详细要求等，都是可以操作的。同时，教学方法的实践效果，又是检验其优劣的重要指标。但必须指出的是，教学方法绝不是单纯的技巧问题，它实际上反映着教师的教学思想和能力水平。

2. 耦合性

亦称双边性，是指任何一种教学方法都是教师指导学生学习这一双边活动的方法，是由教师教和学生学的耦合而成的操作策略。每一种教学方法都是互相联系着的教师与学生一定活动方式的构成体，而不是教师教的方法与学生学的方法的简单相加。

3. 多样性

教学方法是多种多样的，组成丰富博大的"方法库"，以供教师教学时优选使用。因为每种方法都有其独特功能，适用于所有教学条件的万能方法是不存在的。只有多样化的教学方法才能帮助教师顺利达成所有教学目的。

4. 整体性

不同的教学方法共同构成一个完整的方法体系，各种具体方法彼此联系、密切配合、互相补充、不可分割，综合地发挥着整体效能。一般地说，"任何方法，不管哪一种方法，如果我们使它离开其他的方法，离开整个体系，离开整个综合影响来单独分析的话，那就既不能认为是好的方法。也不能认为是坏的方法"。

5. 继承性

教学方法也和其他教育现象一样，具有历史继承性。古今中外教育家在长期的教学实践中，为了提高教学实效，非常重视对教学方法的探讨，并且积累了相当丰富而宝贵的实践经验。其中，有些在一定程度上反映了教学的客观规律，至今仍具生命力，值得我们认真总结、整理，并借鉴其合理的部分。任何新的教学方法也不可能从零开始，它必然要从多方面吸收和利用以往旧的传统教学方法中一切有价值的成分。

6. 发展性

任何教学方法体系都不是永远固定不变的。在具体教学实践中，教师必须根据变化了的时代精神、内容性质和对象特点等客观条件，勇于开拓，推陈出新，使教学方法更能适应教学的实际要求。目前教学实践的困惑在强烈呼唤着新的、更有效的教学方法出现。教学方法的发展，还包括对传统教学方法的挖掘、改造、互相补充和综合利用，因而它同教学方法的继承性并不矛盾。

二、教学方法的发展趋势

近年来，随着新课程改革的不断深入，许多新的教学方法不断地被总结和创造出来。为此，中小学思政课教师必须能够把握新的教学方法的发展趋势，以便在教学时合理地选择和运用这些新的教学方法。从目前的情况来看，适应新课程改革的新教学方法体现出以下几种发展趋势。

（一）教学方法的主体性增强

教学方法的主体性增强，主要体现在学生主体性的增强上，也就是学生在教学活动中作为学习的主体，他们的自主性、能动性、创造性的充分发挥得以增强。在传统的思政课教学中，由于教师处于统领地位，学生处于被动地位，因而学生的主动性、积极性受到了很大的限制。如今，随着创新时代和"人本"时代的到来，思政课教学方法的改革也越来越向"人本"的方向发展。于是，学生作为学习者也就成为学习中的主人，随之而来的便是学生主动性的张扬和创造性的激发。

（二）教学方法的综合性增强

教学方法的综合性增强，主要体现在教学方法在被运用时人们开始注重多种方法的交叉、结合、互配，以此达到教学效果的最优化这样一种趋势。实际上，每种教学方法都有自己的适用范围和边际界限，也都有自己的优势和局限性，即任何教学方法都不可能在各种教学情境中"包打天下"。因为每一个教学目标和任务都具有多重特点，每一种教学方法的功能也都具有相对单一的特点。鉴于此，将各种教学方法合理地组合起来，形成一定的教学方法结构与体系，通过相互之间的补充和扬长避短，就可发挥其整体优势和综合效益，这已成为现代教学的迫切需要和必然。

（三）教学方法的模式化增强

教学方法的模式化增强，主要体现在教学方法内容的构成越来越走向模式化。目前，思政课的教学方法已经逐步突破传统教学方法的内涵和外延。这主要表现在，它不仅仅包含传统意义上所指的各种具体的教学方法，如讲授法、谈话法、讨论法、演示法、参观法、练习法、读书指导法等，还反映了人们对教学活动的特定观念、意向和态度，涵盖了一定的基本原理、教学目标、教学原则、过程结构、教学组织形式、教学手段等内容。这就使得思政课的教学方法走向模式化，并出现了多种多样教学方法性质的模式倾向。

（四）教学方法的现代化增强

教学方法的现代化增强，主要体现在教学方法借助的现代化设备和技术手段越来越广泛。随着生产力和科学技术的迅速发展，越来越多的科学技术研究成果被引入教学领域，使教学方法中的科技含量得到提高，使科学技术与教学方法得到合理整合。这样，教学方法的技术手段就逐步实现了现代化。

三、教学方法选择的基本标准与运用

（一）教学方法选择的基本标准

教学有法，但无定法，贵在得法。教学方法是连接师生双方的桥梁。从过去到现在，从传统到现代，人们创立了各式各样的教学方法。任何教学方法，都是为实现教学目标服务的。教学方法与教学目标、教材内容、教学对象，有着内在联系。运用教学方法，实际上就是把教师、学生、教材内容有机地连接起来，使这些基本因素有效地发挥其各自的功能作用，实现教学目标。

1. 依据教学目标选择教学方法

不同领域或不同层次教学目标的有效达成，要借助相应的教学方法和技术。教师可依据具体的可操作性目标来选择和确定具体的教学方法。教学目标将教学的一般性任务具体化，是一个有着多种具体内容的目标群，既有知识信息方向的，也有认知技能、认知策略方向的，等等。每一方面的目标都须有与该目标相称的教学方法。因此，没有一种最好的、能适应各种教学情况的教学方法。

2. 根据学生的特征选择教学方法

学生特征直接制约着教师对教学方法的选择，这就要求教师能够科学而准确地研究分析学生的基本特征，有针对性地选择和运用相应的教学方法。学生特征主要指心理特征和知识基础特征两方面。学生的心理特征主要在于强调学生年龄差异造成的、在心理发展水平上的差异。教学方法应该顾及学生不同年龄段的不同心理特征。学生知识基础特征主要是考虑学生原有知识基础或认知结构，强调学生已掌握的知识及其认知方式对学习新知识的迁移作用。

3. 根据学科内容选择教学方法

不同学科的知识内容与学习要求不同，不同阶段、不同单元、不同课时的内容与要求也不一致，这些都要求教学方法的选择具有多样性和灵活性的特点。学科内容决定了一般教学方法在各门学科中的特殊形式。艺术性强的学科知识和科学性强的学科知识在教学方法上是有着很大差别的，这是因为通向这些知识的心理过程不同，某些方法具有较强的学科特点。

4. 根据教师自身素质选择教学方法

任何一种教学方法，只有适应了教师的素养条件，并能被教师充分理解和把握，才有可能在实际教学活动中有效地发挥其功能和作用。一般说来，教师在实践中会根据自己的实际优势，扬长避短，选择与自己最相适应的教学方法。

5. 依据教学环境条件选择教学方法

教师在选择教学方法时，要在时间、条件允许的情况下，最大限度地运用和发挥教学环境条件的功能与作用。

（二）教学方法的有效运用

教师选择教学方法的目的是要在实际教学活动中有效地运用。

1. 不断丰富和调整自己的教学方法

在教学实践活动中，每一种课型、每一类问题，都有其自身的特点。教师在教学实践中，都不同程度地积累了富有实效的应对方法。这些方法也许是学来的，也许是自己创造的，但都有一个共同的特点，那就是适合自己。选择什么样的教学方法要看它是否适合眼前的学生、是否符合新的教材和大纲要求，新的年级、其他班级的学生、别的教师等能否应用，不能用又将如何修改、调整，这些也是教学方法积累中必须考虑的。

2. 积极汲取已有的教学方法

在教学实践活动中积极吸收先进的教学方法是每一个教师的愿望，目前国内外存在着大量的、经过实践证明行之有效的中小学教学方法。这些方法通过不断地运用，并在实践中检验、论证，正日臻完善，如电化教学法、发现教学法、引探教学法、灵动式教学法、建构主义教学法等。根据教学实际的需要，汲取已有的教学方法为自己的教学所用，是应该提倡的。运用新的教学方法要注意遵从教学策略的要求，切忌简单机械地任意套用。

3. 教学方法的组合

在教学活动中，一个课时、一个问题的解决，依靠单一的方法往往难以完成，这就需要将各种教学方法进行搭配或有机组合。可以一法为主，多法相助，如利用演示法教学时应以谈话法作为补充，也可以用其他方法来补充某种方法的不足。在组合、配伍教学方法时往往存在着方法之间的矛盾，从而影响解决问题的效率。在具体的教学中，应使所需要采用的多种方法构成有机的整体，以便更高效地解决问题。这就是已有教学方法的有机组合，也是形成教学策略的又一重要途径。

4. 对已有教学方法的改造

由于实际教学中的主客观条件不同，使用原有的教学方法可能无法实现教学目标。那么，要想更有效地完成教学任务，就必须改变原有的教学方法，如在教学中采用自学辅导教学法。这种方法是在教师的指导下，通过阅读教材的课文和例题，在已有知识的基础上通过自学、自练、自己批改作业等手段达到学习目的。

5. 对其他学科教学方法的借鉴

在小学低年级数学教学中，考虑到刚入学的学生还习惯于幼儿园中借助游戏学习的特点，有的教师采用了游戏教学法；而学生对游戏这种把娱乐、探索和学习融为一体的学习方式颇有亲切感。实践证明，在小学低年级数学教学中，穿插一些游戏活动，对学生的学习十分有益，能使学生在游戏中主动地学习知识，发展自身素质，这便是一种方法的借鉴。在教学方法和教学手段的选择与运用上，应形成各科教学的有机结合，并相互借鉴和补充。在教学活动中，不同学科、不同年级、不同风格的教师，均有各自的特点，但也有共同之处。所以，其他学科中富有实效的教学方法，完全有可能在思政课教学中应用。比如，很有影响的暗示教学法，过去只运用于外语教学中，近年来有的教师将它引入思政课教学中，同样取得了很好的效果。

6. 教学方法的创新

为了不断适应新的社会环境和新的教育观念，为了各学科知识体系的不断更新和教学条件的不断改善，教学方法也必须有新的发展。教学实践中，在充分汲取原有教学经验的基础上，我国中小学教学方法改革在教学实践中取得了突出成果。这些新方法有一个共同的特点，就是充分调动学生的学习积极性，激发学生的学习兴趣和求知欲，强调教学应该教学生如何学，以促进学生的全面发展。

第二节　中小学思政课通用的
教学方法

一、讲授法

讲授法是一种传统的教学方法，但在今天仍有广泛的使用价值。在思政课教学中，讲授法是最基本的、应用最普遍的一种教学方法，也是思政课其他教学方法的基础。

（一）讲授法的含义

讲授法是教师运用口头语言系统连贯地向学生传授基本理论知识和对其进行思政教育的一种教学方法。在具体讲授过程中，教师可根据教材内容的不同、学生条件与教学环境的不同、教学内容的特点，灵活采用情境描绘、概念解释、事实叙述、原理论证、问题阐述等方式。讲授法的主要特点是教师讲、学生听。在讲授法中，教师是知识信息的传授者，学生是知识信息的接受者，教师起主导作用。讲授法主要适用于传授新知识，在巩固旧知识时也可适当使用。

（二）讲授法的形式

1. 讲述式讲授法

这是教师向学生叙述事实材料，或用形象、生动、通俗的语言描述所讲内容的讲授形式。其特点是生动、形象地描绘例证、事例和社会发展过程，从而寓思政教育于具体的描述之中。这种形式能引人入胜，集中学生的注意力和启发学生的思维。

2. 讲解式讲授法

这是教师通过清楚、明白、确切的语言，去揭示事物的主要特征和本质的讲授形式。其特点是对基本概念、基本原理、基本问题等进行解释、说明、分析和论证，以引导学生由感性认识上升到理性认识，从而使学生更完整地理解知识和接受教育。

3. 讲读式讲授法

这是教师将讲解和阅读材料结合起来的讲授形式。其特点是有讲有读，边讲边读，以讲导读，以读助讲，讲读并进。这种方式可随读进行指点、阐述、论证、评述，又可随讲指导学生思考和练习。

4. 讲演式讲授法

这是教师以连贯性的语言对某一方面的问题进行系统阐述和论证的讲授形式。它是讲授的最高形式。其特点是不仅要在讲演中系统全面地描述事实、解释现象，还要进行深入分析、综合概括，得出科学结论。

（三）讲授法的优点与局限性

1. 讲授法的优点

在思政课教学中，其他各种教学方法的运用都离不开讲授的配合。一方面，讲授法有利于发挥教师的主导作用。教师根据自己的认识和需要，确定清晰的教学目标，整合来自各方面的资源，自己确定讲授的内容，然后运用口头语言向学生传递知识信息。讲授法对教师来说，使用简单、灵活。另一方面，讲授法有利于教学活动有目的、有计划地进行。讲授法能使教师将系统连贯的知识信息传授给学生，使学生在较短的时间内获得较多的、系统的知识，节约很多学习时间。因此，讲授法效率较高。而且，许多知识只有通过教师的讲授，学生才能比较迅速、透彻地理解和掌握。讲授法还可使学生通过多次地听讲，逐渐学习教师观察问题、分析问题和解决问题的方法，从而学到一定的思维方法与学习方法。

2. 讲授法的局限性

讲授法也有局限性。讲授不得法很容易变成注入式、填鸭式。在讲授法中，学生处于被动接受的地位，学生除了"听受"之外，缺少参与其他各种活动的机会，这样容易束缚学生，不利于学生主动自觉地学习，不能培养学生的主动探索精神和创造能力。在讲授法中，教师讲、学生听，缺乏直观性教学活动，不易使学生理解讲授的内容。另外，讲授法的效果较大地依赖于教师个人的语言素养。但讲授法不是注入式的代名词，如果讲授得法，是可以很富于启发性的。教师在运用讲授法时，应注意以下几点。

第一，讲授的内容具有科学性和思想性。教师要认真备课和认真教学。科学性和思想性首先表现为教师要善于选择讲授的内容，讲授的内容必须是正确可靠的，还要注意内容和观点的统一。其次表现为讲授要有系统性，做到条理清楚、层次分明，力求概念明确、重点突出、判断恰当、推理合乎逻辑。科学性和思想性还表现为，讲授的内容要切合学生的实际经验及已有的知识基础。讲授时应注意学生的认知规律，要由浅入深、由易到难、由已知到未知、由具体到抽象，使学生在重点、难点、疑点等关键问题上得到透彻的理解。

第二，教师讲授时要富有启发性。讲授法虽然是以教师的讲为主，但不等于"满堂灌"，也不等于生搬硬套地讲。在讲的过程中也要注意启发学生的积极思维，活跃课堂气氛，使学生积极参与教学过程。这样才能使"讲"的效果更好，这样的讲授才是有意义的讲授；否则，就会使学生处于被动的学习状态之中。启发时要求教师一是要善于创造问题情境，引起和保持学生的注意，激发学生的学习兴趣；二是要善于设问解疑，激发学生的求知欲望和积极的思维活动，使学生积极主动地和教师的讲授活动相配合；三是讲授时要给学生留下思索、联想的余地，使学生有消化、吸收的时间。教师在讲授时要密切注意学生的反应。当大部分学生感到疑惑时，教师应及时调整讲授的方式和预定的计划，以便取得良好的讲授效果。

第三，教师要掌握讲授的艺术。教师的语言水平直接决定讲授的效果。教师要不断丰富自己的语汇，提高语言表达的能力。讲授时教师使用的语言应准确、精练、逻辑严密、清楚明白。讲授时要努力做到生动形象、富于感染力。教师还应当注意语音的高低、语速的快慢和语调的抑扬顿挫。教师要注意说话的态度和说话的方式，多诱导少责难、多鼓励少斥责，不能伤害学生的自尊心和自信心。

第四，讲授法可与其他教学方法配合使用。首先，讲授法使用时间不宜太长，更不宜"满堂灌"。如果一节课完全由教师讲授，那么学生就会因长时间听讲出现疲劳和注意力涣散的现象，讲授法就很难取得良好的教学效果。其次，教师在讲授时应恰当地运用板书。板书要有计划、有条理、突出重点、反映讲授内容的线索。最后，讲授时教师应尽量运用图片、图表、实物、模型、标本等直观教具，尽量运用信息技术手段，使学生在接受讲授信息时，能获得具体直观的印象。

二、谈话法

在思政课教学中，谈话法是可以随时采用的教学方法。

（一）谈话法的含义

谈话法是教师和学生之间以相互交谈或对话为中心进行教学的一种教学方法。其特点是：不仅教师讲，学生也可讲，不但学生听，学生也可问，以谈话或对话的方式把教师的教和学生的学有机地结合起来。它体现了师生之间的双边互动。

（二）谈话法的类型

1. 启发式谈话

它是教师在联系旧知识的基础上，根据知识的系统性、继承性和因果性等特点，采用谈话的方式引出新课题，从而诱导学生积极思考，使学生理解和掌握新知识。它主要适用于新知识的教学。这种方式运用得当，可以较好地集中学生的注意力，调动学生学习的主动性，激发学生的创造性思维，从而达到古人所说的"学起于思，思源于疑"的状态。

2. 问答式谈话

它是通过教师问和学生答的方式进行的谈话。这种谈话主要适合于引导学生巩固所学过的旧知识以及检查和了解学生对旧知识的掌握程度。问答式谈话不仅可以在课堂教学的某一环节中出现，还可以穿插在整个教学过程中。即使在讲授新知识时，也可通过提问旧知识，来帮助学生建立新旧知识的联系，以使学生更加深刻地理解新知识。

（三）谈话法的优点

谈话法中师生谈话的运用，可以充分发挥教师的主导作用，也可以促进学生思维的积极性和主动性，便于教学相长，提高学生运用旧知识获取新知识和解决新问题的能力。谈话法要求学生回答教师提出的问题，所以能唤起与保持学生的注意力和兴趣，能够比较充分地激发学生的主动思维，调动学生的学习积极性。在思考回答问题的过程中，学生要运用已有的知识和经验，通过判断推理，弄清新问题，自己得出结论。这一过程对发展学生的独立思考、逻辑推理及语言表达等能力，具有很好的促进作用。

在谈话法中，师生直接进行交流，都可根据反馈信息调整和改善各自的活动。教师可以从学生的回答中及时了解学生掌握知识和思考问题的情况，获得一定的教学反馈信息，从而提出一些补充问题来弥补他们的知识缺陷、开拓他们的思路。学生通过教师对他们的回答做出的总结、评价、指导，也可获得一定的反馈信息。

（四）谈话法的基本要求

与讲授法相比，完成同样的教学任务时，谈话法需要较多的时间。此外，当学生人数较多时，教师在谈话过程中就很难照顾到每一个学生。谈话法的运用，要求教师有较高的教学艺术水平，也要求学生具备一定的知识基础和实际经验。因此，教师在运用谈话法时，应注意以下几点。

1. 要做好谈话的准备工作

准备工作包括教师的备课准备和谈话的组织准备。首先，在备课时，教师应根据教学目标和学生的知识基础，从实际出发，全面安排谈话的内容，拟订谈话提纲，做好周密的计划。对谈话的内容、谈话的时机、谈话的方式、谈话的对象、谈话所需的时间、学生可能的回答、如何进一步启发引导、为学生创造哪些条件等都要进行周密的考虑和安排，以节约课堂上谈话的时间。教师在确定提出的问题时要考虑学生实际的知识基础、接受能力。问题要难易适度。问题的表述要通俗易懂、含义明确、便于理解，不能提复杂的或模棱两可的问题。问题要形式多样、层层深入、有启发性，能促进学生积极思考。另外，准备工作还包括谈话的组织准备，也就是谈话过程怎样进行、谈话程序怎样展开、怎样使谈话有序进行、谈话过程出现问题应怎样调控等。这些都要事先做好计划、设计和安排。

2. 谈话要面向全体学生

教师在谈话时要照顾到学生的个别差异，使成绩不同的学生在各自原有的基础上得到不断提高。所以，教师选择的问题应能引起全体学生的注意，如具有普遍性和重要性的问题。提问的面要普遍，要照顾大多数学生，选择不同层次的学生回答问题，这样才能促使全体学生积极思考。程度低的学生回答问题有困难或回答错误时，不要马上制止他们的发言，以免挫伤他们的积极性，教师可提出一些辅助性的问题或变换问题的形式来引导他们思考。另外，教师要引导学生积极参与谈话过程，并激发学生的积极思维，使学生的思维通道畅通。提问前，教师可对谈话内容加以必要的分析说明，帮助学生顺着正确的思路去思考。在谈话过程中，教师可根据具体情况加以适当地解释、说明，由浅入深、由易到难地逐步引导。教师要注意引导学生根据问题之间的线索，进行比较、分析、综合、抽象概括，得出正确的结论。

3. 注意总结谈话过程和结果

教师在谈话结束后要对谈话的过程和结果做认真总结和评价，以使学生对教学内容有更加系统化、条理化地把握和巩固。教师应对学生的回答做出科学的评价，对回答问题质量高的学生给予鼓励。在谈话过程中由于学生理解不透彻和知识掌握不牢固，往往表达得不够准确、精练，因此在谈话的最后阶段，教师应用规范和科学地表述对学生通过谈话所获得的知识加以概括总结，强化他们的收获。

4. 要掌握谈话的技巧

谈话要侧重于对问题的探究，而不是简单述说阅读和讨论的结果。在学生没有对提出的问题进行探索或当学生遇到障碍时，教师不应马上提供正确的答案。教师要在课堂上创造谈话的民主气氛，耐心等待和听取学生的回答。要鼓励学生发表不同意见，从而发展学生的创造力。教师要对出现不同寻常的、事先没有预料到的回答有心理准备。教师还要注意培养学生回答问题的能力，如要求学生在认真思考的基础上用自己的话回答，表达要简明扼要、语句完整、声音洪亮等。

三、讨论法

（一）讨论法的含义

讨论法是在教师的指导下，学生围绕某个问题发表和交换意见，相互启发、相互学习的教学方法。讨论法的主要特点是学生在教师的引导下通过独立思考和相互交流进行学习。讨论法是一种"开放式"的教学方法，意在克服以死记硬背为特征的一切不利于发挥学生主动性的"封闭式"的教学方法。讨论法也是思政课教学中较典型的教学方法。

讨论是指学生在教师的组织和指导下，围绕某一理论或实际问题各抒己见、展开辩论，以求得正确认识的教学方法。用讨论法进行教学的特点是：将学生个体的独立学习活动变为集体的学习活动，而且信息是多向传递与交流的。其优点在于：能充分调动每一个学生的积极性，使每个学生都能参与到教学过程之中，都有机会发表自己的意见和见解。这有助于培养学生分析问题和解决问题的能力。

（二）讨论法的形式

1. 小组分散讨论

即以小组为单位进行讨论。可由前后桌几个人组成一个学习小组，小组内就某个问题展开讨论。这种讨论形式的优点是每个学生都有发言的机会，每个人都可以发表自己的认识和看法。这样可起到相互启发、取长补短、共同提高的作用。这种形式比较适合讨论议题多、难度小的问题。

2. 班级集中讨论

即以班级为单位进行讨论。具体有两种做法：一是在小组讨论的基础上，由各小组选出代表，代表本小组共同意见，在班级与其他小组进行讨论；二是以班级为单位，每个人都可代表自己在班级发言，发表自己的意见和见解。这种讨论参加人数多、规模大、气氛热烈、影响较广，讨论的问题也基本上是教学中的重点、难点或争议较大的问题。

3. 与讲授相结合的讨论

即在讲授过程中进行讨论。教师在用讲授法进行教学时，可边讲边提出问题，引导学生就该问题进行讨论，这样可使参与回答问题和发表意见的学生从中得到锻炼和提高。这也算是一种发现式的学习方式，对调动学生的学习积极性和实现教学民主具有重要意义。

（三）讨论法的优点

讨论主要是学生的活动。参加讨论的每个学生，都有表达自己观点和意见的机会，都要听取他人的发言。在讨论中学生处于主动积极的状态。真正好的课堂讨论很容易激发兴趣、活跃思维，能充分地调动所有学生的学习积极性，并有效地促进学生口头表达能力的发展。

在讨论中，学生的发言可以及时获得反馈信息。学生面对他人的不同看法时，要提出事实和论据，有效地说服别人。这种讨论发言，有利于促进学生灵活地运用知识，提高分析问题和解决问题的能力。听取各种不同的发言，有助于学生学会包容不同的观点，有助于学生比较、思考、评价不同的意见，进行独立思考，从而有利于学习的持久深入。

讨论能发展学生的人际交往技能。讨论能使学生学会倾听他人、学会质疑、学会解释并捍卫自己的推理、学会尊重别人、学会等待发言时机、学会对新论点采取开放态度。

讨论法使师生双边互动更强，对师生的要求都比较高。讨论法的运用需要学生具有一定的知识和经验基础，具有一定的独立思考能力和理解力。

（四）讨论法的基本要求

在讨论中，学生由于受到知识、经验水平和能力发展的限制，比较容易出现讨论流于形式或脱离主题的情况。此外，讨论可使学生获得一定的知识，但一般缺乏系统性；有时学生的发言不一定准确，甚至有错误，所以一般不将讨论法作为学生获取新知识的教学方法。讨论法常常与其他教学方法结合运用。

教师运用讨论法时，应注意以下几点。

第一，明确讨论的主题。讨论主题的选择一般要在学生的知识、经验、能力范围之内。讨论主题最好与学生的生活有关，是学生感兴趣并有言可发的。教师要选择那些有讨论价值的题目，如教学中比较重要的内容。提出的问题要有一定的难度，启发学生的思维向纵深发展。过于简单或过于复杂的内容都不适当，过于简单难以激起学生的学习热情，过于复杂则容易挫伤他们的积极性。讨论的题目应当具有两个以上的答案，或者不具备简单明了的答案。当题目富有争议性或具有多种可能的答案时，运用讨论法最适合。

第二，讨论前师生双方都要做好充分准备。教师要在课前向学生明确交代讨论的题目和讨论的要求，如指出注意事项、介绍资料可能的来源、介绍观察问题的各种可能的方法等。讨论开始前，教师要向学生说明讨论的规则，如只有给予了发言权才可发言，别人发言时要静听，尊重别人的意见等，以防学生把争论变成个人间的冲突或攻击。讨论前，教师要给予学生适当的时间去自行准备，学生可按照要求，事先搜集和阅读有关资料，做好讨论发言的准备。

第三，教师要成为讨论的引导者和推动者。讨论主要是学生的活动，教师处于幕后。但教师是讨论活动的积极参加者，是讨论的引导者和推动者。教师要善于引导讨论朝既定的目标前进，确保讨论是热烈的、有成效的。教师在学生讨论时要全面巡视，注意倾听，及时了解讨论发言的进展情况。教师要随机应变，及时点拨，引导学生围绕讨论的问题发言，从多方面加以探讨，把讨论引向深入。教师要善于捕捉讨论中反映出来的问题。在讨论遇到障碍深入不下去时适当给予点拨，在讨论脱离主题时加以提醒，推动讨论按预期的方向进行。在讨论结束时帮助学生整理结论和答案。

教师要鼓励学生大胆质疑、大胆争论，勇于表达自己的观点和见解。学生发言的内容，可不受教材的限制。教师要照顾到全体学生，保证每个学生都能积极地参加。学生的发言最真实地反映了他们的想法，教师要肯定学生各种意见的价值。尽管有时由于种种原因，学生的见解可能离正确答案相去甚远，但教师不应急于指出各种意见的正确或错误，而要让学生畅所欲言，通过充分地讨论，理解对错及其原因，促进学生对主题的深层理解。在讨论进行的过程中，教师须耐心听取学生的看法，要等待、期待，不可急于说出结论。如学生词不达意时，教师应细心倾听学生的谈话，从模糊的表述中提炼出实质性观点，充分肯定其合理的部分；当学生发言出现停顿时，要采取进一步的启发、引导，或换个角度提问，将讨论稍稍向前推进一下。教师要适时提醒学生讨论中要遵守规则，从而使讨论有序进行。

第四，讨论结束后，教师要做出小结。教师可引导学生自己概括出问题的答案，且要特别注意方法上的指导。对疑难问题或有争论的问题，教师要适时指出讨论中的优缺点，并阐明自己的看法。对某些有争议的问题，要允许学生保留自己的看法，不可强行要求学生接受。教师也可在讨论结束后再提出引申的问题，供学生课后继续讨论。

第三节　小学道德与法治课的教学方法

小学生的认知水平和身心发展水平还处于起步阶段，思想比较单纯，对于纯理论知识的内容不能很好地消化和吸收，如若教师在进行授课时枯燥乏味，就难以激起小学生对道德与法治课的学习兴趣，他们也就不能在课堂上集中注意力，从而难以取得较好的课堂效果。因此，为了激发小学生的学习兴趣，充分认识和理解道德与法治课的教育内涵，教师必须对教学方法进行灵活地选择和应用，以满足小学生的课堂需求。因此，在小学道德与法治课教学中，除了采用讲授法、谈话法、讨论法等通用的教学方法外，还应该注意采用情感体验法、模拟情景与角色扮演法、活动游戏法、故事讲述法等特别适用于小学生的教学方法。

一、情感体验法

（一）什么是情感体验

在认识此概念之前，我们有必要先了解一下情感的含义。情感，作为一种心理现象，和认知一样，都表现为人对客观现实的一种反应，但它并不是对客观事物本身存在的反应，而是强调一种态度的体验。因此，情感体验就直接表现为个体心理上的一种态度体验。更确切地说，情感体验是以主体为中介的一种心理活动形式，反映的是客观事物与个体主观之间的某种关系，同时它也是情感教育得以顺利实施的基础和保障。

（二）情感体验法在教学中的作用

1. 情感体验的激励性

现代心理学研究表明，情感不只是对客观现实的一种体验，同时也会对人的行为活动产生直接的影响。在教学过程中，这种影响直接表现为对学习兴趣的激发，能够激起学生内在的学习兴趣是情感教育成功的前提。苏联教学理论专家斯卡特金在他的情感教学思想中提出，情感是学生认知能力发展的动力，教学中的任何途径都要作用于学生的情感，要使学生的学习态度染上情感的色彩，否则就不能引起他们的兴趣，就不可能使他们始终保持积极的学习态度。这表明情感教育的激励作用就是要最大限度地激发学生的内驱力，包括对知识的渴望，对情感体验的期待。换句话说，情感体验类教学如果无法调动学生的积极性就无法令学生产生愉悦的体验，更无法触及他们的心灵，引起他们的情感共鸣。这样一来，学习本身对他们来说就没有多大的意义。

2. 情感体验的调控性

情感教育是相对于认知教育而言的。作为非智力因素的重要组成部分，情感以其特有的方式渗透在教学的各个环节中，不断发挥着"以情促教"的作用。一方面，情感对认知活动具有一定的调节作用，这主要是情绪作用的结果。心理学家的研究表明，积极的情绪在认知过程中可以起协调、组织作用，工作效率高；而消极的情绪起破坏、瓦解或阻断的作用，工作效率低。换句话说，积极、适当的情感有助于促进认知活动的健康发展，有利于使人保持一种乐观开朗、积极向上、自信自尊的健康心态，更有利于提高学习兴趣，从而引发学习主体积极的、自觉的情感体验，进而提高学生的认知水平。反之，则会抑制学习主体的学习热情，甚至使其产生消极厌学的情绪。另一方面，情感教育有利于协调师生双方的关系，增进彼此间的互信和互助，从而促进良好心理氛围的形成。只有在这样的心理氛围中，师生双方才会获得心理上的满足，并将其进一步升华为一种和谐愉快的教学氛围，实现师生间、生生间的情感交流以及思想观念的融合与碰撞。

3. 情感体验的感悟性

心理学家指出，情感具有感染的功能，是指一个人的情感具有对他人的情感施加影响的功能。然而，在实际的情感教育当中，我们发现这种感染往往是与领悟紧密结合在一起的，而并非产生单纯的情绪性反应。也就是说，教师一方面在寻找一种"启情点"，通过极富情趣的语言、精美的图片、真实的场景、强烈的情感意识来强化学生在听觉、视觉和触觉上的刺激，以诱发学生的情感；另一方面，要努力构建师生双方情感间的沟通点，时常关注学生的情绪反应及其变化，以便及时引导他们由单一的直观性体验逐步延伸到对一类事物的多元化思维和判断上，以更好地帮助他们树立正确的价值观和人生观。

可以说，情感体验的感悟性是促成情感认知向情感行为转化的前提，其中的关键在"悟"。有了情感的感染，有了生理反应所引起的情绪体验，并不代表师生间有了情感的沟通和交融。只有真正实现了内心的领悟，学生才会自觉地感受情境中人物的内心世界，提高自身的价值判断。因此，这种情感的感悟性在实际教学中，对于培养学生的自主意识，促进学生对情感的认同，完善学生情感意识的发展具有十分重要的意义。

（三）情感体验类教学法的原则

如前所述，既然情感体验反映的是客观事物与主观个体之间的某种关系，是个体心理上的一种态度体验，那么，我们如何才能进行积极的情感体验，恰当地表达自己的情感需求呢？可以说，情感体验成功与否关键在于"感"。

1. 是否有助于感化人，能否促进其产生积极的情感体验，引起情感的共鸣

客观事物以及人们在认识世界、改造世界活动中的种种经历能够促进他们情绪的变化，如愉快、愤怒、悲伤、激动等，而这些显性的情绪又能够进一步转化成个体内部稳定持久的情感体验，产生相应的情感效应，并进一步发挥情感对人的行为的激励和调控作用，以培养和发展健康的社会性情感。这是成功的情感体验。

2. 这种感化教育是否符合他们自身情感生活的需要，能否保持一种比较稳定的认同性

现代意义上的情感教育不仅仅是情感的"智性化"教育，更要关注学生情感的真实投入程度、情感的认同度以及针对不同年龄阶段的学生情感生活的需要，为他们提供相关的解决方案，帮助他们进一步发展自身的道德感、理智感和美感等深刻的社会性情感，以此形成一种可以令其终身受用的健康的心理品质。

3. 能否以情感的互励来进一步提升情感的自我教育

同龄学生之间往往比师生之间更容易产生亲近感和信赖感，在情感价值观的认同上比较容易形成从众和互勉的心理。因此，生生之间的情感交流和沟通往往会在不经意间使对方为之感动，甚至受到情感的熏陶。这种情感互励的行为不仅能够使对方产生积极的情感体验，还能进一步加强自我修养，从而巩固情感教育的效果。

二、模拟情景与角色扮演法

（一）模拟情景、角色扮演的概念

模拟情景与角色扮演教学法最早出现于20世纪60年代中期美国中小学社会科的课程中。该教学法要求在教师的指导、组织下，依据教学目标，结合课程内容，由学生扮演某一历史或社会角色，或模拟以往社会中的历史人物，或模拟现实社会中的人物，通过学生亲身的情感体验来加深对社会的观察、对历史的了解与认识。学生可以根据自身的特长和兴趣，模拟不同的角色，设身处地地从自己扮演的角色出发，观察社会现象，思考历史问题。它的实质在于，参与者与观察者都要卷入一个真实的问题情境中去，且他们都急于想使这种卷入带来抉择和理解。学生以此来探索自身的感情，洞察自身的态度、价值，从而培养解决问题的技能和态度。角色扮演的活动，并不是单个学生可以胜任的，协作精神与合作方式贯穿于整个教学活动中。更重要的是，学生可以借助此形式来"演绎历史、体验人生、认识社会"。

所谓演绎历史，即学生认知中的历史发展。学生模拟历史人物，需要先了解历史人物所处的时代和社会环境。在角色扮演中，面对与历史人物相同的问题和抉择，学生能够了解并洞悉不同的历史人物及其动机，思考可能出现的多样性结局，从而能够认识历史发展的过程。

所谓体验人生，即学生通过自身的情感体验，体会做人的道理。人与人、群体与群体、民族与民族之间的相互交往、互相协作，创造了人类的文明。历史人物是有血有肉、有情感、有意志的具体生动的人，模拟历史人物的过程，就是一个体会人生的情感认识过程。

所谓认识社会，即学生通过扮演历史人物来了解社会、认识社会。学生可以根据自身的特长与兴趣，模拟不同的历史角色，设身处地地从自己扮演的角色出发，思考社会问题，领悟不同的历史人物在历史发展进程中的作用，体会人与人、人与社会、人与自然之间的相互关系。

成功的角色扮演必须包含四种基本要素：背景知识、视角与观点、情境与境遇、组织和指导。

第一，背景知识，即关于某一历史事件、历史人物来龙去脉的知识。学生可以阅读相关的材料，或是某一历史著述，或是一段历史资料，或者就是从教科书等途径获取的知识。角色扮演的一个教学目标就是加深学生对某一特定历史情境的认识，比较理想的选题就是那些学生不甚了解、尚未认识的历史情节、社会状况，或教科书中较为深奥的、学生不甚明了或较难理解的内容。

第二，视角与观点。要想使学生最大限度地进入角色，去观察与思考历史情境和历史角色，就要使学生产生思想冲突。有思想的冲突，就会有思想的交锋，有交锋就会有高潮。

第三，历史情境与历史境遇。一些角色扮演活动需要故事情节，若仅仅让学生进入角色扮演的讨论，而不提供给他们讨论的焦点问题以及历史情节，就不足以引起学生的兴趣。假如没有一个特殊的历史情境，没有必须立刻解决的危机，那么学生是不会把他们的精力和时间投入到自己所扮演的角色中去的。

第四，教师的组织和指导工作。这是最为关键的要素，对教师来说是较难把握，也是较难阐述清楚的。其中的关键之处有二：一是教师的有限介入；二是教师的灵活性。角色扮演教学活动的一个主要目的就是让学生充分发挥其主体积极性，让学生通过相互交谈来学习历史。相应地，教师在这里的作用是指导学生围绕主题进行交流。有限介入的教师角色意味着学生有时可能超出预先设计制定的讨论提纲，完全脱离教科书展开讨论，甚至连预先设计的角色扮演也超越了课程标准的范畴。然而，这些超出预定教学计划、课程标准的课堂活动，对于学生来说却是十分有趣的，对于他们的认识提高也是十分有价值的。成功的角色扮演活动需要教师的精心策划与组织，教师的重要作用就在于如何促使学生自己把握课堂学习与讨论的尺度。当然，教师的点拨与评价是必不可少的。该教学方法不仅涉及知识的掌握、方法的习得，更有价值观的形成问题。

（二）模拟情景、角色扮演的程序

其教学过程分为七个阶段。

1. 提出课题

上课伊始，教师将所学文本的题目提出来，并简述学习要点。

2. 阅读课文

阅读方式可以是朗读，也可以是默读，不过最好让学生根据教师提出的阅读要求默读。教师提出的问题，目的在于让学生理解文本中各个角色的言行与情感。学生阅读文本的同时，教师可以将已经设计好的表演场景布置一下。

3. 表演

参加角色扮演的学生课前要做好充分地准备，深入理解教材。其他学生要认真观看，看他们的表演与自己对教材的理解是否一致，并做好评议准备。

4. 评议

一般来说，学生评议时对于表演得好不好特别注意。教师则要引导他们评议扮演角色的学生的表演与文本内容的要求是否一致，以挖掘文本的教育因素。

5. 再表演

这次表演让课前未做任何准备的学生进行，他们是根据自己对教材的理解表演的。这样的表演对于再评议和深入理解文本起到了很好的作用。

6. 再评议

此次评议要把握住教材的编写意图与要求，对文本中人物的言行与感情进行深入地剖析。这样才有利于提高学生的道德认知水平和判断能力。

7. 教师小结

教师对本节课进行简要的小结，明确说明学习本篇文本的目的与要求，可给学生提出一些新的要求。

（三）模拟情景、角色扮演的意义

模拟情景与角色扮演的教学方法，其教育价值是多方面的。它可以激励学生主动、积极地进行学习，自主地探究；可以培养学生的团队协作精神和合作能力；可以提高学生的批判性思维能力，培养学生的历史观与社会观。学生能提高认识自己以及他人感情的能力，能获得处理先前感到困难的情境的新方法，能提高解决问题的技能。

三、活动游戏法

德国教育家福禄培尔认为："游戏是儿童活动的特点，通过游戏，儿童的内心活动和内心生活变为独立、自主的外部表现，从而获得愉快、自由和满足，并保持内在与外在的平衡。儿童游戏往往伴随着语言的表达，这有利于儿童语言的发展。"小学生尤其是低年级学生仍具有一些学前儿童的心理特征，他们还处在学习与游戏分化的最初阶段，因此，活动游戏教学更适合于低中年级的小学生。

活动游戏教学就是在教学中尽可能将枯燥的理论转变为学生乐于接受的、

生动有趣的游戏形式，使学生在玩中学、在学中玩。小学生活泼好动爱表演，乐于接受新奇及趣味性强的事物，活动游戏教学法可以直接影响学生对学习道德与法治课的兴趣，有利于学生形成正确的学习方法和良好的学习习惯，有利于化难为易，有利于减轻学生的学习负担，符合素质教育的要求。

教师在活动游戏教学中一定要遵循一定的教学原则，以避免走入游戏教学的误区。

1. 游戏的开展应有一定的目的性

游戏是为教学服务的，正确地运用游戏，一定要把游戏和教学内容有机地结合起来。设计游戏时，要做到寓教于乐，要对"教"和"乐"进行严格界定。教，必须是道德与法治课教材中的内容，尤其是其中的重点、难点内容；乐，必须有比较成熟的游戏规则，有很强的竞赛性，有明确的输和赢，有极大的趣味性，并且在一定的机遇前提下，给参赛者发挥主观能动性的极大空间。

2. 游戏应有一定的启发性

开展游戏是为了学习和巩固所学的知识，活跃课堂气氛，但也应在游戏中注意对学生智力的开发和能力的培养。教师可以设计一些富有创造性和挑战性的游戏。游戏的启发性还体现在教师对游戏难度的把握上，应该根据学生的个人素质、性格特点等，对学生进行分组，因材施教，分层要求，以求最有效地激励学生，促使学生不断上进。特别是对于那些学习成绩差的学生，在游戏中教师可以适当给他们以提示，鼓励并启发他们在游戏中获胜，从而培养他们的自信心和参与意识。对于成绩好的学生，则要让游戏有适当的难度。

3. 游戏的形式应多样化

俗话说"把戏不可久玩"，再好玩的游戏，玩过几次后就没有新鲜感了。这就要求教师不断地设计新游戏，不断翻新游戏的玩法。

4. 游戏的开展应具有一定的灵活性

灵活性就是指在教学中要注意适时、适度地开展游戏活动。在游戏中要注意课堂气氛和课堂节奏的调整和把握，要灵活处理教材内容与游戏之间的关系，要灵活处理和适当调整教学模式中的各个环节。

四、故事讲述法

小学生普遍喜欢生动有趣的故事。在道德与法治课上，教师如果善于采取讲故事的方式进行授课，将会极大地诱发学生的听课兴趣和求知欲望，产生意想不到的课堂效果。每个故事除了表面生动有趣外，还深藏着很多深刻的哲理思想和抽象的道德观念，将这些理论知识和道理蕴含在故事讲解中，可以使小学生得到新的启发和思考。

（一）运用原则

1. 运用故事讲解法必须紧紧围绕教学目标，紧扣教学内容和教学任务

教师在选择故事题材时不仅需要考虑其内容是否和教学目标、教学内容相匹配，而且必须考虑每个小学生的认知水平和个性特点，以便保证教学主题不发生偏离，充分尊重小学生之间的差异，使每个小学生都能够从课堂上有所收获。要结合低年龄段小学生的特点和认识水平，揭示故事所展示的思想道德观念。使用"故事讲解法"时要注意切忌单纯追求故事性、趣味性，而忽视我们所要追求的最终教学目标。

2. 适当选择身边的故事作为题材

除了使用教材里讲述的故事外，也要适当选择身边的故事作为题材，使教学更贴近生活、贴近实际，增强故事本身的说服力和感染力，以收到更好的教学效果。

3. 讲故事应该正反对照

值得注意的一点是，所讲故事不必完全是正面例子。由于具有较强的对照性和反差性，且更有说服力，反面例子也可以适当地应用到课堂故事讲解中去，从而进行正反对照。

（二）操作程序

故事讲述教学法，其过程分为四个阶段。

1. 讲故事

故事可以由教师讲，也可以让学生讲。但无论谁讲，都要事先做好准备，这样故事才会讲得生动、感人，取得较好的教学效果。在讲故事时，也可以配以挂图、幻灯，甚至可以配上音乐，这样教学效果会更好；至于一节课讲几个故事，就要根据教学计划要求与目的来安排。有些教材内容不宜做故事素材就不要采用这种教学方法，当然，也可以自己选些故事素材。

2. 提问题

道德与法治课里的讲故事是为了使学生明理、知情，进而导行。因此，故事讲完后，教师要让学生思考。为了使学生围绕教学要求思考问题，教师可以提问题，学生也可以提问题。有时也可以先让学生提问题，这样有利于培养学生发现问题的能力和积极思考的好习惯。然后，教师可让学生把下一阶段讨论的题目写在黑板上。

3. 讨论

围绕教师提出的问题进行讨论，目的在于通过故事内容揭示出故事本身蕴藏着的道德内涵，从而使学生明白某个道理，激发某种情感并影响学生以后的行为。在讨论中要让学生各抒己见，允许他们提出不同看法，甚至于保留某种看法。教师要引导学生得出一个正确的认识，而不是给学生一个现成答案，这样才有利于道德知识的内化。

4. 小结

教师的小结在于明确指出故事本身所具有的道德教育意义，并对学生提出行为上的要求。

第四节　初中道德与法治课的教学方法

初中道德与法治课教学不仅要注意教学的组织形式，还要注重教学方法。教学方法是教学原则的具体贯彻和体现，是在教学过程中师生共同完成教学任务所采取的手段、方式和途径。它对完成初中道德与法治课的教学任务、保证教学质量有着极为重要的意义，因此必须研究教学方法。除了运用通用的讲授法、讨论法、谈话法外，还要根据初中生的心理特点和智力发展水平运用其他教学方法。

初中道德与法治课的教学方法有以下六种。

一、导学式教学法

1. 导学式教学法的含义

所谓导学式教学法，是指教师指导学生依据学案通过自导、互导而进行的一种师生互动合作的新型教学方法。这里的自导是指学生的自学，互导是指学生的课堂讨论。它的最大特点是用学案式或案例式的方法将教材内容问题化，并通过学生参与对问题的探究使其获得自主学习的能力。

导学式教学法继承和发扬了传统教学中的经验，给学生提供了大量的动脑、动口、动手的机会，这有利于激发学生学习的积极性和主动性，有利于培养学生的自学能力、促进学生全面发展。

2. 导学式教学法的教学环节

（1）自主学习

这一环节是学生的自导环节，即学生要依据教师所设计的教学目标和活动方案进行自主学习。在这一环节里，自学前教师应将本节课教学目标以板书形式呈现给学生，以使学生对该节课的教学中心和教学目标做到心中有数。在自学中，要求学生做到"三到"，即眼到、心到、手到。

（2）互动交流

道德与法治教学重在内化，只有真正内化的东西才能化为学生自觉的行动。因此，学生通过活动交流进行感受和体验就尤为重要。学生互动交流的过程实际上就是在教师指导下的讨论过程。学生讨论的形式可以多样，教师不做具体规定，可以2人、3人或每个小组进行，讨论内容主要涉及对重点、难点的理解，关键词的讨论和疑难问题的提出。在讨论的基础上，可由学生自己提出未解决的问题，教师不作答，将问题进行板书，由其他学生解答。

（3）释疑解难

教师要在学生互动交流的基础上，对学生讨论中的疑惑问题进行解释，对不正确的认识加以澄清，以升华讨论主题，引导学生的思维在原有的基础上向纵深的方向发展。同时，这也是将复杂多样的知识进行归纳，从而使知识和教学系统化的过程，这便于学生全面理解和掌握知识体系。

（4）课后练习

这是一个课后巩固的环节。教师要精心设计课后练习题，使习题既覆盖知识点，又突出重点；既体现启发性、针对性，又体现多样性和系统性；练习的形式也要活泼多样。练习能使教师及时地获得信息反馈，了解学生学习的情况和进展程度，发现教学中的薄弱环节并进行及时补救。

二、情境式教学法

1. 情境式教学法的含义

所谓情境式教学法，是指教师在教学过程中有目的地引入或创设一种生动、形象、可感知的教学场景，以引起学生的情感体验，并使学生通过这一体验获得对主干知识的理解和心理机能的发展。情境式教学法是一种集情、言、行为一体的教学方法。它的核心是通过激发学生的情感，来启发学生的思维，使学生在轻松愉快中渐入学习佳境，从而收获理想的教学效果。

2. 情境式教学法的教学环节

（1）创设情境

创设情境是情境式教学的起始阶段，它可以在课前设计，也可以在课中设计，还可以在课程结束时设计。创设情境具有课堂准备和课堂启动的功能。就道德与法治课来说，创设情境需要创设问题情境、创设视听情境、创设生活情境、创设活动情境。在这里，情境成为教学的重要手段。

（2）情境融合

强调"情"与"境"的融合，就是通过创设亲和的人际情境和互动的学习情境来缩短学生与教师、学生与学生、学生与教学内容之间的心理距离，让课堂教学在学生、教师、情境等诸因素的互动过程中开展，促使学生的认知情感达到最佳状态，并主动投入和参与到教学过程中。只有建立"情"与"境"的和谐关系，学生对道德与法治课的学习才能实现自我感知、心领神会、激情畅游、精神超越。

（3）情境体验

情境体验的教学是寓以学生的主体体验为核心的教学于一定的情境之中的。因此，"在情境体验教学的结构中，无论从情境入手还是从体验入手，教师的教与学生的学都是相互依存的，并最终落实在学生精神的提升与拓展上"。因而，教师在进行道德与法治课情境体验教学时，一是要将学生的体验需要作为教学的逻辑起点；二是要注重教学活动对学生体验的真实吸引力；三是要引导学生以主体身份参与教学过程。

三、活动式教学法

1. 活动式教学法的含义

所谓活动式教学法，是指以学生的自主参与为内容，自主互动为过程，自主构建为结果的一种教学方法。这种教学方法将学习的主动权还给学生，使教学过程真正建立在学生自主活动、主动探究的基础上，通过学生全面、多样的主体性活动，来促进学生主体精神、实践能力和多方面素质的协调发展。活动教学法不仅是一种具体的教学形式和方法，更是一种带有新质的教学思想和教学主张。它已在我国基础教育领域产生了广泛而深远的影响。在道德与法治课的教学过程中，活动式教学法已显得越来越重要，而且发挥着得天独厚的优势。

2. 活动式教学法的教学环节

（1）进行活动准备

活动的准备是活动式教学法的首要环节。活动准备的内容包括活动目标的确立、活动方案的设计、活动过程的安排、活动内容的组织、活动参与的动员等。同时也包括活动教学过程中所需要的一些物质条件的准备。

（2）创设活动情境

开展活动式教学还必须创设出学生积极参与的课堂活动情境。活动教学的主体角色应该是学生，所以为了使学生更好地参与到课堂教学活动中来，教师在活动教学开始前必须创设出良好的活动情境，包括活动教学环境的设计、活动教学心理氛围的创设、活动教学过程的导入等。

（3）开展活动过程

道德与法治课活动式教学的活动过程，既包括课堂内的活动过程，也包括课堂外的活动过程。而活动的基本形式主要有相互交流性的活动、情感体验性的活动、互动探究性的活动、综合实践性的活动等。在这些活动中，学生可以自主学习教材、设计板书、提出问题、互相讨论；也可以去阅览室、图书馆以及网上查找资料；还可以通过实地采访、调查、访问等多种渠道获得各种知识信息。

四、辩论式教学法

1. 辩论式教学法的概念

辩论即对一个问题的不同见解展开争论。辩论教学法是指教师提供结构化的教学情景，让学生以小组合作的方式，主动探索学习，并在彼此认真思辨的过程当中，得以澄清想法进而强化行为，以达到教学目标的教学方法。辩论的过程是正反两方学生思维活动的过程；是学生判断、推理的过程；是学生语言表达能力的展示过程；是学生展示应变能力的过程；是学生张扬个性的过程。

2. 辩论式教学法的程序

（1）确定合适的辩题

一般选取学生普遍关心的、有争议的和具有教育意义的辩题。

（2）明确学生分工

首先推荐一名有主持经验的学生作为辩论赛的主席。选取三位学生作为评委，负责评分。选择两名学生负责计时。将剩下的学生分为两个大组即正、反方，每一组推出四名辩手，分别负责申论、质辩、结论。小组中的其他成员为智囊团，负责寻找资料、分析资料和整理资料，真正做到人人参与、个个有责。

（3）确定辩论规则

学习材料来源应有据可查、真实可靠、思想内容健康；辩论的双方在辩论过程中应尊重对方的人格。

（4）确立评分标准

要做到论点明晰、论据充足、引证恰当、分析透彻，能迅速抓住对方的观点及失误，驳论精到，切中要害。在辩论中要反应敏捷，应对能力强且语言表达清晰、层次清楚、逻辑严密。

（5）选择适合的时间和地点开展辩论会。

3. 辩论式教学法的作用

（1）有利于严谨学风的形成

辩论赛要求双方在发言中对提出的每一个观点都能做充分的证明，都要有相应的材料依据。学生多方面地收集材料，并进行认真地准备，脚踏实地地形成自己的论点。这是一个严谨、踏实的过程。这种教学方法有助于促使严谨学风的形成。

（2）有助于学生创造性思维能力的培养

辩论赛要取得胜利，必须在辩论的立论方面恰当地阐述自己的观点；在自由辩论时能立足于全新的角度，出其不意地驳斥对方。在辩论中通过不断思索和实践，锻炼学生创造性思维能力。

（3）有利于民主风气的形成

辩论是对话的一种形式。辩论的本身就是民主的，因为它为辩论双方都提供了阐述自己观点、反驳对方的平等机会，也提供了发现自身不足、汲取对方长处的机会。此外，通过辩论式对话可以了解不同观点和各种意见，以便采取对策。辩论使师生、生生平等对话，开诚布公，讲真话、说实话。

（4）有助于学生思考和判断能力的提高

世界上的事物错综复杂，特别是对于初中学生来说，他们往往会被事物的表面现象所迷惑。通过辩论可以认识事物的本质，也能让学生明确应该做什么样的人和怎样去做。辩论可以让思想相互碰撞，产生新的思想火花，集思广益，在辩论中提高分析问题、解决问题的能力。

（5）有助于学生综合能力的提高

有助于提高学生的口语表达能力。准确的语言、明快的语调、丰富的词汇、灵活的句式、准确的概念、严密的逻辑推理等，都是辩论发言的基本功。辩论活动促使学生将所学的语言、逻辑、修辞知识转化为实际的口语表达能力。在辩论中学生要大胆表达自己的思想，这有助于对学生自信心的培养，有利于提高学生的社会交往能力和临场反应能力。听说是最基本的语言信息交流手段，具有直接、简便、迅速的特点，社交活动中人们主要依靠听说进行语言信息交流，因而辩论能力强的人在运用语言信息进行社交活动时具有明显的优势。

五、调查法

调查法是以提问的方式搜集资料，并在此基础上做出科学的分析、推理，从而认识某一事物的学习和研究方法。"没有调查就没有发言权"，学生通过到社会上进行实地调查，获得丰富的感性认识，这有助于学生的思维由感性向理性飞跃。

1. 调查法的一般步骤

（1）明确调查目的，确定研究对象和手段

首先，要充分分析选题，明确调查要达到的目的和所要解决的问题；其次，要明确调查对象，调查的对象是正常人群还是特殊人群，是哪个地区、哪个年龄阶段的人群等；最后，要确定调查手段，在调查中根据研究对象的特点和研究的目的，选择不同的调查手段，既要切实可行，又要经济便利，以便最大限度地搜集相关的信息和资料。

（2）制订调查计划

调查计划包括调查研究的题目和目的；调查对象及范围；调查的手段和方法；调查的地点、步骤及时间安排；调查经费的来源、使用与分配。

（3）编制、拟订调查的具体内容

调查的具体内容可以是调查提纲、调查表，也可以是问卷或编制的测验题目。

（4）做好调查前的各项准备工作

包括各种技术、事务和组织准备，如培训调查组的成员、校对有关资料等。

（5）搜集和整理资料

对叙述性的资料要用简明流畅的文字加以整理，对数字化的资料要用统计法、列表法等进行整理。

（6）撰写调查报告

根据对资料的整理分析，找出问题，分析原因，得出结论，最后提出建议和对策。

2. 调查法的分类

调查法根据研究过程中使用的手段不同，可分为访谈调查法、问卷调查法等具体方法。

（1）访谈调查法

访谈调查法是通过与调查对象面对面进行交流、讨论而搜集资料的一种调查方法。根据访谈涉及的人数又可分为个别访谈和集体访谈。根据访谈的内容是否由标准化的问题组成，可分为结构式访谈和非结构式访谈。

访谈调查法具有以下特点。

第一，操作过程灵活性强。访谈者可以根据访谈时的具体情况，随时调整问题的顺序，重复提问或做出进一步的解释；当访谈对象有顾虑时，还可以通过诚恳的交谈打消其顾虑；遇到访谈者感兴趣的问题，可以进一步讨论；对新发现的问题可以进行补充提问，对偏离主题的话题，可以巧妙引导，回归主题。

第二，适用对象范围广。除了有语言障碍的人都可以采用访谈法。

第三，结果回收率高。访谈的亲切感是其他手段所不及的，只要能找到访谈对象，耐心地与访谈者进行交流，几乎都能得到所需的资料。

第四，易产生偏差。由于访谈的匿名性低，访谈对象常常因为有顾虑而不做真实回答。访谈是面对面地接触，调查者的情况会对调查对象产生不同程度的影响。

访谈调查法要遵循以下程序。

第一，说明访谈的目的、意义和内容。

第二，创设一种能畅所欲言的气氛。

第三，把握谈话的方向和主题。

第四，记录访谈的内容。

第五，整理访谈资料。

（2）问卷调查法

问卷调查法是通过书面形式，以严格设计的问题向研究对象搜集资料和数据的调查方法。根据问题提出方式的不同，可分为开放式、封闭式和半封闭式三种。开放式指在问卷上只提出问题，不列出答案，由调查者自由回答。封闭式指在问卷上不仅要提问，而且要列出可供选择的答案。半封闭式则介于两者之间。

问卷调查法当然要编制问卷。

第一，问卷编制的一般程序。即建构问卷框架；提出具体问题；征求有关人员、专家的意见，对项目进行修订；抽取部分样本，进行测试，考察问卷的信度和效度。

第二，问卷的组成包括指导语和问题。首先，指导语的设计要能与被调查者建立初步的心理融洽，使调查对象愿意回答问题；其次，消除被调查者的各种顾虑，使他们无拘无束地回答问题；再次，使被调查者大致了解所要回答问题的内容和具体要求。问题的设计要综合考虑问题的形式、问题的内容、问题的表达语言、问题的数量、问题的排列顺序、敏感问题的设计等方面的情况。问题的形式要综合考虑研究目的、研究对象、研究范围、研究者的时间、研究者的方法、研究者的解释等方面的因素。问题的内容要考虑各个问题是否问出了你所要研究的内容、是否符合课题的研究目的和假设。问题的表述要准确、清晰，使问卷设计者和调查对象对问题的理解保持一致。问卷应尽量做到通俗易懂，可供选择的项目应齐全，并注意用词不应冒犯被调查者，问题不应带有倾向性；问题的数量要适度，一般来说回答一份问卷的时间以20分钟为宜；问题排列顺序的总原则是分类清楚、层次分明、合乎逻辑。一般总是将简单的、感兴趣的问题放在前面，将难回答的、复杂的问题安排在后面，如果有开放式问题，一般放在最后。对敏感问题的设计可采用迂回提问和投射式提问的方法。

第三，问卷的实施方法有邮寄、有组织地分发、个别访谈、团体回答等。问卷调查法的特点是：涉及的范围广；效率高、费用低；获得的数据比较可靠、可信；便于统计分析；回收率低。

六、探究式教学法

1. 探究式教学法的含义

所谓探究式教学法，是指教师指导学生进行课堂探究活动，并使学生在探究活动中提出问题、分析问题、解决问题，从而把握知识、理解知识、形成能力、提高素质的一种教学方法。这种教学方法以突出问题性、突出探索性、突出主体性为特征。

2. 探究式教学法的教学环节

（1）创设探究情境

在这一起始阶段，教师要做好背景知识的铺垫，激活学生原有的知识储备，并提供探究范围。同时，教师还要向学生布置探究任务，确立探究课题，明确探究目标。

（2）制订探究方案

做好了前期的准备工作之后，教师就要制订出可行的探究方案，其目的是要使教师和学生有一个明确的探究路径。一般来说，探究方案应该包括探究的目的和意义、探究的步骤和程序、探究的方式和方法、探究人员的具体分工等。

（3）实施探究操作

这一环节可分三个阶段进行：一是广泛搜集资料阶段，即学生可围绕着课题通过阅读教材、查阅文献、实地考察、体验学习等形式搜集有用信息；二是分析资料阶段，即教师指导学生对资料进行归纳、整理、分析、加工等；三是讨论阶段，即教师指导学生进行主题讨论。

（4）评价探究结果

在这一环节中，教师一是要对学生发现问题、提出问题、解决问题的能力进行评价；二是要对学生调查研究设计的实施情况、探究中的资料积累情况、探究过程中的探究情况等进行评价。

总之，初中道德与法治课由于教学对象和教学内容的不同，其教学方法就各不相同，当然，有些教学方法是可以通用的。这里所介绍的几种教学方法，只是初中道德与法治课教学方法中具有代表性的几种。

第五节　高中思想政治课的教学方法

一、增强教师课堂教学创新意识

（一）深度学习新课程改革教学理念

理念是指导行动的基础，先进的理念有利于推动课堂创新性教学的完善和发展。在新课程改革的大背景下，教师正在经历着一个更新换代的教学环境。教师是课堂教学的主体之一，教师的教学理念影响着课堂教学的结果，教师的教学理念不更新、素质不发展，必然不能完成"立德树人"的要求。我们在调查中发现，目前高中思想政治课教师对新课改所推行的三大教学基本理念理解的并不是很透彻，更谈不上在教学实践中贯彻落实了。课堂教学方法传统老套，缺乏课堂创新与课堂活力，使得思政课变成纯知识理论课。因此，为实现高中思想政治课课堂创新教学，教师首先必须深度学习新课程改革教学理念，积极参加教育科研，实现理论与实践的结合。

首先，学习新课程改革理念，不能停留在表面，而要克服形式主义，实事求是地学习。思政学科负责人要多组织教师共同学习新课程改革精神，教师间应互相讨论、分享学习心得，发挥集体力量、集体智慧，把新课程改革教学理念与新课标的要求相结合，理解透彻并内化为自己的教学目标，研究符合本校学生学情和校情的课堂创新教学模式。同时，学校也要拓宽教师的学习途径，多与外界交流，创造与邻近学校之间的教师相互学习、相互进步的环境，增强教师学习的内部动力。

其次，学习新课程改革理念，应挣脱传统教学理念的束缚，积极参与与思政教学活动相关的探究活动，创造性地运用新课程改革的理念，紧密结合高中思想政治课教学实际，解决课堂教学实践中遇到的各种棘手问题，致力于打造创新课堂。

最后，在学习新课程改革理念过程中要进行多角度的反思。教师要反思对新课改理念是否理解正确，反思是否合理运用了新课程改革理念进行课堂教学，反思学生是否能够适应新的课堂教学方法，学生能不能有效地吸收和消化知识。从多方面进行反思，有利于教师更好地将新课程改革教学理念与教学实践相结合，从而促进课堂创新教学的形成。

（二）创设提高教师创新能力的环境

创新能力是高中思想政治课教师进行课堂教学必不可少的能力之一，教师的创新能力不但影响着课堂教学的质量，也影响着学生创新能力和自主学习能力的培养。改变高中思想政治课课堂创新教学的现状，不仅要求教师自身加强教学创新意识，也需要学校为教师提供帮助和资源。因此，学校要致力于营造一个提高教师创新能力的环境。

首先，学校要多举办一些有利于教师创新能力提高的活动。例如课堂创新教学比赛、创新主题交流座谈会、师生评优活动等。因比赛具有竞争性，而这种竞争可以激发教师课堂教学的创新动力，提高教师课堂创新教学的能力。因此，学校要本着"以人为本，以教师为本，赛出水平，赛出风格"的理念，为教师的课堂创新教学构建民主、公正、积极的比赛氛围，使得教师之间进行的比赛、交流、互动实现资源共享、共同成长。座谈会可以不局限于思政课教师，不局限于本校教师，让思政课教师与各科教师互相交流，借鉴提高。师生评优活动，可以评选受学生喜爱的创新课堂，制定奖惩制度，从而增强思政课教师的危机意识和竞争意识，以提高教师课堂创新教学的水平。

其次，学校应邀请专家指导教师课堂创新教学。课堂创新教学不但对教师自身的专业素养要求很高，同时对教师的教学工具应用技术也有很高的要求。学校要适时邀请专家指导教师的课堂创新教学理念，同时培训思政网络和多媒体应用技术，在专家的指导下，从技术和理念两方面协助教师提高课堂创新教学的能力。

再次，学校应营造宽松和谐的教学氛围，对教师的课堂教学不做过多的限制。新课程改革强调以学生为中心，但这并不意味着教师的课堂地位弱化；传统的课堂教学沉闷枯燥，教师难以发挥自身的能动性。现在，我们要提倡思政课教师在遵守学科原则与中国特色社会主义政治立场的基础上，展现个人魅力，突显自身个性，在课堂教学中形成自己独特的教学风格。例如，随着现代高科技的发展，能够利用"云课堂""慕课"等一系列互联网技术，实现共享课堂，共享名师。高中思想政治课堂，可以试着让手机等电子产品进入课堂。教师可以以自己良好的学科专业素养及娴熟的技术应用能力，使手机为课堂教学提供便利，让课堂更加丰富生动。

最后，学校要为教师课堂创新教学提供物质保证，落实思政课课堂教学创新实践。教室硬件设施的配备以及增加先进的教学设备，例如配备触屏式电子白板、电子图书馆等设施，都有益于教师课堂教学的创新。

（三）提升教师自身的专业素养

课堂创新教学能力需要一个长期学习和积累的过程，并不是一时半刻就能够提高的。高中思想政治课教师要通过提升自己的专业素养获得丰富的知识、独具特色的教学观念、优秀的教学能力，要树立终身学习的观念，通过自主学习拓展思维，延伸知识面，提高自身能力。

终身学习是指社会每个成员为适应社会发展和实现个体发展的需要，贯穿于人的一生、持续学习的过程。教师是知识的传授者，同时也是知识的学习者，只有掌握先进的教学理念方法，不断地获取新知识，提升自身的专业素养，有效运用新兴科学技术设备，才能提高课堂创新教学能力。首先，教师要通过自主学习夯实自己的学科基础，掌握扎实的学科专业知识和教育理论知识，深化对马克思主义和中国特色社会主义理论体系的理解和把握，并且要通过信息媒体关注文化的流行和发展趋势，学习前沿的思政知识，时刻关注国家教育部下发的新政策、新理论、新提法，在学习中建立与时俱进的教学观念。其次，教师要通过自主学习延伸知识面。高中思想政治课是一门综合性很强的学科，教师除了专业政治知识外，还要学习历史学、心理学、教育学等其他知识。最后，教师要通过自主学习提高能力水平。自主学习并不只是靠书籍，也可以通过与他人的交流取长补短，把所学到理论知识与实践知识运用到课堂实践中。同时，教师也要积极主动地参加学校举办的各种培训班、进修班和外出学习活动，这样才能更好地促进教师学科专业素养的提升。

二、优化课堂创新教学过程

（一）合理安排教学内容，发挥思政课"立德树人"的作用

思政课是以德育为主要任务的课程。十九大报告中指出。"青年一代有理

想、有本领、有担当，国家就有前途，民族就有希望"，确立了"立德树人"这一思政课的根本任务。因此，高中思想政治课课堂创新教学要合理安排教学内容，发挥思政课"立德树人"的主渠道作用。

第一，紧跟时代步伐，坚定德育为先的教学理念。高中思政课兼有学科与德育的双重功能，以学科的理论观点来提高学生的思政素养，育人高于一切。育人是一个知情意行的过程，仅有对知识的掌握是不够的，更要有深入本质的思考，发自内心的认同，甚至触及灵魂的体验，如此才能有知行转化的自觉。教师要通过课堂教学的实践活动，剖析自身的专业精神，提高对教学内容的理解力，不仅仅以传授知识为向导，而是要以坚定中国特色社会主义道路，培育中国特色社会主义事业合格接班人为任务。

第二，紧扣新课标要求，科学取舍教学内容。高中思政课内容的设置是以普通高中思想政治课程标准来规范的，但由于课程标准比较简要，教材就成为学科教学的主要内容。笔者在调查中发现，大部分教师忽视了课程标准，而把教材作为教学的唯一依据。教材作为课程标准的主观呈现，固然重要，但太拘泥于教材，就会失去课程、课堂的鲜活性和生命力。教师必须认识到课堂教学本身是一次再创造的过程，而现有的教材中内容呈现比较零散，且都是点到为止，缺乏理论体系的完整性和逻辑性，这就需要教师在课堂教学中按照新课标的要求，进一步对教材进行探究和梳理，把握教学重难点，去粗取精，使课堂教学内容更符合学生现阶段的认知发展规律。

第三，贴近生活，以学生的实际为教学的出发点。建构主义的学生观认为，第一，学生经验世界具有丰富性；第二，学生经验世界具有差异性。因此，课程的内容和意义在本质上并不是对所有人都相同的，例如，学生有地域特点，有不同的思想困惑和认知经验，这是矛盾的特殊性。普遍性与特殊性相结合才能适应不断变化的实际。所以，教师要把自己和学生变成课程的有机组成部分。作为课程的创造者和主体，教学内容要根据教与学的实际情况，不断进行创新与变革。教材内容的选择，既要贴近学生生活，又要能够反映当代社会的进步和科技的发展；既要有利于教师进行课堂创新教学，又要有利于促进学生自身的发展；既要符合新课程改革的要求，又要为学生提供自主思考、发挥潜能的机会和空间；课堂教学内容始终坚持从学生实际出发，以"立德树人"为目标安排教学内容。

（二）创新课堂教学方法，打破以传统"讲授式"为主的局面

在课堂教学过程中，教学方法是实现思政目标、完成教学任务的关键，教师要在保留过去合理的教学方法的基础上，以新课程改革要求为向导，创新课堂教学的方法。

不同的教学方法具备不同的特点，教师应在坚持因材施教的原则下，融合多种教学方法综合实施教学。例如探究性的教学方法，应该用于具有探讨价值的课程内容上。应用探究性教学方法，需要加强学生之间的团队合作意识，不断引导学生深入展开探讨和研究，最终得出结论。情境教学法则应用于对学生情感态度和价值观的引导上，采用情境化的教学方式，赋予知识和认知以情境，从而使知识变得具体化、形象化、生活化以及情趣化，让学生在轻松愉悦的情况下对课程的学习产生兴趣和情感体验，使学习效率得到大幅度的提升。又例如，实践教学法应用于与社会实践活动相关的课程内容，包括社会调查、志愿服务、参观访问等。实践教学法的应用，为高中思政课的情境创设增加了真实性。

关于如何科学地使用多种教学方法，笔者有三点建议。第一，用学生的视角看问题。赞可夫曾说过："我们由研究的一个阶段到另一个阶段对实验教学的不断加工，越来越明显地证明教学法一旦触及学生的情绪和意志领域，触及学生的精神需要，这种教学法就能发挥高度有效的作用。"也就是说，教学方法的选择要深入了解学生，找准学生的内在需求，做到有的放矢。首先，教师可以和学生一起阅读，通过了解学生们喜欢的课外读物，了解学生的兴趣爱好、情感态度和价值观。其次，教师要关注学生的政治立场和思想观点，了解他们对思政学科的所感所想和对教学内容的认知和接受程度。最后，教师要关注学生的生活世界，理解他们的价值观念和理想追求，以达成师生间的沟通、共识，从而实现教与学的互动。第二，认同学生的质疑。思政课教材的编写往往是以正面的教育为主，通过正面事例或观点分析而得出结论，而在实际教学过程中，学生的思维是发散的、活跃的，会出现不能真正认同的情况。在这种情况下，教师要与学生一同质疑，让学生感到教师是与他们站在同一立场的，依照学生的思路去探讨相关问题；在探讨的过程中，教师再循序渐进，正确引导学生回到原有的理论观点，这样学生就比较容易认同。第三，与学生一起共鸣。高中思政课要激发学生的情感体验，做到以情动人，教师要运用现代教学技术或生动感人的语言来创造教学情境，以真性情激发学生内心的情感，尊重学生的自我主张，坚持实事求是的科学态度，达到教与学的共鸣。

（三）充分利用教学资源，及时捕捉课堂教学中的有效生成

高中思想政治教学资源一般是指能够被教学主体和教学客体开发利用的，可以有效运用于高中思政教学过程中，为达到思政教育目的服务的各种要素的总和。这种资源既可以是有形的，也可以是无形的。例如：教材、案例、影视、图片，也包括教师资源、生本资源、课程资源等。在新课改和教育技术不断发展的今天，教学资源极其丰富、无处不在，关键在于如何充分利用教学资源，实现高中思政课课堂创新教学。

第一，教学资源的选择要有利于教学。教师在教学资源的选择中，应发挥主体作用，深度学习和领会课程的目标和内容，分析各种教学资源与课程目标实现的关系，评估教学资源的特点及价值，根据实际情况选择有利于教学的资源。第二，教学资源的选择要有利于学生发展。学生是教学的对象，也是教学的主体，教学资源最终都要落实在学生身上，开发出来的资源也是为学生服务的。因此，教学资源的选择首先要具有针对性，针对学生的思想实际和认知实际；其次，教学资源的选择要从实际出发，重视地方资源和校本资源，只有选择最贴近学生和学生最熟悉的教学资源，才能真正切入学生的内在需求，激发学生的情感体验，自觉地把理论知识与自身的感受结合起来。第三，教学资源的选择要遵循生活化原则。思政课的教学要坚持"三贴近"原则，就是贴近学生、贴近生活、贴近实际。这就意味着教学资源的选择要立足于学生现实的生活经验，着眼于学生的发展需求，把理论的阐述与社会生活相结合，构建学科知识与生活现象、理论逻辑与生活逻辑相统一的课堂教学。

同时，充分利用教学资源，不能忽略隐性资源和生成性资源。隐性资源的作用和方式虽然具有隐蔽性和间接性，但如果能够深入挖掘，并合理利用，就能与显性资源发挥相得益彰的作用。如校园德育环境、班级精神、教师的人格魅力等，都可以作为隐性的教学资源进行开发利用。在课堂教学的过程中，预设性和生成性不可能完全统一，在这种情况下，教师应该及时捕捉生成性资源，并将其纳入课堂临场设计中，创设宽松而富有生机的课堂环境，使课堂教学最终走向预设。

三、以"优教"促"优学"，提高课堂教学质量

（一）践行新课程标准倡导，培养学生思政学科素养

高中思想政治课的根本任务是立德树人，根本目的是培育社会主义核心价值观，是帮助学生确立正确的政治方向、提高思政学科核心素养、增强社会理解和参与能力的综合性、活动型学科课程。思政学科核心素养主要包括政治认同、科学精神、法治意识和公共参与。学科素养作为学科育人价值的集中体现，是学生通过高中思政课学习之后，逐步形成的正确的价值观念、关键能力和必备品格。高中思政课课堂创新教学，要认真践行新课程标准的倡导，培养学生思政学科素养。

首先，教师要坚持正确的思政方向，增强学生的政治认同感。高中思政课教师只有自己真正认同马克思主义理论，对所教授的内容做到真懂、真信以及真用，做到言传身教，才能对学生进行马克思主义基本理论的教育。同时，教师还要阅读专业书籍，储备丰富的知识，坚定信念，增强自身的政治敏锐性，将政治理论和生活实践相结合，才能增强学生的政治认同感。其次，教师要运用多种学习策略培养学生的科学精神。小组合作学习、启发式学习、情境教学法、探究式教学法都是很好的教学方法，教师要科学运用这些教学方法，围绕培养学生的科学精神展开教学活动。再次，教师要多引用当今社会法律热点案例，让学生树立法治意识。具有时效性的真实案例，是引起学生兴趣的最好素材，但是，如果选题不当，也可能导致讨论跑题，影响课堂教学进度，不能达到教学目标。因此，教师要选择一些真实、热门且与课堂教学内容贴近的案例引发学生讨论，培养学生知法、学法、守法、用法的意识，提升自身法治意识，使其成为社会主义法治的遵守者和捍卫者。最后，教师要多组织实践活动，以提高学生的公共参与能力。理论来源于实践，人与世界的整体关系是通过实践活动来把握的，人的世界观也是在实践中形成的。培养学生的公共参与能力离不开实践，教师应多组织学生进行实践活动。例如带学生们参加社区居民代表大会的选举、组织学生做垃圾分类的志愿者等。通过各种实践活动，培养学生有序参与公共事务、热心公益事业、积极参与民主选举与践行社会公共道德，勇于担当社会责任的素养。

（二）兼用传统与现代教学手段，提升学生自主学习能力

授人以鱼不如授人以渔，把现成的知识经验灌输给学生，不如培养学生个体解决问题、自主学习的能力。新课程改革提出了新的学习观，认为学生不是被动的旁观者，而是主动的参与者。教师要兼用传统与现代的教学手段，培养学生自主学习的习惯，提升自主学习的能力。

第一，给学生选择学习目标的机会。教师布置学习目标与学生自主定制学习目标，会对学生自主学习能力的提高和目标的实现产生不一样的影响。教师在课堂教学过程中，要关注学生的个体差异，鼓励每位学生充分发挥自己的学习主动性，确保每位学生在课堂教学过程中都能够有所收获。因此，在上课之前，教师应该根据学生的差异，列出一些不同的学习目标让学生自主选择，学生结合自身情况，选择自己能够达到的学习目标。通过自主选择，学生产生参与学习活动的主动性，增强学习动机，且逐渐提升了自主学习能力。

第二，运用引导教学法提升学生解决问题的能力。引导教学法，是指在课堂教学中，学生在教师的引导下、发现问题、分析问题，最终解决问题的过程。教师若能运用好引导教学法，就可以达到事半功倍的效果，并且能够有效提升学生解决问题的能力。在实际课堂教学中，教师使用引导教学法时，应该避免几种错误倾向。其一，创设问题情境与教学内容难以结合；其二，分析问题时，让学生盲目尝试；其三，教师急于公布答案。在使用引导教学法时，教师应充分发挥引导作用，引导学生对教学信息进行分析、归类和处理，并注意引导学生将发现的问题与教学内容产生联系，训练学生的发散性思维，给予学生充分思考和表达想法的时间，帮助学生运用已有的知识自主解决问题。

第三，提升学生的自我评价能力。在高中思政课的课堂教学中，首先，教师要引导学生对自己的学习情况进行自我评价。评价的项目和标准由学生自行确定，教师可以帮助学生制定评价表。其次，教师要引导学生进行自我检测。学生在教师的引导下，自己检测对知识的掌握程度以及对知识的应用能力，教师要引导学生在学习的过程中乐于探索、勤于思考、自主发现问题，并在与教师和同学的交流过程中发现问题、解决问题，不断提高和完善自己。最后，教师要引导学生进行自我展示。在评价和检测后，学生在教师的引导下对学习情况进行展示，能够促进学生自我评价能力的提升，使学生在思政课堂中真正成为学习的参与者，让学生在自我评价中，不但能够不断调整学习策略和努力程

度，而且能够坚定信心、自我欣赏，增强学习的动力。

（三）开展多种形式互动，营造轻松和谐的课堂教学气氛

高中思政课本身具有独特性与严谨性，相对于其他学科更加晦涩难懂且不容易理解，为了体现知识的逻辑性和系统性，教师的讲解过程大都以严肃的风格为主，课堂气氛比较沉闷枯燥。因此，教师应该针对不同的课堂任务和教学内容，增设不同的教学情境，开展多种互动形式，营造轻松和谐的课堂教学气氛。

第一，师生角色互换，从提问向答疑转变。以往的课堂教学，一般都是由教师讲完知识点后，教师提问，学生回答，学生的思考活动被限定在教师的提问范围内，思维很难发散，还会使得课堂气氛紧张。如果师生角色互换，提问者变成答疑者，课堂气氛会得到有效改善。这就需要教师在课前布置预习任务，在课堂教学过程中，让学生首先就相关教学知识提出问题，再由教师和学生一起讨论解决，学生从课堂的被动者变为参与者，从而提高学生主动学习的能力。

第二，挖掘有效对话，提升课堂沟通深度。首先，在课堂教学过程中，教师要成为有效对话的激发者，营造出相对宽松的讨论氛围，鼓励学生大胆地表达自己的观点；其次，教师要在确定话题以后，积极组织学生讨论、探究，针对不同的观点进行比较和分析，让学生能从多个角度去思辨问题；最后，教师要做好引导者的工作，适当地总结点评，升华主题，从而提升学生的思维广度以及深度，以保证课堂效果。

第三，以"奇"激趣。所谓"奇"就是指一个事物所表现的状态异于寻常，大大超乎人们原有的认识程度，这种反差能够使人们高度兴奋，并且能产生强烈冲动而深入了解其产生的原因。好奇心是兴趣最好的催化剂，每个人都有好奇心，尤其是成长中的学生，教师可以利用这一点，在教学过程中迎合学生的好奇心，激发学生的兴趣。

第
六
章

思政课一体化教学艺术展现的
实践探索

教学艺术是众多艺术类型中的一个特殊类型，与一般艺术存在着相同或相似之处，但又具有自身的特点。20世纪80年代初，我国开始系统地研究教学艺术，关于教学艺术的论述篇目繁多，但是关于教学艺术的内涵却众说纷纭。近40年来，综合不同学者的观点，人们主要将教学艺术的内涵概括为三个方面。

第一个方面是技能技巧说。这种观点认为教学艺术是指在教学过程中综合运用各种教学方法的技能技巧。有学者认为："所谓教学艺术，就是能达到最佳教学效果的一套方法。"这种观点揭示了教学艺术与教学技能、教学方法之间的关系。

第二个方面是美的创造说。这种观点认为教学艺术是指遵循美的规律、贯彻并且落实美的原则而进行的创造性教学实践活动。它的依据是马克思关于"美的规律"的阐述，从而将教学艺术定义为此。

第三个方面是个性展示说。这种观点认为教学艺术是指在课堂教学中体现教师个性而独具特色的艺术创造活动。正如罗伯特·特拉弗斯的观点："教师在教学工作中必须注意到自己的个性特色，并把个性因素渗透到教学活动中去。"我国也有学者认为："教学艺术是教师独特的创造力和审美价值定向在教学领域里的结晶。"此观点在教学艺术具有"美的创造"特点的基础上，进一步揭示了教学艺术就是在教学过程中教师充分展示个性的这一特点。

结合这三种观点，教学艺术的含义可以被概括为："教师熟练地运用教学技能技巧，依据美的要求进行的创造性的教育行为。"教学艺术的实质就是指在教学过程中教师采用学生最适合接受的方式来处理教学内容，选择教学方法和语言，更新教学手段和创新考核方式的过程。

第一节　课堂导入艺术

中小学思政课的导入是指，"思政课教师在上课伊始，为集中学生注意力，激发学生求知欲，通过语言、材料和电教手段等，引导学生进入学习新知识、掌握新技能的状态，使课堂教学顺利而有效进行的一种教学技能"。简单地说，就是"教师根据教学规律和原则，灵活安排和设计课前的导入，引导学生进入学习的行为"。

一、导入艺术的作用

（一）揭示课题和体现教学意图的导向作用

导入如同路标，它可以引导学生将思维、经验以及知识的沉淀转移到课堂教学内容中来。将学生的思维引入到一个新的知识境界，启迪学生去思维、去设想，又能引导学生沿着教师所指引的方向逐步深入，从而防止出现只有笑声而不见切题的无边际内容，为整堂课教学内容的有效完成做好铺垫、引好道路。有了明确的知识方向，便有利于教师揭示课题，使课堂环节逐步深入，课堂内容明确透彻，体现教师的教学意图，起到一定的导向作用。

（二）引起注意和集中学生思维的凝聚作用

学生在课前的活动中思维是多种多样的。上课铃响后，需要及时引起学生注意，把学生的注意力从上一节课或课间活动的思维中转移、集中到这一节课的教学内容中来。新颖、别致、形象的导入能及时地将学生注意力引向教师身上，指向即将开始的教学内容上，从而有利于课堂秩序的安定和课堂教学活动的展开。

（三）沟通感情和创设学习情境的置信作用

置信作用是指"消除学生对新课、新学业的惧怕、怀疑心理，使学生对新课、对教师产生亲切感、友好感和信任感"。有效的课堂导入能够增强新课的趣味性，使学生产生愉悦感、紧凑感，从而保持心情愉快、精神饱满、注意力集中、思维活跃。这样不仅能降低学生理解新知识的难度，而且能有效拉近师生之间的关系。"学之径莫便乎近其师""尊其上九，信其教"，巧妙的课堂导入不仅能使学生学习起来更容易、更轻松，而且能使学生对教师产生信任感、尊重感、敬佩感，从而提高教师的教学效能。

（四）铺设桥梁和衔接新旧知识的沟通作用

艺术而巧妙的导入能为整个课堂教学的顺利进行奠定基础，并能由此使教学内容进一步展开、发展、扩散，把课程的进展不断地推向高潮，从而有利于学生学习新知识，教师把握课堂节奏，活跃课堂气氛，教学内容前后呼应。这样，就为已学知识与未学知识之间铺设了桥梁，使新旧知识顺利过渡，达到新旧知识的融会贯通。

二、导入艺术展现的原则

（一）针对性原则

导入一定要有针对性，要与具体的教学内容、教学目标相适应。设计导入要从教学内容出发，导入内容可以是教学内容的重要组成部分或必要补充，也可以与教学内容具有间接关系。设计导入要以教学目标为依据，脱离教学目标和教学内容的导入，不论多么吸引人，都不能很好地发挥其应有的作用。所以，设计导入时要充分考虑教学内容的特征与教学目标的要求。

（二）兴趣性原则

"兴趣是最好的老师"，如果学生对所学内容感兴趣，就会表现出主动、积极的心理倾向，从而轻松愉快地学习，学习效率自然会提高。因此，教师在训练导入技能时，应做到使教材内容以新鲜活泼的面貌出现在学生面前，最大限度地引起学生的兴趣，激发他们的学习积极性，从而有利于促进学生接受新知识，提高教师教学效率和教学水平。

（三）时效性原则

"良好的开端是成功的一半"，课堂导入是整个课堂的起始环节，直接关系到整堂课教学的效果。该环节要求用时少，这就要求中小学思政课教师需从几分钟时间里要效益、要质量，即需要教师在导入的训练中讲求时效性，力求在有限的时间里取得最好的教学效果。

三、导入艺术展现的实践

（一）直观式导入

直观式导入，是指"教师在上课伊始，通过展示图片、图表等直观教具，并提出相应的问题和要求，引导学生观察、思考、分析，从而使学生直接进入寻求新知识的一种导入方式"。直观式导入重在激发学生对新课内容的兴趣，因此运用这种导入方式时应注意：第一，实物、模型等演示用物要与新课内容有密切的关系；第二，在学生观察时，教师要及时且恰如其分地提出与本堂课相关的问题；第三，设计好演示程序和步骤，用时不宜太长。例如，讲"纸币的产生和发展"这一课题时，教师可以从自己衣服口袋里取出一个钱包，问："同学们，这是什么？"学生回答："钱包。""这又是什么呢？"教师从钱包里取出一张百元钞票。"钱，钞票，纸币……"学生纷纷回答。"对！它就是纸币。那它是怎样产生和发展的呢？想知道吗？这就是这堂课我们将要学习的内容。"教师顺势利导，直接引入新课。

（二）故事式导入

故事式导入是指"教师选用与教学内容相关的，具有趣味性、启发性的新闻、故事或者实际生活事例、材料，并以此为契机，在描述过程中潜移默化地把学生思维带入新课内容的一种导入方式"。这种导入方式是利用青少年爱听新闻、故事等特点，使其集中学习注意力，激发学习兴趣，从而使其自然而然地进入学习新知识的状态。但采用这种导入方式时应注意：第一，故事内容要与新课内容有紧密的联系；第二，故事本身生动有趣，富有教育性和启发性；第三，故事的选择要短小精悍；第四，教师在讲故事时语言要精练，富有幽默感，用时不宜过长。例如，在讲"具体问题具体分析"这一知识点的时候，教师一上课就和学生聊了起来："老师是个篮球迷，今天看了一场精彩的NBA比赛，火箭队对阵湖人队，结果火箭队战胜了对手。大家可能都知道，姚明的受伤使得火箭队在内线已经毫无优势可言，在现实面前，主教练阿德尔曼及时对火箭队的战术做出了调整。在姚明未受伤时，**火箭队的战术是以姚明为中心的中锋进攻为主，外围多点开花式打法；姚明受伤之后则采用的是'小、快、灵'的运动战打法。最近的比赛也证明了这样的战术安排是正确的。大家**

想想，同样是火箭队，为什么在姚明受伤前后球队运用的战术却不同呢？"这时学生在思考，教师继续归纳引导："因为姚明在与不在队中是球队的两个不同发展阶段，所以在每个阶段都要有一套符合球队的战术安排，说明要对症下药、合理安排，说明做任何事都要具体问题具体分析……"这样就自然导入了新课。

（三）情境式导入

情境式导入是指"教师根据教材和学生的特点，通过多种教学手段（包括演讲、小品、歌曲、影像等），渲染气氛，创设教学情境，使学生置身于特定的情境之中，引起心理共鸣，从而进入学习新课状态的一种导入方式"。这种"未入其文，先动其情"的导入方式，在创设情境时要真切感人、巧妙精细，要触到学生心灵的深处，激发学生学习的热情，这样，教师的导入目的就达到了。使用这种导入方式的时候，多媒体技术的运用比较常见。采用这种导入方式应注意以下两点：第一，选取的素材应紧扣主题，不宜过长；第二，演示视频材料结束后，要及时地把学生的注意力转移到知识点上。

（四）讲评式导入

讲评式导入是指"对学生的练习、作业、试卷中出现的问题或教师有意识地设计的某种错误，进行分析、讲解，导入新课，或是对学生在回答某问题时具有创新性或特殊性时进行讲评而导入新课的导入方法"。采用这种方式应注意：第一，讲评的内容要具有代表性、典型性，应是学生中较普遍存在的问题；第二，对个别学生具有创造性的回答或分析要考虑到其示范性和榜样作用；第三，讲评内容要少而精，且与新课内容有一定的联系；第四，避免指名道姓地批评学生的错误。

（五）随机式导入

随机式导入也叫因势利导式导入，是指在上课时，就课前发生的情境，巧妙地结合教学内容顺势展开，恰当地将学生的注意力和思维带到学习新课上来的一种导入方式。这种导入方式在教学中不是很常见，通常是借题发挥，因此教师不应该为了达到这种效果而故弄玄虚。

（六）检测式导入

检测式导入一般表现为教师走进教室宣布上课后，就上节课或前面学习过的内容进行检测，教师一般采用让学生默写以前学习过的内容或教师在黑板上出几个题目让学生运用前边学习过的知识作答的方式进行，教师收回试卷后即宣布本堂课的课题。检测旨在检查学生的学习状况，大多数学生的好胜心都比较强，他们都比较重视而且能积极参与其中。这种导入方式不仅有利于教师在短时间内了解学生对已学知识的掌握程度，更有利于迅速地集中学生的注意力，为学生以严谨的态度专心于课堂学习奠定良好的基础。在运用该导入方式时应注意：第一，切忌偏离重心，不计时间；第二，检测的内容要有利于导入本堂课的教学；第三，检测的内容一般应为重点内容；第四，不宜过频地使用这种导入方式，以致学生身心持续紧张。

第二节　课堂提问艺术

中小学思政课教学倡导自主、合作、探究的学习方式，这也是推进新课程改革的必然要求。问题是课堂教学活动的重要内容，是师生之间进行信息和情感交流的纽带，是开启学生智慧之门的钥匙。提问艺术的运用旨在通过学生的主动学习，以问题教学为切入点，以创新思维为突破口，培养学生的问题意识和探索精神。

一、提问艺术的作用

思政学科统编教材的知识点以问题的形式呈现在学生的面前，让学生在寻求和探索问题解决的思维活动中，掌握知识，发展智力，培养技能，进而培养学生自己发现问题、解决问题的能力，为学生提供了一个交流、合作、探究、发展的平台，使学生在问题解决中感受思政课教学的价值和魅力。在教学活动中以"问题"为线索，以问题情境为基础来发现探索知识，掌握技能，学会思考，学会学习，学会创造，促进学生创造思维的发展。可见，这种"提问艺术"具有三大鲜明而独特的基本教学特征：以指导学生自主学习为核心；以问题为主线组织课堂教学；注重培养和提高学生的学习能力、创新精神和实践能力。

二、提问艺术展现的原则

（一）有效性原则

教师的有效性提问是指教师根据课堂教学的目标和内容，在课堂教学中创设良好的教学环境和氛围，精心设置问题情境，有计划、有针对性、有创造性地激发学生主动参与探究，不断提出问题、解决问题的课堂教学提问方式。有效提问应该有明确的目的性和针对性，问题应该有一定的难度和开放性。有效性提问能使学生产生怀疑、困惑、焦虑、探索的心理状态，这种心理又会驱使他们积极思考，不断提出问题和解决问题。既可以调节课堂气氛，促进学生思考，激发学生的求知欲望，培养学生的口头表达能力；又能促进师生间的有效互动，及时反馈教学信息，提高信息交流效益，从而大大地增强课堂教学的实效性。

（二）适度性原则

提问的适度性大致包括三个方面。首先，问题难度要适度，教师在设计课堂提问时应把握分寸，应注意在不同的环节上设置问题的难度要有所差别，尽量使每个层次的学生都有机会回答问题，而对同一个知识点的提问应注意问题设置的梯度，由易到难、由浅入深，符合学生的认知规律。其次，提问时机要适当。教师要选择合适的知识点和知识点的适当视角作为提问的切入点，多用疏导性、铺垫性提问，注意知识的梳理性，因为高中思想政治和中小学道德与法治课的每一框题或主题都有一定的逻辑思路。最后，问题数量要适度。提问要适量，要有典型性和针对性，因此，教师要抓住知识关键点和学生的兴趣点，注重突破重点、难点，击破考点、疑点，能用一个问题解决的就不提两个问题，能直插主旨的就不绕弯子，坚决克服"问题战""满堂问"的形式。

（三）平等性原则

平等性原则就是说提问时要面向全体学生，即要充分体现"学生为主体"的教学理念，多向潜力生提一些难度较小的问题，多向学优生提一些发展思维的问题，调动每个学生思考问题的积极性，让全体学生参与教学过程，让每一位学生都有回答问题的机会，体验参与和成功带来的愉悦感。

（四）鼓励性评价原则

鼓励在教学中的作用毋庸置疑，它在促进学生的积极成长方面，有着其他方法不可替代的作用。但教师鼓励要以爱护学生为出发点，实事求是，一定要做到公正、合理，要特别注意保护学生心灵最敏感的地方，即自尊心。值得注意的是，小学高年级学生和初中、高中学生对那种"你真棒""你太聪明了"之类的廉价而空泛的所谓表扬并不领情，他们更想要的是充满真诚的、艺术化的鼓励。

（五）生活性原则

教学提问要贴近生活，引导学生积极参与。教育的逻辑起点是生活，思政课教学改革要求教育要贴近现实、贴近学生、贴近生活，把"思政小课堂"与"社会大课堂"结合起来。中小学思政课教学要以贴近学生生活实际的事例，创设特定的生活化问题情境，或以耳闻目睹身边发生的事件导入，或以社会热点话题铺垫，或以具有轰动效应的国际新闻烘托，领悟生活、进入社会、感受现实、引发思考，让学生如身临其境、身受感染、激发心灵震撼。

三、提问艺术展现的实践

（一）创建活跃的答问氛围

良好的课堂答问氛围会形成一种具有感染性的、催人向上的教育情境，使学生受到感化和熏陶，产生共鸣。良好的课堂答问氛围意味着教师创设特定的生活情境并提出相关问题，从而引导学生在课堂中体验感悟。课堂提问贴近生活，有利于调动起学生主动参与学习的积极性，激发学生的学习动机和兴趣，使其积极回答教师的提问。

（二）把握提问中预设与生成的关系

教学是一个动态的过程，教师必须关注教学中不断生成的问题，引导学生感悟、体验、创新，及时关注反馈信息，随机应变，因势利导，借题发挥做"文章"，调整自己原定的教学设计，要把握预设与生成的关系。当前在判断是否为有效教学时，也不能像过去那样，仅仅考虑教学是否完成预定的目标，而应在此基础上更重视教学的"生成性"，把教学看成是一个活的、流动的进程，一个充满着人的情感、有着审美的要求以及不完全在"预料之中"的探险过程。

（三）用启发提问实现"撑杆跳"

孔子的"不愤不启，不悱不发"说明教师提问要具有启发性，这样才能有效地培养学生的创造性思维。如在"用联系的观点看问题"的教学中，先是提出问题："田忌是怎样运用系统优化的方法赢得比赛的最终胜利的？"然后层层诱导启发学生思考"田忌不在意一匹马的比赛结果，而是统筹全局""注重整体目标，根据对方的部署来调整马匹的出场次序""通过合理安排次序，使系统结构出现优化调整"，最后使学生认识到掌握系统优化的方法必须做到三点：要着眼于事物的整体性，遵循系统内部结构的有序性，注重系统内部结构的优化趋向。在学生认知的基础上，进一步提问："三个和尚没水喝"与"三个臭皮匠，胜过一个诸葛亮"的不同结果，说明了什么哲学道理？

（四）"金口"少开

思政课教师要把课堂提问的权利还给学生，要学会反主为客，答疑解惑，调节学生"待问"的被动学习状态，注重提问的开放性，将教师提问为主转变为学生发问为主，使学生敢问、善问，培养他们的质疑能力。李政道博士曾经讲过："最重要的是会提出问题，否则将来就做不了第一流的工作，学生智力发展水平就是他提出问题的水平，问题的深度即智力的高度。"因此作为学习主体的学生，对知识的掌握是从发现问题到分析问题再到解决问题的必然过程。教师在课堂上创设情境，鼓励提问，促使学生产生疑惑，提出问题，这不仅可以刺激学生的求知欲和认知内驱力，调动学生分析和解决问题的积极性，充分发挥学生在教学中的主体作用，而且有助于学生摆脱接受知识时思维的羞涩与定势，在探究问题的思维活动中激活想象力和创造力。因此，中小学思政课教师要善于引导学生有效提问，鼓励学生"问得深""问得妙"，使其不断地否定和超越自己，让学生对所学知识进行分析、综合、加工、组合，达到创造性地解决问题的目的，而且要让学生真正懂得学习的真谛不在于获得已有的结论而在于发现尚未解决的问题。学生从"敢问"到"会问"，是一个需要经过反复训练的过程，不可能一蹴而就。为提高学生的提问质量，教师应该事先对学生提出一些要求，如不要为了"提问"而提问，不要一疑就问、每疑必问，问题的表述要尽可能清楚明白。

第三节　课堂设计艺术

教学是一门综合艺术，课堂教学设计是这门艺术的重要组成部分。因此，重视课堂教学设计的研究，将比较抽象的理论化为具体的策略，将对教学实践起到良好的指导作用，也是教学取得成功的关键因素。

一、教学设计的目的意义

教学设计实为教学系统设计，目的就是为了达到预期的教学目标。要求教师运用系统的观点和方法，遵循教学过程的基本规律，对教学活动进行系统规划，从而形成教学目标—教学思想—教学方法—教学实践这样一个新的教学体系，并确定出实施教学过程中应遵循的原则、方法及注意事项，为教学活动的顺利进行做好充分的准备。

二、教学结构的设计

教学结构的设计，决定着整个教学活动如何实施，也是一堂课成败的重要因素。笔者认为教学结构一般由以下几个方面构成。

（一）教学思想

教学思想是教学设计赖以形成的基础，它为教学设计提供理论渊源，使人们能了解该设计的来龙去脉。

（二）教学目标

教学目标是教学设计的核心因素，它决定着设计的程序、师生活动的比例及评价的标准等。

（三）操作程序

各种教学模式都有其操作程序，由此来决定教学中各步骤应完成的任务，师生先做什么，后做什么等。操作程序的实质在于处理好师生针对教学内容在时间序列上的实施。

（四）师生角色

教学活动犹如表演活动，教师与学生在操作程序中承担着不同的角色。它体现了师生在教学活动中的地位，解决师生先做什么、后怎样做等问题，使教师主导与学生主体统一起来。

（五）教学策略

即教学过程中教师和学生所采用的教学方式方法、措施的总和。

（六）教学评价

掌握学习是靠教学目标来导向的，而教学目标又为教学评价提供了依据。通过教学评价，反馈信息，并在教学过程中依据反馈信息及时进行矫正，从而使教学达标。

三、教学语言的设计

教学语言是教师进行教学活动最重要的工具，因此教师必须研究教学语言，讲究语言艺术。高超的语言艺术是教学取得成功的关键，笔者认为应做到以下几点。

（一）准确精练、通俗易懂

准确就是要求使用贴切的词语表达明确的概念，做出正确的判断和推理，切不可似是而非。模棱两可的语言往往造成概念模糊、逻辑荒谬。精练就是说话虽不多，内容却很丰富。同时还可适当引用一些俗言俚语，使学生感到更加亲近，从而增强学生对知识的学习、掌握和记忆。

（二）生动形象，具有趣味性

讲课语言要生动，比喻要恰当，特别是运用比喻叙事说理时往往可化平淡为生动，化深奥道理为浅显，还可避免抽象说教带来的枯燥感。举例要符合实际，可讲一些学生感兴趣而又比较贴切的故事，使用一些趣味性语言。这不仅能活跃课堂，还能提高学生的学习兴趣，达到理想的教学效果。

（三）善于启发诱导

教师授课要善于启发诱导，如在教学过程中经常提出设问，促进学生思考和探索，训练学生的思维能力。这种设问不是简单笼统地提问，而是在挖掘教材的深度和广度、清理教材的知识点后，用最适当的方式提出的。实践证明，凡通过学生紧张的脑力劳动获得的知识更易巩固和记忆。

（四）注重情感性

教学不单是知识的传授、能力的培养，还有师生之间的情感交流和思想碰撞，因而情感问题不可忽视。如果说教学语言的形象是以"形"感人，那么教学艺术的情感则是重在以"情"感人，缺乏情感的教学语言，难以引发学生的学习兴趣，更打动不了学生的心灵。故此，教师讲课的语言要有感染力，要用充满真情实感的语言唤起学生情感上的共鸣，使师生情感水乳交融，饱含情味的教学语言是沟通师生心灵的桥梁。

（五）节奏鲜明、抑扬顿挫

教师的语言要有节奏感，语言清亮，语调亲切，有升有降，抑扬顿挫。讲课语速快慢适度，要有停顿，给学生宁静思考的时间，让学生自己梳理思绪，从而达到条理清晰。不宜用平铺直叙、机械重复的语言，更不要三句话不离"嗯嗯""啊啊""什么什么""这个这个"之类的口头语。

四、板书板图的设计

板书的基本要求是字迹端正清晰、布局合理、条理清楚分明、语言简明精练。板书可以根据具体的内容来设计，比较常用的类型有：①纲要概括型；②纲目归属型；③网络线条型；④表格比较型。板图就是把难以讲述的内容用板图的形式表现出来。它的特点是形象直观，易于理解和记忆，这是教学中常用的方法之一，即板图注解型方法。

总之，教学设计是课堂教学的一种艺术体现，是教与学的活动指南。作为一名思政课教师，我们应对自己的课堂教学进行精心设计，然后到实践中去实施验证，从而形成一套适合自己的教学模式，建立起自己的教学风格。

第四节 课堂练习艺术

听到的印象不深，看过的容易忘记，只有亲身经历的才会永远铭记。读听说写是一个有机统一的整体，但在当前的人才选拔制度尤其是考试环境下，书写还是最后的落脚点，学生的思想、思维和能力都要通过文字展示出来。总之，"练"是学生获取知识、掌握知识、探索知识的重要途径，是课堂知识巩固的基本环节，掌握课堂练习艺术是提高教学质量的保证。

一、练习艺术的作用

（一）信息反馈及时，提高解决问题的效率

对于思政课教师来说，通过练习可以及时了解学生对知识点理解、接受的基本情况，也能对教学任务完成的基本面有大致了解。可及时吸取成功的经验或失败的教训，有利于教师本人不断改进自己的教学技能，以尽可能合理的方式方法去适应自己所面对的全班学生。对于学生来说，通过练习，他们也可以及时地了解自己有没有达到学习要求；有些问题在听课时还不容易暴露，但当进行习题解答时，学生就会感到自己领悟得还不够透彻，独立应用所学新知识解决问题的能力尚欠缺；由于是刚学的新鲜内容，对新学的知识热情尚存，主动动脑筋解决问题的兴趣比较浓厚。这样教师便可以趁热打铁，及时地引导学生进行有针对性地强化训练，有效地巩固教学效果。

（二）有助于教师自身业务能力的提高

课堂练习由于其训练是要在课堂40分钟内进行的，带来的后果必定是缩短了教师在课堂上的知识传授时间；但课标要求完成的任务，却不能因此而偷工减料。这就需要教师在如何利用相对较少的时间去完成规定的教学任务上多开动脑筋，强迫教师训练课外功夫。除了要能对思政学科知识熟练运用外，还必

须了解相关学科的一些理论、观点和新方法，以全面提高自己的专业素质，从而更好地服务于教育教学。当然，现在正在推广的智慧课堂无疑将为节省珍贵的课堂时间做出重要贡献。

（三）可有效提高听课学习的注意力和学习的兴趣

由于思政课的内容有时单调、枯燥，学生听课注意力下降，就会影响上课的效果，在让学生知道讲完内容后要进行课堂练习的比赛，学生的上课注意力也能有意识地提高，更利于教师与学生之间的双向交流，从而能提高课堂传授效果，容易形成教与学的良性循环，提高学生的学习兴趣。

二、练习艺术展现的原则

（一）选择内容的典型性原则

每节课的练习内容不能面面俱到，也不能随意安排，要根据本节课的内容在单元章节和全册教材中的位置与任务，根据本节课的教学目标与重点、难点，根据学生的认知实际等因素去全面考虑、认真筛选、精心设计，做到具有典型性和代表性，使学生掌握重点，突破难点，举一反三，触类旁通。

（二）突出学生主体的启发性原则

教师的主导作用是以学生的学习积极性是否调动起来为标志的，课堂练习也是如此。教师要巧妙设计提出问题的角度与方式，激发学生的学习动机，增强学生的探求兴趣，引导学生开动脑筋积极思维，使学生变"要我练"为"我要练"，并逐步提高其独立分析与解决问题的能力。

（三）设计题型的鲜活性原则

传统的练习形式单一，主要采用单纯依靠用纸笔的标准题目形式。这种形式过分强调语言智能和数学逻辑智能，忽视了其他同样为社会所需要的智能，造成了相当数量的学生虽然成绩很好，但不能独立解决实际问题的弊端。在课堂练习这一环节，要突出练习形式的多样性，即通过讲故事、演讲赛、辩论赛、讨论会、写调查报告、写小论文等来加深学生对知识的理解运用，真正达到调动学生的学习积极性、凸显个人能力与综合素质的目的。

三、练习艺术展现的实践

（一）精选精编，控制练习的数量，提高练习的质量

学生的时间是宝贵的，思政课堂的时间更是无价的。如果还让学生去做

那些偏题、怪题、难题、重题（重复的题目）、废题（不做也会的题目），就会造成很大的资源浪费。按照功能，课堂练习可以分为两类，一是"初诊"练习，二是"复诊"练习。"初诊"练习侧重于检查与诊断，教师应该对照教学目标逐一选择或编制试题，可以根据考查能级的要求（记忆、理解、运用）来确定题目的类型（单项选择题、简析题、辨析题、时评题、活动探究题）。"复诊"练习侧重于纠偏与巩固，题目的选择要以"初诊"的统计结果为依据，突出重点，不求全面。"复诊"中依然存在的问题可以在单元练习等阶段性练习中继续出现，当然也可以根据时事素材变换情境，进行变式练习。由于时间的限制，题目的数量和类型要合理安排，让学生在5～8分钟内能够完成，以单项选择题为主，以非选择题为辅，即使是非选择题，也可以大题化小。

（二）控制练习的难度，确保学生成功率

学生成功率，是指学生理解和准确完成练习的比率。美国学者加里·鲍里奇在其著作《有效教学方法》中指出，呈现材料的难度水平已经成为任务导向和学生投入研究的一个关键方面，要把60%～70%的时间用在能给学生带来中高水平成功率的任务上，尤其是在讲解式和传授式教学中。

（三）控制练习的梯度，分层实施，提高学生的成就感

课堂作业的设计和布置，应充分考虑不同层次学生的实际，有针对性地调控作业难度，使作业既有统一要求，又能照顾不同类型学生的实际，从而让每个学生在适合自己的作业中取得成功，促进学生差异发展、持续发展。作业的设计要做到由浅入深、由易到难，由单一到综合，从模仿到再造，再到创造性发展，做到环环相扣、拾级而上、逐步提高；还可以根据学生的学习水平和教材内容，将难度较大的习题进行分解或给予具体的提示。针对学生差异，设置分层作业，只有为不同能力水平的学生布置适合各自"最近发展区"的作业，才能构成问题情境，有效促进不同层次学生的发展。

（四）控制练习的节奏，提高练习的思维度

与家庭作业相比，课堂作业的一个显著优点就是在固定的时间、空间范围内，在教师的指导和监督下，在其他同学的影响下，不仅可以调控学生的练习过程，而且可以最大限度地提高学生的独立性和思维以及作业的真实性和准确率。控制课堂练习的节奏、提高练习的实效，要处理好几个细节，帮助学生养成良好的习惯。

第一，引导学生在做题过程中灵活运用"字符标记法"，将自己当时的思维过程外显化，以便于检查、分析、纠正。比如将材料或设问中的关键字词用"○"圈出来；将选择题中的错误选项用"×"注明，与题意无关的干扰项可以用"\"画去；用"//"将较长的材料层次化，并提炼出简明扼要的词语写在旁边，从而为全面把握材料的主旨提供依据。

第二，教师要巡视全班学生的练习过程，实时加以简单的语言或肢体提醒，对学生起到监督和帮助的作用，解决个别学生偷懒或无从下手的问题。

第三，集体作业的时间控制要以绝大多数学生为标准，5%的培优生提前完成了规定的任务，教师要及时布置下一个任务给他（或在集体练习之前就说清楚），防止这部分学生浪费时间，得不到提优的目的。还有5%左右的学生没有全部做完，但是只要完成其中的基本题就可以了。等所有人都做完了，就浪费了大部分学生的学习时间，教学效率就会大打折扣。

第四，及时批改、点评。如果把所有的作业都收上来批改，教师的时间和精力是基本可以保证的，但问题是学生没有时间接受老师的点评，所以要当场批改，当场发现问题，当场释疑，当场订正。

第五，收缴作业，二次批改。课堂练习做也做了，改也改了，为什么还要交上来呢？教师不亲自批改是迫于时间的压力，但信息反馈还是非常必要的。通过二次批改，可以进一步发现学生订正环节中存在的问题，更重要的是可以调控学生的练习、订正过程，从而提高实效。

第五节　课堂总结艺术

中小学思政课的收尾是课堂教学中不可缺少的重要环节。一个精彩的收尾能振奋学生的精神，激活学生的思维；一个富有新意、回味悠长的收尾，能使课堂知识条理化、系统化；一个响亮的让人心动的收尾，能起到承上启下、画龙点睛的作用。因此，收尾作为课堂教学不可或缺的重要环节，作为教学的有机组成部分，作为给学生留下印象最深刻的几分钟，是应该引起教师认真关注的。

一、收尾艺术的作用

人们常用"龙头、猪肚、凤尾"来形容一篇好文章，可见文章的开头与收尾是影响文章品质的重要因素。在目前的中小学思政课教学实践中，教学导语的设计已经越来越受到重视，但对课堂收尾的设计却很少有人注重。事实上，"课堂收尾"是整个教学过程中不可缺少的重要组成部分，若设计得好，则能达到"课断思不断，语断意未停"的境界，使教育功效事半功倍；反之，如果只有良好的开头和成功的过程，没有一个圆满的收尾，则会降低教育教学效果，使整个课堂黯然失色。一个精彩的收尾不仅能巩固和深化学习效果，还能激活学生的思维。

二、收尾艺术的原则

（一）目的性原则

课堂收尾应有目的性。无论是巩固课堂知识，还是承上启下，引发学生探究新知识，或者是培养学生某方面的能力，都应根据具体的教学实际设计出合理的收尾方式和内容。

（二）简约性原则

课堂收尾并不是对教学主要内容的再次讲授，因此，要切中要点，突破难点，语言要精练、概括，做到要言不烦。寥寥数语，或画龙点睛，发聋振聩；或旨深意远，耐人寻味；或另辟蹊径，别开生面。

（三）灵活性原则

收尾需要简练和概括，但形式可以是多样的，应根据不同的课堂内容设计出不同的"收尾"，以体现出生动、有趣、活泼的特点。但绝不能故弄玄虚、哗众取宠，那样反而会冲淡和影响下一节课的学习。

（四）发展性原则

这是现代教学理论对课堂收尾最根本的要求。传统教学理论侧重于课堂收尾的巩固性，而现代教学理论侧重于课堂收尾的发展性。即不是将其仅视为课堂教学的终结，而是将其作为教学的新起点，特别是侧重于学生知识的深化、能力的发展和学科核心素养的培育。

三、收尾艺术展现的实践

（一）归纳式收尾

归纳式收尾，即通过归纳、概括使整节课的内容实现系统化和简洁化。收尾归纳，提纲挈领，便于学生理解、记忆。让学生自己归纳、总结效果佳，这样既可发挥学生的主体作用，又可当堂检测学生40分钟的听课效果，真正让学生夯实基础，进而学以致用。让学生进行总结，常用的做法包括：可让学生扩写"课堂小结"，列出"课堂小结"中各要点所含知识的细目，并勾勒出全课的知识体系；还可以让几个学生在黑板上写出自己的课堂小结，其他学生在笔记上做小结，然后学生们互相对照，教师给予必要补充，取长补短，归纳出最好最全的课堂小结。归纳收尾法一般采用表格式、问答式、体系式等方式。对一个问题的归纳一般采用表格式，以"使用价值与价值"教学为例，请学生归纳出二者的区别，大多数学生采用了表格式的归纳法。

（二）练习式收尾

练习式收尾，即让学生通过一定的练习来巩固知识。教学的各环节都应注意贯穿"思维训练"的主线。学生学习任何知识，只靠听讲是不够的。特别是在思政课教学中，学生对教材知识的学习和掌握，应在理解的基础上通过适当的练习才能进行巩固。这种收尾的方式也是学生们所喜闻乐见的。因为在临近下课时，学生均会显得较为疲劳，精神不振，思维也常常处在抑制状态。这个时候出上几道练习题，定能唤起学生的学习情绪，使他们的大脑皮质再度兴奋。多项选择题一向是学生又喜又怕的题型，学生喜欢，说明其有一定的灵活性和挑战性；怕，因为这是学生考试中最薄弱的一个环节。为此在课堂的节尾中，腾出一定的时间精心设计一些选择题让学生练习，既能巩固学生课堂所学的知识，又能增强学生分析问题的能力。

（三）表达式收尾

表达式收尾，即让学生用语言表达的方式来复述所学知识，以达到巩固知识的目的。中小学思政课教学的目的是让学生掌握知识，要求学生能够用自己的语言表述出来，而且语言表述是学生能力中最薄弱的方面，特别是那些胆怯内向的学生，不敢发言，这对思政课的学习是很不利的。思政课教师应该鼓励学生主动张口表述。在学生表述时，教师最好不要打断学生，更不能呵斥学生，如果这个学生表达得不完整或有错误，那就再请一个学生起来表达，直到完全正确为止。

收尾方式无固定模式，在中小学思政课教学实践中一定要因课而异，绝不能生搬硬套。在教学实践中还应注意一些具体的情况，如收尾要过渡自然，要精心安排与设计，从而使整个教学做到水到渠成、自然妥帖；收尾要注意语言精练，收尾时语言一定要少而精，切忌华而不实。同时，还要紧扣课堂的教学主题，力求利索地结束全课，不能拖泥带水，否则会给人以掩盖主题的感觉。收尾要画龙点睛，注意提炼升华，形成知识的理性升华，达到领悟事理、陶冶情操的教育目的；收尾要注意留给学生思考的时间和空间，不能为了赶任务而匆匆收尾，走形式，走过场。

第七章

7

一体化背景下中小学思政学科教学评价设计

第一节 中小学思政学科教学评价设计依据

一、中小学思政学科教学评价概述

（一）教学评价的概念

教学评价是评价主体通过收集教学系统各方面信息，并依据一定的客观标准对教学及其效果做出客观衡量和科学判断的过程。中小学思政学科的教学评价是在科学教育思想和理论指导下，根据高中思想政治和中小学道德与法治课程标准以及教学目标的要求，利用科学的、可行的方法和技术，对中小学思政学科的教学活动及其效果给予价值上的判断。

（二）教学评价的对象

1. 学生

学生是教学的主要评价对象。教学成果主要体现在学生身上，所以对学生的评价是对学生素质的各个组成部分及整体水平的评价。例如思政素质，包括政治态度、思想观念、思想觉悟、道德品质、行为习惯等；文化科学素质，包括基础知识、基本技能、思维发展、学习成果、创造能力等；审美情感素质，包括表达水平、鉴赏水平、情感、气质、修养等；劳动技能素质，包括劳动情感、劳动技能等；心理素质，包括性格、特长等。

2. 教师

教师是教学的主导因素，教师的素质水平直接影响着学生素质的发展状况。对教师的评价，主要是对教师教学素质水平方面的评价。例如科学文化素质，包括有扎实的基础知识、宽厚的学科专业知识等；智能素质，包括理解力、记忆力、想象力等；教育能力素质，包括教学指导、表达能力等；思政素质，包括思想觉悟、师德等。

3. 课程教材

课程教材是否得当，是教育成败的关键。对课程的评价，主要是评价课程设置是否合理，结构是否恰当。对教材的评价包括对教材内容、教师用书、学生辅助读物的评价。

4. 学校工作

首先是对学校办学方向的评价，即对办学指导思想、全面贯彻教育方针的情况、面向全体学生的情况、依法治校情况等方面的评价。其次是对学校管理情况的评价，主要评价学校管理、教学计划、教学组织、教研教改等工作情况。最后是对教学条件的评价。

（三）教学评价的分类

1. 依据评价在教学活动中的作用进行分类

（1）诊断性评价

诊断性评价是为辨别和寻找造成学生学习障碍的主要原因，并了解学生认知、情意和能力方面的水平与情况而进行的评估。通过这一评价方式，可针对学习问题的原因调整教学方案。

（2）形成性评价

形成性评价是在教学和学习过程中不断进行的评价。它用于学习过程中的及时反馈，教师可以及时了解阶段教学的结果和学习者学习的进展情况及存在的问题等。学生能了解自己学习的缺陷和难点，并根据教师的批语进行改正。

（3）终结性评价

终结性评价是为了给学生评定成绩和评定教师的教学情况，它的直接目的是做出教育效果的判断，从而区别出优劣。

2. 依据教学评价参照标准进行分类

（1）相对评价

相对评价是以评价对象群体的整体水平为参照系数，由评价对象的集体情况来确定评价标准。利用这个标准，通过评价过程来评定每个评价对象在被试整体中的相对位置。

（2）绝对评价

绝对评价是在评价对象群体之外，以一定客观的、标准化的目标为评价参照标准的教学评价形式。

（3）个体内差异评价

个体内差异评价是以个体的自身状况作为参照系数，把每个评价对象个体的过去与现在进行比较，或者把学生个人的某些侧面进行相互比较的教学评价方式。

3. 依据教学评价的方法进行分类

（1）定性评价

定性评价是对评价对象做"质"的分析，是运用分析和综合、比较与分类、归纳和演绎等逻辑分析的方法，对评价对象的有关数据、资料进行思维加工的评价方式。分析的结果，一是描述性材料，二是与定量分析相结合而产生的、以描述性为主的材料。一般情况下定性评价不仅用于对结果的分析，更重视对过程和要素相互关系的动态分析。

（2）定量评价

定量评价则是从"量"的角度，运用统计分析、多元分析等数学方法，在评价数据中总结出规律性的结论的评价方式。由于教学涉及人的因素，各种变量及其相互作用关系是比较复杂的，因此为了提示数据的特征和规律性，定量评价的方向、范围必须由定性评价来规定。定性评价和定量评价两者互为补充，相得益彰，不可忽视任一方面。

4. 依据教学评价使用的工具方式来分类

（1）观察

观察主要是指教师在自然状态下，有目的、有计划地观察学生在日常学习、生活中所表现出来的情感、态度、能力和行为，并记录下来，作为对学生进行引导和评价的依据。观察从时间上看，可以分为长期观察与定期观察；从范围上看，可以分为全面观察和重点观察；从规模上看，可以分为群体观察和个体观察。日常观察可以为教师提供大量的关于学生学习和发展的信息。日常观察所获得的信息，对评价学生的学习和发展有着重要意义。当然，通过观察所获得的印象很可能是不完整的或带有偏见的，要注意尽量避免。

（2）描述性评语

描述性评语是教师在对学生进行充分了解的基础上，用描述性的语言将学生在某一方面的表现，如态度、能力和行为等写成评语，并针对存在的问题提出改进建议。描述性评语作为一种评价，适合写在学生的笔记本、作业本及日常的练习卷上，与常规的作业批改相伴随。评语应采用激励性语言，并注意其指导思想要明确。

（3）项目评价

项目评价就是按照不同项目将学生分成若干小组，由学生自主设计活动计划，可以围绕真实的社会生活问题进行活动。要求学生收集、组织、解释或表达信息，如提交调查报告或时事小论文等。师生可以就小组情况进行分析，将小组评价与个人评价相结合。

（4）谈话

谈话就是教师通过与学生进行各种形式的对话，获得学生思政发展状况的信息，据此对学生进行引导和评价。谈话是最经济、最直接的一种评价方法。

（5）成长记录

成长记录就是建立学生的成长记录袋，汇集能够展示学生学习和进步情况的各种资料，记录学生在本课程学习中的各种表现，主要是记录进步和成就。记录以学生的自我记录为主，教师、同学、家长共同参与，学生以评价对象和评价者的双重身份参与评价过程。成长记录袋是对学生学习成就或持续进步信息等相关资料的汇集。资料的收集要有目的性，内容包括学生作品及其产生过程的记录，还有学生本人、教师、同伴和家长的评价等。

（6）考试检测

考试检测方式应灵活多样，如辩论、情景测验等，纸笔测验也是考试检测的一种方式。要避免用终结性的、单一的知识性考试来对中小学生思政学科的学习及思政状况做出评价；要加强考试检测的命题研究，注重考查学生获取和解读信息的能力、调动和运用知识的能力、描述和阐释事物的能力、论证和探究问题的能力，充分发挥考试检测对思政学科教学的正确导向作用。

（7）量规

量规也叫量表，是一种结构化的定性与定量相结合的评价技术，常以二维表格的形式呈现。在表现性评估中，利用量规可以为学习者指明学习方向，为不同评估者提供统一的判断标准。量规从与目标相关的多个方面详细规定评级指标，操作性好、准确性高。可以将量规与作业分析等评价方法结合起来使用，由教师评价学生，也可以由学生自评或互评。

（8）问卷调查

问卷调查是通过书面提出问题，由评价对象作答来收集资料的方法。问卷一般包括标题、指导语、正文等几个部分。标题要用精练准确的语言反映问卷的目的和内容。指导语主要说明调查的目的和潜在价值、对调查者承诺保密以及提出回答问题的基本要求等。问卷的正文是问卷的中心部分，除调查对象必要的自然情况外，其余问题都是调查者要了解的重要问题。有的问卷还会在最后增加一项就问卷本身征询受调查者意见的内容。

5. 依据教学评价内容进行分类

（1）学业评价

学业评价是以课程标准为依据，运用恰当有效的工具和途径，系统地收集学生在学习过程中认知行为方面的变化信息和证据，并对学生的思政学科知识、能力和素养进行价值判断的过程。学业评价按不同的认知维度，可分为知识评价、技能评价、能力评价、素养评价等。

（2）思想道德评价

思想道德评价就是运用多种思想道德评价载体，按照中小学思政学科课程标准，遵循统一的思想道德评价原则，全面深入地对学生思想道德方面的善恶美丑行为进行价值判断的评价方式。通过思想道德评价，促使学生个人放弃不道德行为，提高个人思想道德素质，形成全社会认同的思想道德规范，实现社会整体思想道德水平的提高。

（四）建立思政学科的发展性教学评价体系

发展性评价是20世纪80年代后发展起来的一种关于教育评价的最新理念。它指的是依据一定的教育目标和发展的价值观，通过系统地搜集评价信息并进行分析，对评价对象的综合素质和绩效进行价值判断，促进评价对象不断认识自我、发展自我，实现综合发展目标的评价。

1. 评价的根本目的在于促进学生发展

时代的发展要求现代教育为发展人的教育。教学评价不只是检查学生知识、技能的掌握情况，而更为关注学生掌握知识和技能的过程及方法，以及情感态度和价值观的形成；评价是为了发挥激励作用，掌握学生的成长和进步情况，并提出新的教学策略和方案来促进学生的发展，促进教育实施者、教师教学工作的不断发展和进步。

2. 评价内容综合化

现代的教学评价观念注重对学生综合素质的考查。教学评价内容是为教育目标服务的。教育目标要求培养全面发展的人，教学评价的内容指标也应该是全面的、综合的。在评价内容指标上，评价学生个人学业的同时，还要关注其他方面的综合情况，如世界观、人生观、价值观、学习态度、学习习惯、创新精神、实践能力、合作能力、学习能力、做人的品格、心理素质等。

3. 评价指标多元化

评价指标包括基础知识评价、基本技能评价、思政评价、情感态度价值观评价和能力发展水平评价等。

（1）基础知识评价

这是对学生掌握的具体现象、知识、方法、概念、原理、法则等的评价。

（2）基本技能评价

这是对学生掌握的智力技能、操作技能等的评价。

（3）思政评价

这是对学生的思想、道德、心理品质等方面的评价。

（4）情感态度价值观评价

这是指对学生在认知过程中表现出来的价值观和学习、社会、科学态度的评价。其中的表现分为语言表现和行为表现。

（5）能力发展水平评价

这是指对学生的认知、发现、构想能力，知识原理的应用能力，资料和问题的解释能力的评价。

4. 评价方法多样化

新的评价方法既有量化的笔试测验，又有课堂的行为记录、项目调查、书面报告、作业、成长记录、研讨评价、情景测验等质性评价。以量化的方法评定学生，可能会导致学生发展的丰富性、个性特点和学生智能、情意、身心方面的努力、进步被湮没在抽象的数字中。质性评价方法能反映学生知识应用的具体情境，全面、深入、真实地反映出学生的现实情况、特长和发展趋势。科学的评价方法应将质的定性评价方法和量化评价方法整合到一起进行应用。

5. 评价主体多元化

现代评价观点认为在教学评价中，学生要成为评价的主体并能主动地参与评价。评价应由教师、学生、家长、学校领导、专业研究人员共同承担，共同参与评价，实现评价主体多元化。学生主动参与评价，其他评价主体也会自觉参与评价和被评价，这就使各评价主体都能进行自我反思、自我教育、自我发展，增强各评价主体之间的了解和理解，形成积极、友好、民主与平等的评价关系，并会产生共同认可的评价结果，促进教学参与者共同进步和发展。

6. 评价的重心是教学过程

评价的重心应该是教与学的过程，是实行终结性评价与形成性评价相结合的过程。关注过程的形成性评价，是面向未来的评价、重在发展的评价。评价只有关注过程，才能深入学生的观察、思考、情感体验、推理、应用、假设和创新的发展过程，才能了解学生学习中遇到的问题，对学生进行真实的评价和指导，以评价促发展的功能才能真正地发挥出来。把终结性评价和形成性评价结合起来，能有效地帮助学生形成积极的学习态度、科学的探索精神、丰富的情感体验和正确的价值观。

二、中小学思政学科教学评价设计的依据

中小学思政学科教学评价设计的依据，在学术界和思政课教师中存在着不同的看法。总结已有的教学评价理论研究成果，结合中小学思政学科教学评价实际，归纳起来，笔者认为，评价设计的依据可以分为两大类：一类是评价设计的理论依据，另一类是评价设计的现实依据。

（一）中小学思政学科教学评价设计的理论依据

教学评价设计的理论依据，是指中小学思政学科教学评价设计要体现或运用的有关理论。与教学评价设计相关的理论较多，其中最重要、最为密切的是教学理论和系统理论。

1. 教学理论

教学理论是人们在研究教学中形成的探讨和揭示各种教学现象及其规律、指导教学活动的理论，包括教师教学的理论和学生学习的理论。教与学这两方面的基本理论，从不同侧面为解决教学问题、制订和选择教学方案提供了科学依据。整个教学过程包括教学设计、实施教学和教学评价等相互联系又相互区别的三个阶段，所以，教学评价设计的理论，不可避免地要包括教与学的理论。教的理论是人们在思考教学中形成的，探讨和揭示各种教学现象及其规

律，指导教师教学活动的理论；学习理论探索和揭示人类学习过程的本质和规律，指导人类的学习活动，特别是学生的学习活动。这两方面的基本理论从不同侧面为解决教学问题、制订和选择教学方案提供了科学依据。

（1）布鲁姆的目标教学理论

在教学理论中对教学评价设计影响较大的是布鲁姆的目标教学理论。布鲁姆目标教学理论的主要内容包括：①教育目标分类学。依据教师期望的学生行为来进行教育目标分类；教育目标要有层次性、系统性；教育目标分类的主要结构包括认知领域、情感领域、心理运动。②掌握学习理论。以"人人都能学习"为基础观点，以存在个别差异的学生组成班级为前提，以传统的班级教学方式来实施。其程序为：设计学习单元—为掌握而教—形成性评价—矫正和补课。③教育评价理论。诊断性评价（学得怎样）、形成性评价（掌握了什么；还有什么没掌握）、总结性评价（学习的结果怎样）。

（2）学习理论

学习理论探索和揭示人类学习过程的本质和规律，指导人类的学习活动，特别是学生的学习活动。

① 早期的学习理论中，行为主义学派占优势。行为主义认为，学习是通过强化建立刺激与反应之间的联结。行为主义者无视在这种传递过程中学生的理解及心理过程，因此遭到了许多批评。

② 20世纪60年代，认知学派取代了行为主义学派的主导地位。认知主义充分肯定学习者的自觉能动性，强调认知、意义理解、独立思考等意识活动在学习中的重要作用；重视人在学习活动中的准备状态，重视强化的功能，强调学习者头脑中原有认知结构的作用。但认知主义学习理论也有不足之处，就是没有揭示学习过程的心理结构。

③ 20世纪后期以来，建构主义的学习理论盛行于西方。建构主义强调人的主体能动性，即要求学习者积极主动地参与教学，在与客观教学环境相互作用的过程中，使其积极地建构自身的知识框架。建构主义学习理念认为，学生是教学情境中的主角，教学要侧重于学生的学习。教学是激发学生建构知识的过程。教学要创设或者利用各种情境，帮助学生利用先前的知识与已有的经验在当前情境中进行学习和认知。教师是学生学习的引导者、辅助者、资料提供者。教师要激发学生以探究、主动、合作的方式进行学习。教学活动的展开是

一个过程。教学应该注重过程而不是结果，教师的职责就是引导学生成长。学生的学习不仅限于教科书。整个社会文化以及学生在生活中的所有问题和情境都有助于学生的学习和知识建构。

④多元智能理论的提出。随着人们对智力认识的不断深入，新的智力理论也不断产生。对教育教学改革影响最深远的是美国哈佛大学教授、发展心理学家加德纳于20世纪90年代提出的多元智能理论。加德纳认为，人的智能由七种紧密关联但又相互独立的智能组成，它们是言语—语言智能、音乐—节奏智能、逻辑—数理智能、视觉—空间智能、身体—动觉智能、自知—自省智能、交往—交流智能。多元智能理论对教学评价设计的启示是：第一，评价的标准具有多元性，教学评价的尺度应该是多元的。第二，评价的目的在于通过识别学生的优势智能领域，为学生提供发展自己优势智能领域的机会。第三，评价应立足于学生的学习活动，引导学生扩展学习的内容领域，开拓与多元化智能结构相匹配的学习活动。第四，评价在于给学生找到并提供成功的支撑，使每个学生都获得成功的机会。第五，评价的方式尽量采用档案袋和活动法，强调对学习者成长过程的真实记录，注重对真实问题的解决。

教学理论的指导是教学评价设计由经验层次上升到理性、科学层次的重要前提。中小学思政学科教学评价设计，尤其要以中小学思政学科教学理论为依据。中小学思政学科教学理论是中小学思政学科教学实践经验的总结和系统反应，是对中小学思政学科教学规律的系统认识，因此，它应该成为中小学思政学科教学评价设计最直接的理论依据。

2. 系统理论

系统是由相互联系、相互制约的若干部分，按一定的规则组成的、具有一定功能的整体。中小学思政学科教学是一个由教师、学生、教学内容、教学方法与手段等多种教学要素构成的复杂系统。这些要素之间相互联系、相互作用，形成教学活动系统。既然中小学思政学科教学是一个系统，那么对教学评价进行设计当然要遵循系统科学的原理，运用系统方法分析教学系统中各因素的地位和作用，从系统和要素、要素和要素之间的相互联系和相互作用的关系中综合地、精确地研究教学评价，从而取得解决教学评价问题的最佳效果。可以说，以系统理论为基础，是教学评价设计的一个基本特征，也是教学评价设计成功的关键所在。

（二）中小学思政学科教学评价设计的现实依据

中小学思政学科教学评价设计是一项极为复杂的工作，受社会需要、学生发展等多种因素的影响和制约。因此，在教学评价设计中，除了要坚持以教学理论、系统理论等理论指导外，还要以课程目标和课程内容为依据，以了解社会需要和时代发展的要求。中小学思政学科课程标准对思政学科的知识广度与深度、能力要求与结构、思想水平与行为表现等方面的规定，是进行教学评价的客观标准。要客观、真实、全面地评价学生的学业水平和思想道德行为表现，就必须深入学习、理解和掌握中小学思政学科课程标准，全面、准确地理解课程目标、课程内容和评价建议，把握好教学评价的依据。教学评价是经常性的工作，尤其是对学生学习的评价，更要以课程标准为准，不能随意超标，更不能脱离标准另搞一套。教学评价设计还要联系学生发展特点和发展需要，反映中小学思政学科课程的性质，并把它们作为教学评价设计的现实依据。

1. 中小学思政学科课程目标和课程内容

教学评价就是依据一定的教学理论和教学目标，以改进教学为目的，对教学活动做出的价值判断。教学评价内在地包含着一定的标准，而在教学评价实践中，最重要的教学评价标准常常就是教学目标。

作为教学评价标准的教学目标，是对课程标准中的内容目标进行加工之后，把内容目标转化为具体的、行为化的、可测量或可观察的具体目标。教学目标的设置离不开课程目标和课程内容，是对课程目标和课程内容的再加工和再创造。没有课程目标和课程内容，教学目标就无从谈起，教学评价也就失去了评价的标准。如果教学目标和内容能与课程目标与课程内容保持一致，教学目标和教学内容也可以作为评价设计的依据。

教学具有重要的社会功能，要培养国家和社会所需要的人才。尤其是高中思想政治和中小学道德与法治课，带有浓厚的国家意志和强烈的时代特色，社会对人才的要求、社会经济政治文化发展、国家的路线方针政策等，都集中反映在思政学科的课程标准中。中小学思政学科教学评价设计以教学目标和教学内容为依据，实际是以课程目标和课程内容为依据，也就体现了社会发展需要和时代精神的要求。

2. 依据学生发展实际

中小学思政课是一门公民素质教育课程，课程目的是为了提高学生的思想道德素质和思政素质。中小学思政学科教学的根本落脚点和课程目标是一致的，都着眼于学生的发展。因此，中小学思政学科教学评价设计必须从学生的实际出发，全面考虑学生的学习需求、认识规律和学习兴趣，体现出对学生的关爱和尊重，符合学生发展的需要。简而言之，就是要把学生的年龄特点、学生的发展需要作为教学评价设计的一个重要依据。

3. 依据中小学思政学科课程的性质

对于中小学思政课，虽然小学、初中和高中不同学段各有不同的侧重点，小学、初中侧重于公民的道德与法律素质，高中则侧重于公民的思政素质，但归根到底都是把对公民基本素质的培养作为根本目标。与其他课程相比，中小学思政课具有思想性、综合性、人文性、实践性等多方面的特点。思政学科教学评价设计必须关注这些特点，体现这些性质特点。

第二节　中小学思政学科教学评价的内容

中小学思政学科教学评价设计的依据之一是课程目标和课程内容，课程目标和课程内容在课程标准中是紧密联系在一起的。设计教学评价的内容，必须以课程内容和教学内容为依据。

一、中小学思政学科的教学评价内容

设计中小学思政学科教学评价内容，应着力解决两个问题：为什么评；评什么。为什么评，就是要解决评价目的的问题；评什么，就是要解决评价内容的问题。

（一）明确评价的目的

进行中小学思政学科的教学评价，首先必须明确评价的目的。评价目的的确定直接影响着评价内容、评价指标体系的设计，评价方法和手段的采用，以及评价者对评价信息的收集和处理等。在实际的课程与教学评价中，不同的评价活动会有不同的目的，一个评价活动也可能有一个或多个评价目的。评价目的不同，评价的基本内容架构、指标体系等设计就会有很多不同的特点。例如，如果评价目的是了解学生的学习状况，那么评价体系的设计就要围绕着学生的学习状况而展开。应该说，明确评价目的，是进行评价设计的出发点。传统的思政学科教学评价目的，往往突出的是教学的结果，关注评价对象与评价标准的适应程度，热衷于对教学结果加以区分和认定。随着基础教育课程改革的发展，中小学思政学科的教学评价目的更强调发展性，教学评价的根本目的是促进教师和学生的发展，通过教学评价为思政学科教学提供有效的诊断和反馈，从而改进教学策略、调整教学进程，以促进教学的改善和发展。

（二）评价内容综合化

中小学思政学科的评价设计，主要是对学生的学习行为状况和结果进行评价，评价的内容主要体现在学生的学业水平方面，更要关注其他方面的综合情况，如人生观、价值观、学习态度、创新精神、实践能力、合作能力、学习能力、做人的品格、身心素质等。评价内容的选择，应建立在课程目标和教学目标的基础上，根据课程目标和教学目标的要求来设计评价内容。评价内容不能只关注学科知识的掌握情况，还要关注知识以外的综合素质发展情况。尤其要把对学生思政、法治素养和政治素质的评价放在突出位置，全面、客观地记录和描述学生思政、法治素养和政治素质的发展状况，注重考查学生的行为，特别关注其情感态度与价值观方面的表现。

二、中小学思政学科的教学评价内容设计

（一）设计评价内容标准

评价内容和标准通常以评价指标体系的形式表现出来。教学评价标准是通过对所确定的教学评价目的进行分析，将目的分解成若干个可测量的、行为化的评价指标，从而设计形成的一个有机联系的系统。它主要反映评价的内容指标、评价的等级安排等。确立评价内容标准就是要解决评价什么的问题，设计评价内容标准必须明确其设计依据和基本要求。

1. 有科学依据

从理论依据来说，评价标准要以教学的有关理论为基础，符合思政学科的性质、理念，符合思政学科教学的规律和要求等。从现实依据来说，要考虑评价的目的、评价对象的实际等。

2. 有较高的信度和效度

评价标准不仅要使评价真实可信，减少评价中可能出现的主观臆断，而且通过评价要能够真实有效地反映评价对象（主要是学生）的实际水平，因此，评价标准要有较高的信度和效度。

3. 简便易行

设计评价的标准要尽可能具体化、现象化、可观测，只有这样才能使评价更具操作性，使评价简便易行。

（二）设计评价内容指标体系

指标是指具体的、行为化的、可测量或观察的评价内容。设计评价内容指标体系应做如下考虑。

1. 依据一定的标准确立评价的指标

教学评价指标体系是分层次的，大体包括评价指标、评价要素（有的也称为一级指标、二级指标）等层次。确立评价指标就是要考虑教学评价可以从哪些主要方面进行，构建评价指标体系的大框架。确立教学评价的评价指标可以从不同的角度、按不同的标准进行设计。

（1）按教学的基本要素进行设计

教学评价指标可以按教学目标、教学内容、教学方法和教学过程等这些基本要素来进行划分。这样设计的教学评价指标结构清晰、脉络分明，能够比较全面地反映教学的情况，也能对教学特别是对学生学习进行比较系统全面地评价。

（2）按比较关注的重点问题或方面进行设计

把教学评价的基本指标确定为教学目标、重点难点的理解掌握、学生学习态度、学习效果等。这样设计的教学评价指标是以评价中的一些核心或重点问题为基础，体现出评价指标体系的设计者对教学某些方面的重点关注。

（3）按照教学中的具体学生行为进行设计

教学虽然是师生共同活动的过程，但教学效果最终是通过学生的学习结果来评价的，因此，教学评价指标主要按照学生的行为指标展开。一般来说，在学生行为方面，强调要能够积极主动地参与到教学中去，能提出学习和研究的问题，师生间有多向交流，有自己的收获与体验等。

2. 根据评价指标分解评价要素

在明确评价指标的基础上，要对每一评价指标进行分解，形成具体评价要素。评价要素是评价指标的具体化，能够体现教学评价的具体内容和要求。

（1）对知识目标的评价

包括对应该掌握的理论观点的评价，对应该掌握的应用性知识及其运用的评价。对知识目标的评价，要注重考评学生对知识意义的实际理解和把握。学生要从整体上了解经济领域、政治领域、文化领域、社会领域等的社会现象和行为规则，理解和把握必要的、在生活中发生功效的人文社会知识。评价要针对学生接受知识的情况做出对知识的评价，要注意对有关概念、原理、观点、方法等内容目标的陈述，使用不同的行为动词以表达对相关知识评价层次的不同要求。

（2）对能力目标的评价

包括学习能力和实践能力的评价，注重对理论观点、原理的运用能力进行考评，强调对"动脑"和"动手"能力进行评估。对能力目标的评价，主要伴随着相应的活动展开，根据学生在活动过程中的表现，进行动态的、综合的、有侧重的评价。中小学思政学科教学中有多种多样的活动，如讨论辩论、角色扮演、计划设计、参观访问、社会调查、课外阅读活动等，可以结合学生在活动过程中的表现和活动所取得的成果，对学生的能力进行评价。

3. 对情感态度与价值观目标的评价

要坚持正确的价值标准，尊重学生的个性表现，关注学生情感和态度变化的趋向。对情感态度与价值观目标的评价，主要依据学生在课程实施中参与各类活动的行为表现，以及学生对当前社会现象和问题所表达的关切、所持有的观点。比如，学生是否积极参与本课程教学所组织的各类活动；是否能表达出自己真实的情感和态度；是否能自觉地总结自己的思想历程；是否能积极地提出自己的观点、看法，充分发挥个体的创造性和个性等。

（三）突出学习评价内容的重点

1. 中小学思政学科教学评价要突出思政素质的评价

中小学思政学科的核心目标是提高学生的道德、法治素养和思政素质，要把对学生道德、法治素养和思政素质的评价放在突出位置。其评价，要注意以下两点：第一，要全面、客观地反映学生思政素质的发展状况。第二，要注重考查学生的行为，特别关注其情感态度与价值观方面的表现。学生道德、法治素养和思政素质如何，更要看其做得如何。行为有时也有假象，而情感态度与价值观的变化才是学生内心真正的变化。比如，对学生日常学习表现的评价，就应把"有无认真听课的良好习惯、能否积极参与学习、对学习有没有浓厚的兴趣、对学习内容掌握如何、能否大胆地表现自己"等，作为评价的内容。

2. 评价要突出学生应有的情感态度和行为表现

对中小学思政课的学习评价不仅要重视结果，更要注意发展、变化和过程，要把形成性评价与终结性评价结合起来，要注意给予学生足够的机会展示他们的成绩。比如，小学道德与法治教学评价内容的重点应放在学生的道德认识、道德情感、法治意识和法治行为的形成方面。

（四）确定评价指标或评价要素的权重

权重是根据各项指标在指标体系中的重要性和作用大小所分别赋予的不同数值。权重代表了评价指标的重要性程度。权重越大，意味重要性程度越高，也意味着该评价指标在评价体系中占有的分值越大。教学评价指标体系由多项指标组成，各项指标在指标体系中的重要性是不一样的。在评价指标体系的设计中，往往需要根据这种重要性的不同，给各项评价指标赋予相应的权重。值得注意的是，并不是所有的评价都需要设计权重，特别是对教师课堂教学的诊断性评价、形成性评价，重点是发现问题、改进教学。淡化权重甚至不设计权重是常见的现象。

第三节　中小学思政学科教学评价方法设计

一、中小学思政学科学业评价方法设计

（一）建立促进学生全面发展的课堂教学评价机制

1. 评价主体多元化，关注学生学习需求

传统的中小学思政课课堂教学评价，评价主体单一，主要以教师评价学生为主。但是，中小学思政课课堂教学是教师的"教"和学生的"学"双向互动的过程，课堂教学评价不单单是教师对学生的评价，还应该是学生对教师的评价和学生的自我评价。

以教师为评价主体，学生为评价对象时，评价内容不能只局限于学生知识的掌握程度。由于思政课与其他学科不同，为了适应社会人才发展多样化的要求，在重视知识的基础上，更加重视综合素质的发展，尤其是探究、合作、创新与实践能力的发展。因此，课堂评价内容不能只注重知识目标层面，而是应该把知识目标、能力目标、情感态度与价值观目标结合起来，促进学生全面发展。以学生为评价主体，教师为评价对象时，学生对教师的评价内容可以是教师的教态、教学内容、教学方法等。学生作为课堂教学活动的参与者，能够促进教师改进教学的评价与建议，也能够提升思政课教师课堂教学能力，因此应该鼓励学生与教师之间的互评，促进师生共同发展。在学生是评价对象也是评价主体的理念基础上，教师或学生本人要对自己的教学或学习情况进行评析和反思，以利于自主发现问题，并积极寻求改进的策略。中小学思政课是以政治素质、思想感情培养为特点的课程。他人评价只有以自我评价为基础，才能做出贴切的、富有建设性的意见。

2. 评价标准分层化，关注学生个体差异

课堂教学评价具有激励功能，能够加强学生与教师之间的相互交流。一个班级中，不同学生的学习能力、思维能力、记忆能力、成长过程和家庭背景是有差异的。因此，在课堂教学评价过程中，评价标准不能"一刀切"，而是要关注学生的个体差异，根据不同学生的特点，制定适合学生发展的评价标准。

首先，对于学习能力强的学生，要制定高于学业质量要求的评价体系，使学生更加严格要求自己，不断突破自己，激发学生自身潜能，使其对学科课程以外的知识能够有所涉猎，促进学生的个性发展；对于学习能力中等的学生，要制定与学业质量要求对等的评价体系，使学生能够达到要求内的高标准；对于学习能力较弱的学生，可制定学业质量要求最低标准的评价体系，使这部分学生对自己有信心，减少沮丧和自卑的心理，促进他们多方面的综合发展，增强其社会理解和参与能力，在做好学问的同时，更能做好"人"。其次，在课堂教学中，学生回答完问题时，教师的评语要准确、生动且具有激励性，杜绝简单、粗暴、敷衍、挖苦的不良用语。学生在课堂上的回答不可能每次都完全正确，教师的评语就要因人而异、因答案而异，具有针对性地做不同的评价，而这些评价又恰恰能够给学生以肯定、提醒或纠正。教师应多站在学生的角度思考问题，在评价之前学会倾听，让学生充分表达自我，教师在感受到学生发展潜能和需求的同时给予适当的引导和帮助。

3. 评价方式多样化，关注学生发展过程

目前大部分中学思政课课堂教学评价方式仍以考试测验为主，考查学生对理论知识的记忆情况，忽视了学生在其他方面的进步，不利于学生的全面发展。因此，思政课教学应采取多样化的评价方式。

第一，坚持定量评价与定性评价相结合。定量评价就是通过教学测量法和统计法，收集数据材料，对教学评价的内容进行定量分析、处理，给出综合性描述与判断。例如，在学生的学业评价中，百分制是考试检测中常用的评价方法，能够较好地反映出学生对知识的掌握程度。但是，如果只用定量评价，则很难反映学生的全部能力和学习潜能。定性评价是针对评价内容，通过观察法、调查法等收集教学信息，对事物的本质进行决策性断定的评价方式。例如，书写评语，能够从总体上把握教学效果及学生的发展潜能，但是，定性评价很容易以经验为基础，受感情因素影响，分析结果说服力不强。因此，需要将定量评价和定性评价结合起来，才能较为全面地反映学生的学业水平与能力。

第二，坚持形成性评价与终结性评价相结合。形成性评价的方式主要有谈话观察、描述性评语、"档案袋"等，侧重于对过程的评价，更关注学生的课堂表现、情感变化，能从多角度对学生进行综合评价，是一个动态的过程；终结性评价是在一段学习结束时，对教学效果或学生学习情况进行的评价，主要方式包括分数、学分等，属于静态诊断。中小学思政课要求知行统一，仅用静态的终结性评价难以衡量学生学习的全部过程，评价最重要的目的不是结果，而是通过评价发现存在的问题，改进教学过程，促进学生发展。因此，只有结合了动态的形成性评价，才能保证评价的真实和客观。

第三，坚持显性评价与隐性评价相结合。显性评价是指那些有迹可循、可操作、可量化的评价，如考试成绩、活动表现等。隐性评价主要指对潜在的、可持续的因素的评价，如学生的学习兴趣、行为习惯、意志品质，教学中的情感、态度等。中小学思政课的教学评价要着眼于学生全面发展，在课堂教学评价中，不能只注重显性评价，还应该对那些隐性的、对学生终身发展具有积极意义的要素予以充分重视。

（二）中小学思政学科学业评价

1. 学业评价

学业评价是指以课程标准和教学目标为依据，运用恰当的、有效的工具和途径，系统地收集学生在学科教学影响下认知行为变化的信息和证据，并对学生的知识和能力水平进行价值判断的活动。

2. 思政学科的学业评价

思政学科的学业评价则是指以中小学思政学科课程标准为依据，运用一定的工具和方法，系统收集学生在思政学科教学和自学的影响下思政学科方面认知行为的信息，对学生思政学科方面的知识和能力水平进行价值判断的活动和过程。思政学科学业评价的重点是评价学生的道德认知和学生学业的完成，需要经历一定的过程；思政和思政素质的状况，更要在一定的过程中表现出来。终结性评价只有与形成性评价相结合，才能保证学业评价的真实、准确、全面。

（三）形成性学业评价方法设计

形成性评价能够更客观地记录和反映学生平时的学习状况和道德、法治素养和思政素质的形成发展过程，更多地关注学生的发展差异及发展中的不同需求和特点，以进行有针对性地指导。形成性评价方法多种多样，每种方法都有不同的特点和设计运用的基本要求。

1. 课堂观察

课堂观察主要是教师在各种教学活动的诸环节中，有目的、有意识地观察学生对所学知识的理解、掌握和运用情况，观察学生在日常学习、生活中所表现出来的情感、态度、能力和行为，并记录下来，作为对学生进行引导和评价的依据。课堂观察是针对学生在课堂中的行为表现所进行的观察。设计运用观察法时要注意以下几点。

（1）明确观察的目的和内容

就观察的目的来说，是为了了解学生学习思政学科的状况，为学生的进一步发展提供有针对性地指导。就观察的内容来说，涉及诸多方面，一般来说，主要应该包括学生的行为活动、学生行为活动的情境和学生行为活动的频率与持续时间。

（2）拟制观察提纲

观察提纲因只供教师对学生进行观察使用，所以应力求简便，只需列出观察内容、起止时间、观察地点和观察对象即可。为使用方便，还可以制成观察表或卡片。

（3）选用观察的类型

观察的类型多种多样，可以按不同的角度进行分类。从时间上看，可以分为长期观察与定期观察；从范围上看，可以分为全面观察和重点观察；从规模上看，可以分为群体观察和个体观察。教师要根据观察的目的、内容等进行合理选择和组合。

（4）设计观察记录的方法

对观察的现象、内容进行记录是观察工作的一部分。如何进行观察记录，教师也要精心设计。一般来说，最佳的记录方法是边观察边记录，这样能够及时地把观察到的内容详尽地记录下来。为了保证记录结果的客观、准确，可以在观察记录的同时，用录音机或摄像机加以记录，以备日后查证或补充文字记录的不足。

2. 作业

（1）作业的概念

作业是由教师布置学生在课堂或课外进行学习操练的各种类型的练习。按作业进行的场所来分，有课堂作业和拓展作业；按作业的方式来分，有书面作业、口头作业和实践活动作业；按完成作业的时间来分，有课后作业和课前预习作业（课前预习作业可以用来评价学生的学习态度和学习的自觉性）；按作业的编制主体来分，有教师自己编制的作业和教研机构编制的作业，此处专指教师自己编制的作业。

（2）教师编制作业时要注意的问题

第一，要明确作业的目的，根据不同的评价目的，设计不同的评价作业。第二，要评价根据不同的教学目标和教学内容，设计不同类型、不同评价层次的作业。第三，对于和教材配套的同步训练题等作业，要认真筛选，创新改造，充分发挥作业在诊断学习问题和改进学生学习方面的作用。第四，在设计学生口头作业时，应注意精心设置一些开放或半开放性的问题，教师可以对全班学生分阶段、分批次、有针对性地进行提问，以充分检查学生对知识、技能等方面的掌握和思维过程。教师在评判学生作业时，除了给予正误、等级判断外，还应适时针对学生出现的问题提出改进性建议，帮助学生尽快进步。第五，设计实践活动作业时，应注意活动内容要联系学生日常学习、实际生活中的问题，最好能够结合学生所学知识来解决这些问题。

3. 平时检测

（1）平时检测

平时检测就是在学生学习的基础上，通过一定的测验题，考查学生学习情况的方法。检测的形式和方法很多，主要有书面检测、情境检测、问题辩论等。书面检测是以书面题解的形式检查学生的学习情况，它主要用于学生学习一课时或几课时内容之后，在课堂上随堂进行；情境检测是为学生设置日常生活中司空见惯的问题情境，通过对学生的检测，了解其理解应用状况；问题辩论是根据学习内容、社会生活和学生实际，设计一些辩论题，引导学生进行辩论，从而考查学生对相关知识理论的掌握、理解和运用情况。

（2）设计平时检测时要注意的问题

① 检测要注重效率

要抓住教学内容的重点，紧紧围绕基础知识的理解和运用、基本能力的培养和发展、基本情感态度与价值观的养成来设计。书面检测题目要少而精，要讲究运用情境检测、问题辩论等测验方式去获取评价的实效。

② 要统筹安排

既然是平时检测，那么就要注意检测在平时进行。要处理好检测与教学的关系，合理安排检测的次数、频率，使教学和测验能够相互促进。同时，也要注意统筹考虑检测对象，让尽可能多的学生参与检测，尤其是对于情境检测、问题辩论等，更要处理好个别抽测和全班检测的关系。

③ 要做好检测记录和讲评

检测是在日常教学活动中有目的、有计划地进行的，对检测的结果应有相关记录，并及时对检测结果进行恰当讲评，帮助学生纠正学习中的突出问题，启发学生积极思维，激发学生学习兴趣，引导学生主动学习，发展学生多方面的潜能，充分发挥平时检测的发展性评价功能，促进学生学习水平的提高和发展。

（四）终结性评价方法设计

1. 考试

（1）考试的概念

考试是通过书面、口头提问或实际操作等方式，考查学生所掌握的知识、能力水平和学科核心素养的一种鉴定方法。

（2）关于思政学科的考试方法设计，主要应该明确以下几点。

① 革除考试的弊端

学生在经历了一段时间的学习后，能力有了怎样的提高，目前也只能通过考试这种方式来衡量。当今中学教学中存在的问题有：考试内容偏难；关键能力和人格教育方面的考核缺失；考试成绩决定学生进入相应等级的学校，也左右教师职称及等级的评定；考试成绩成了师生追逐功利的载体等。因此，需要改革考试的内容以及考试背后的各种弊端。

② 改革考试方法

考试的常用方法有口试和笔试两种。口试是指学生口头回答教师所提出的问题的一种考试方法。口试的具体做法有两种：一是教师根据教学内容和教学实际情况，拟出一定数量的试题，让学生抽题口试。二是教师要求学生结合学过的有关知识写学习体会或时事小论文，然后在课堂上讲演，教师评分。笔试是学生用笔头回答试卷中所提出的问题的一种考试方法，笔试又可分为开卷和闭卷两种形式。就其功用来看，闭卷笔试有利于考查学生对基本概念、基本原理、基本观点的记忆程度、理解水平和运用能力；开卷笔试则更有利于考查学生综合运用有关理论分析说明实际问题的能力和水平。在纸笔测试方面，要倡导综合性、开放性，突出情境，关注生活。

（3）考试试题设计的基本步骤

要保证思政学科考试的质量，必须科学地编制一份高质量的试题或试卷。对考试试题的设计，一般要经过以下几个基本步骤。

①明确考试的性质和目的

不同性质和目的的考试，在考试内容范围、时间限制、难易程度、试题形式等方面都不同，对考试命题的要求也不相同。因此，考试设计必须明确考试性质和目的。

②编制考试纲要

考试纲要主要是对考试的有关内容和事项做出一些原则性的规定。它是一个总体方案，主要包括考试的内容、范围、时限、题型、题量、试卷结构等。

③编制命题双向细目表

命题双向细目表是一个从考试目标和考试内容两个维度来设计的，体现考试目标、考试内容以及考试目标与考试内容比例的表格。命题双向细目表是命题的具体依据，对具体命题有强烈的规范作用。由于双向细目表明确了考试的内容、题型和分值，命题过程才变得简便易行。

（4）编制和筛选试题

试题的编制要依据命题原则，紧扣命题内容，围绕命题双向细目表，严格选择试题材料。试题编制完成以后，还要审查、修改、筛选试题。要对照命题双向细目表，审查所编试题是否符合双向细目表所规定的目标、内容和比例；对已确定下来的题目，要从科学性、逻辑性、独立性以及语言表达等方面做最后的审定。

（5）组合试卷

试题拟定后，应加以适当编排，组合成试卷。组合试卷时，要把握好试卷的整体结构，按试题由易到难的编排顺序进行。从试卷的基本结构看，一般是客观题在前，主观题在后；容易的题在前，相对较难的题在后，形成梯度。

（6）研拟参考答案和评分细则

参考答案和评分细则是评卷的依据。参考答案要做到准确无误；评分细则要具体明确，力求使评分简便、准确，在分数分配、赋分标准方面应体现合理性。

2. 描述性评语

（1）描述性评语

描述性评语就是教师在与学生充分交流的基础上，用描述性的语言将学生在思政学科方面的知识能力表现写出来的评价性内容。描述性评语作为一种评价，适用于写在学生的笔记本、作业本及日常的练习卷上，与常规的批改相伴随。

（2）描述性评语的设计和运用需要注意的问题

① 针对学生的实际

描述性评语要建立在对学生了解和分析的基础上。要通过观察、作业、笔记、练习等多种渠道，尽可能深入细致地了解学生的学习情况和日常行为表现，使评语能够更加有的放矢，符合学生的特点和要求。同时，评语也应该充分体现出学生个性的差异。每个学生都是有不同特点的，评语不能千篇一律，应视学生的具体情况而有所区别。

② 指导思想明确

描述性评语是一种评价，必须凸显评价的发展性功能。因此，不能单纯为了写评语而写评语，而应该以此为载体，充分肯定和鼓励学生的进步，增强学生的自信心。同时，也要针对学生在学习情感、态度、方法、习惯等方面存在的不足，做出恰当的评价和指导，使学生明确努力的方向，促进学生更好地发展。

③ 多用激励性的语言

描述性评语要能够使学生感受到自己在学习上的成就和发展的空间，能够从中获得学习发展的动力。因此，教师写描述性评语时要注意多使用激励性的语言，即使是指出学生学习中存在的问题，也要让学生看到发展的希望。切忌讽刺挖苦，伤害学生的自尊心。

④ 体现对学生的关爱

描述性评语是与学生进行情感上、心灵上的沟通，是与学生进行谈心和交流。因此，要怀着对学生的爱，发自内心地来写评语，字里行间要体现出对学生的尊重、理解、信任、鼓励和关爱。只有这样才能使学生容易理解、乐于接受。

3. 谈话评价

（1）谈话评价的概念

谈话评价就是教师通过与学生各种形式的对话，获得学生道德意识、法治意识和思政学习发展状况的信息，据此对学生课程学习进行引导和评价的方式。谈话评价是最经济、最直接的一种评价方法。运用谈话来评价学生时，教师要撰写谈话记录。

（2）运用谈话评价时要注意的问题

① 做好谈话的必要准备

谈话前，教师应做好深入细致地调查研究，对谈话对象思想、学习、生活等方面的情况和气质、性格、能力、兴趣等个性心理特征，做好综合调查和分析。课堂上，紧密结合教学要求与学生谈话，了解学生对教学内容的掌握情况和对相关问题的看法。课堂外，根据观察所得，以无意方式进一步接近和了解学生。

② 谈话过程

谈话通常要经历三个阶段：第一，在谈话开始阶段，教师可以先说一些学生关心的、感兴趣的事情，使双方具有共同语言，产生情感交流，打破对方的防御、抵触心理。第二，在切题谈话阶段，教师要围绕谈话主题进行叙述，环环相扣，层层铺开，逐步向思想深处发展，形成情感共鸣，完成谈话目的。第三，在谈话结束阶段，教师要观察学生的情绪，分析谈话可能引发的学生内心的矛盾冲突，耐心听取学生的陈述或态度，有的放矢地提出希望和要求。

③ 效果评价

通过设置情境来观察平时难以观察到的学生的学习状况，也可以引导学生自创情境，根据学生在情境中的表现和感受来了解学生的学习情况。

④ 撰写谈话记录评价

在谈话过程中，学生会自然流露出一些观点或真实想法，教师要抓住契机适时点拨疏导，使思政课教学"润物细无声"，既活跃课堂气氛，又激发学生学习的兴趣和学习积极性。

4. 随机评价

（1）随机评价的概念

随机评价是教师通过口头语言对学生学习情况随时进行鼓励和引导的一种评价。随机评价可以及时对学生予以引导和帮助，使学生随时随地了解自己发展中的优点和不足，从而实现自身的不断完善。

（2）运用随机评价时应注意的问题

随机评价是教师教学中常见的现象，运用随机评价时应注意以下几点。

① 赏识学生

随机评价应尽量多展现学生的长处，关注学生的优点，激发和引导学生积极进取的精神，培养学生自尊自信、勇于参与、乐于思考、善于创新等良好心理品质。要尽量少用"不对""错了"等否定性的语言，杜绝"你真笨"等有损于学生自尊和人格的字眼。

② 准确得体

随机评价所使用的语言既要凸显对学生的赏识，也要注意准确得体。要根据不同的学生、不同的表现，从不同的角度做出有针对性地评价和引导，对学生的优点和长处给予充分肯定，对存在的问题也应给予提醒或纠正。

③ 机智巧妙

技巧性、艺术性的随机评价语言具有较强的吸引力和影响力，能够较好地引发学生的注意。因此，随机评价不但要因人而异、因时而异、因课而异、因发生的情况而异，而且要尽可能充满智慧和情趣，使评价信息的传递风趣而高雅。

二、中小学思政学科思政行为评价方法设计

（一）学生思政行为观察

1. 行为观察的概念

行为观察主要是指教师在自然状态下，有目的、有意识地观察学生在日常学习、生活中所表现出来的情感、态度、能力和道德行为，并记录下来，作为引导和评价学生思政行为的依据。行为观察是一种常用的学生思政行为的评价方法，它简便易行。

2. 观察学生行为时要注意的问题

（1）教师观察学生行为，应关注的是学生直接的行为表现

比如学生的言语表达行为、眼神及面部的表情行为、各类肢体行为等。教师还须关注学生的间接行为表现，如学生完成的文字作业是潦草的、涂涂改改的，还是干净整洁的，手工作业是粗糙的还是精细的。教师虽未直接看到学生做作业时的行为表现，但从学生完成的作业中还是可以间接观察到学生作业过程中的行为特征的。这些行为特征可以与许多特定的教育目标相关联而成为评价学生行为有意义的信息。

（2）教师还须关注学生行为发生的环境

学生的每种行为都有相应的行为环境，学生的行为是其自身的特征与环境相互作用的结果。同一个学生在不同的环境中可以有不同的行为表现，而不同的学生在相同的环境中可能有不同的行为表现，而且同样的行为表现在不同的环境条件下可能含有不同的意义。比如，学生在没有旁人在场时弯腰拾取路边的废纸投入垃圾箱和有老师同学在场时所做出的同样行为，可能具有不同的意义。

（3）要学会将观察的内容界定在用其他方法不能评价的行为上

观察所获得的印象并不完整，教师先要留心不常见的和独特的行为，并分析观察记录中可能出现的片面性，充分观察并及时记录有意义行为发生的情境，重在对事件的实际描述。要记录积极和消极的行为，在对学生行为做出结论之前，应充分收集该生的相关记录，从而进行综合评价。

3. 设计思政行为观察法时要注意的问题

（1）明确观察的目的和内容

观察目的是为了了解学生学习思政课的状况，为学生发展提供有针对性地指导。观察的内容一般包括以下三方面：第一，学生的行为活动。包括言语、表情、姿态、动作与过程，以及行动如何引起、行动的趋向、行动的目标、行动的性质、行动的内容细节等。第二，学生行为活动的情景。学生有些行为活动恰好是在特定的情景下才会发生的。第三，学生行为活动的频率和持续期，也就是学生一定行为活动重复出现的时间、频率、延续时间等。

（2）研拟观察提纲

对学生日常课堂表现的观察，可以设计相关的观察记录表。

（3）选用观察的类型

观察的类型多种多样，可以按不同的角度进行分类。从时间上看，可以分为长期观察与定期观察；从范围上看，可以分为全面观察和重点观察；从规模上看，可以分为群体观察和个体观察。教师要根据观察的目的、内容等进行合理选择和组合。

（4）设计观察记录的方法

上述几个方面在"课堂观察"中已做了具体说明，请参照"课堂观察"的方法设计。为了使记录更为方便，可事先根据研究目的和观察内容设计一些记录表，将观察中可能出现的现象、行为等列入表格中。

（二）成长记录

1. 成长记录的概念

成长记录就是建立学生的成长记录袋。收集、记录学生在思政课学习中的各种表现，主要是进步、成就及对学生有重大影响的事件，内容包括学生的作品、反思，学生自己、教师、家长或同伴的评价，还有其他相关的证据与材料等，并以此来评价学生思政状况的方法。

2. 成长记录的设计和创建要做好的工作

要发挥成长记录预期的评价作用，就要有良好的设计。没有精心设计的过程，成长记录就会变成单一的作品文件夹。一般来说，成长记录的设计和创建主要应做好以下几方面工作。

（1）明确成长记录的目的

所有评价活动都要从明确目的开始。设计和创建成长记录的目的主要有以下三种：第一，展示成果。第二，反映学生进步。成长记录中的材料既可以为教师了解学生的进步情况提供丰富的信息资料，也可以为学生自己提供形成性的信息反馈。第三，评价工具。成长记录作为评价工具，可以为学生学业成绩和行为表现评定提供依据等。

（2）确定成长记录要收集的材料

包括收集材料的类型、时间、次数等。就材料收集的类型来看，一般可以根据成长记录的目的来确定。如果成长记录的目的是为了展示，只需收集学生最好的作品；如果目的是反映学生进步，收集的材料应能表明进步的性质与程度，如观察记录、作业样本、测验试卷、轶事记录等；如果成长记录的目的在于评价，所选材料应能够反映学生的学习结果、思政和行为表现。就材料收集的时间和次数来说，也同样取决于成长记录袋的设立目的。

（3）明确学生在成长记录中的作用

学生既是成长记录评价的对象，又是评价的主体，学生的积极参与是成长记录成功与否的关键因素之一。教师设计和创建成长记录，必须重视学生的作用，分析学生在成长记录创建中能够做哪些、以什么样的方式参与其中等。一般来看，学生参与成长记录创建的方式有很多。

（4）确定评分的程序和评分标准

成长记录是否需要评分？如何进行评分？这是成长记录设计和创建时需要思考的问题。一般而言，除了用于展示学生最佳成果成长的记录以外，其他的成长记录都是需要评分的。要评分，就要有评分标准。评分标准的制定要以评价目的为依据，明确成长记录是要达到什么样的目的，然后根据评价目的确定评价的指标和评价的要素，形成具体的评价标准和说明。

（5）拟订评价结果交流的计划

成长记录评价的结果也要通过一定形式向学生和家长进行反馈。可以通过共同检查和回顾成长记录收集的作品，与学生、学生家长进行讨论和对话，使他们了解成长记录中的信息究竟意味着什么；也可以采用宣传橱窗、家长函、报道消息等方式进行反馈交流。成长记录评价法是现在比较推崇的学生学业评价、思政和行为表现的评价方法。教师应了解成长记录评价法的基本特点，分析成长记录评价法的优点和缺陷，并探讨成长记录评价法在我国运用的必要性和可行性。

第八章

中小学思政课一体化课堂
管理策略

第一节 中小学思政学科课堂管理的含义

一、课堂管理的含义

传统观点认为，课堂管理就是教师在课堂教学中处理和调控学生的不良行为，就是维持课堂纪律和教学秩序。事实上，加强课堂纪律、维持课堂秩序仅仅是课堂管理的一部分内容，而课堂教学中教师为实现学生的发展与进步所实施的所有行为和活动都是课堂管理所包含的范畴。

我国的一些学者也从不同的研究视角对课堂管理进行了研究。如田慧生教授等从教学目标方面将课堂管理定义为："课堂管理是教师通过协调课堂内的各种教学因素，有效地实现预定的教学目标的过程。"杜萍教授从课堂行为规则角度将课堂管理定义为："课堂管理是在课堂教学过程中进行的管理，即在课堂教学中教师与学生遵循一定的规则，有效地处理课堂中影响教学的各种因素，使课堂教学顺利进行，提高教学效益，实现教学目标。"施良方教授等则将课堂管理界定为："教师为了保证课堂教学的效益和秩序，调整课堂中的人和事、时间、空间等因素及其关系的过程。"陈时见教授认为："课堂管理是建立适宜课堂环境，保持课堂互动，促进课堂生长的历程，其中，建立适宜课堂环境是课堂管理的基本前提，保持课堂互动是课堂管理的衡量尺度，促进课堂生长是课堂管理的最终目标。"

综合这些观点，课堂管理被赋予了"过程、活动和策略"等内涵，虽然侧重点有所不同，但是对课堂管理的本质理解却是一致的，即这里所说的课堂管理是指课堂教学过程中实施的管理过程，亦可称为"课堂教学管理"，是指在课堂教学过程中，教师与学生遵循一定的教学原则，采取适宜的方法与策略，共同有效地处理课堂上影响教学的诸多因素及其相互之间的关系，使课堂教学顺利进行，提高教学质量，促进师生共同发展，实现教学目标的过程。

二、中小学思政学科课堂管理及其要素

中小学思政学科课堂管理是指中小学思政课教师对思政课堂诸因素进行有效的调控，采取适宜的方法与策略，以师生的互动为中介，以学生的自我控制为基本目标，最终促进思政课堂教学顺利实施的过程。

课堂管理的要素非常丰富，但是研究视角不同，依据的标准不同，划分的要素种类也不同。纵观国内外课堂管理研究，对其要素的研究大致可以分为四类。

第一类是基于对"课堂"的研究确定其要素。如戚业国在其著作《课堂管理与沟通》中根据对课堂的研究，将课堂管理的要素分为课堂内与课堂外两部分，分别为教师因素、学生因素、教学内容、教学手段和社会因素、自然因素、家庭因素、学校环境等几方面要素。第二类是基于对"管理"的研究确定其要素。如谢世腰等在著作《课堂管理与班级管理》中，利用职能管理理论的计划、组织、指挥、协调和控制五要素来研究课堂管理的要素，将其分为教学设计、教学组织形式、师生互动、课堂纪律等要素。第三类是基于对"学生问题行为"的研究确定其要素。如卡罗尔·西蒙·温斯坦所著《中学课堂管理》以及兰德尔·斯普瑞克所著《高中课堂管理》都是从预防、解决学生问题行为的角度研究课堂管理要素的。第四类是基于对"教师工作流程"的研究确定其要素。比如麦克劳德、费希尔等所著的《课堂管理要素》是从教师的工作流程入手，根据教师在组织课堂教学过程中遇到的问题组织课堂管理要素的。

课堂中的一切活动都是围绕教学展开的，教学是课堂管理存在的理由和依据。从"组织课堂教学"入手，我们对思政学科课堂教学管理要素的划分依据的是第四种分类，主要包括课堂时间、课堂环境、课堂目标、课堂秩序等方面的内容。

（一）课堂时间

时间管理是对时间的利用和运筹。时间是一种重要的资源，具有不变性、不可储存性和无可替代性。课堂时间管理就是对课堂教学中单位时间的管理，包括时间的分配、时间的利用等，其本质是教师对教学时间的管理。

对教学时间进行科学的探究起始于卡罗尔。他在1963年发表的《学校学习的一种模式》成为研究教学时间的里程碑式著作。卡罗尔认为，就某一特定学

习任务而言，学生的学习程度是其实际用于学习任务的"实用时间"与掌握该任务规定内容的"所需时间"之比的函数。"实用时间"取决于分配给学习任务的时间与学生乐意学习的时间，"所需时间"取决于能力倾向、理解教学能力以及教学质量。因此，在既定的课堂教学时间内，学生的学习成效不仅受到教师教学水平和质量的影响，也受到其自身学习兴趣和能力的影响。

课堂教学时间的管理，是要解决教学的有效性问题，即如何在教学时间内促使学生高质量地完成学习任务。中小学思政学科课堂时间管理，指思政课教师在课堂范围内，通过一定的时间管理技巧，有目的、有计划、主动地管理课堂教学时间，进而在既定的时间内提高教学效率的管理方式。这就要求教师要坚持时间效益观。由于每一节课的时间都是有限的，要提高课堂的效益，就必须增强教师的时间观念，科学安排课堂时间，保障把有限的时间用到实处，提高课堂时间的利用率。

（二）课堂环境

课堂是一个特殊的环境。课堂环境包括课堂物理环境和课堂心理环境两方面，其对学生成长具有潜移默化的作用，适当地安排课堂环境，可以引导或改变学生的行为，对学生的行为、学习和动力有着极大的影响。教师可以利用课堂环境的两个组成部分来提高学生学习效率、改善学生学习行为。

1. 课堂物理环境

课堂物理环境是指师生、生生在教学活动中进行交流和互动的场所，是课堂教学赖以进行的物质基础和基本条件，是课堂环境的重要组成部分。它包括课堂地面墙壁的颜色、灯光照明、仪器资料摆放、班级规模以及学生的座位安排等内容。有效的课堂管理是从安排课堂周围的物理环境开始的，因此，首先要保证课堂物理环境的舒适和健康。

（1）学生的座位安排

课堂物理环境中，教师最容易操纵的就是学生座位的安排。教室是积极进行社会活动和学习活动的地方，需要有足够的空间，使师生可以在座位附近自由走动，学生可以不受干扰地在自己的座位上学习。因此，根据教学需要，一般上课听讲要采用纵向列队式，使全体学生面向教师；分组讨论则宜让学生围坐，便于互动。所以，教师基于不同的教学形式，可以安排不同的座位方式，如秧田形、马蹄形或新月形、方形或圆形、模块形等。

（2）教室的空间利用

教室的各个空间应得到充分的利用，以保证教室发挥最大的功效，这就要求教师发挥想象力和组织能力，精心地计划、组织和准备，同时也要调动学生的积极性，发动学生出主意、想办法，使其充分发挥想象力，以主人翁的意识参与到教室的设计和组织中来，只有这样才能发挥教室这个空间环境的作用。良好的教室环境能够更好地为教与学服务。

2. 课堂心理环境

与物理环境相对应的就是心理环境，它是师生或学生彼此之间产生交互作用和影响而形成的一种特殊环境。心理环境的概念是20世纪30年代由著名心理学家勒温提出的，勒温认为心理环境是指人们头脑里的环境，即指实际影响一个人发生某一行为的心理事实或事件。而具体说到课堂心理环境，则呈现出众说纷纭的状态。在国外的一些文献当中，课堂心理环境经常被称作课堂氛围或学习环境。国内一些学者也对其进行了不同角度的诠释与研究。综合各方面的观点，我们认为：课堂心理环境主要是指在以教学班为单位的教学活动中，为班级成员所感知和体验到的人际环境，如班风学风、师生关系、同学关系、教师期望、课堂气氛等，是师生或者生生彼此之间产生交互作用和影响而形成的一种特殊环境，对教师和学生在课堂中的活动效率有重要影响。

心理学研究表明，课堂心理环境不仅对课堂教学活动产生影响，也对学生的认知、情感和行为产生影响，更对学生的身心发展有着明显的影响。良好的课堂心理环境是能够激励师生主动投入教学活动、产生愉悦教学情感体验、提升教学效率的一种集体心理氛围，体现为民主平等、合作交流、和谐宽松的课堂气氛。在这种课堂心理环境中，师生双方是一个自由开放的系统，他们的需要都能得到满足，教师的主导作用和学生的主体性都能得到有效发挥，师生共同参与、彼此合作，形成一种积极向上的心理状态，最终促进教学相长、共同发展。因此，优化课堂心理环境是培养学生心理素质的良好开端和最佳切入点。

（三）课堂目标

"目标管理"的概念是由美国著名管理专家彼得·德鲁克于1954年在其著作《管理实践》中最先提出的。通常我们认为有了工作才有目标，而他认为恰恰相反，有了目标以后才能够确定每个人的具体工作和前景。毋庸置疑，如果一个领域没有其明确的目标，那么这个领域的工作就必然会被忽视，迁移到教育中亦是如此。在课堂教学中，如果没有目标，就将缺乏前进的动力与努力的方向。

新课程的核心理念是"为了学生的发展"。在这样的理念指导下，中小学思政学科课堂管理要求教师尊重学生的生命成长规律，以学生的发展为本，注重学生的自主实践和探究，凸显教学过程中师生、生生的互动，关注课堂中愉快和谐的群体生活和积极向上的学习氛围，着力让学生成为活动的主体、课堂的主人。因此，新课程中思政学科的课堂管理目标应包括远景目标、基本目标和核心目标三个方面。远景目标是促进学生的健康全面发展，基本目标是营造愉悦和谐的课堂教学气氛，而核心目标是实现课堂教育教学的最优化。课堂管理中的三个目标是相互联系的，在教学过程中交织在一起，相互作用，共同促进学生健康全面发展。在中小学思政学科课堂教学中，目标管理具有如下作用。

（1）形成互相激励的课堂环境

当明确的教学目标成为每一位任课教师与每一位学生未来一定时期内欲达到的一种结果且实现的可能性相当大时，教学目标就会成为师生、生生的内在激励。

（2）形成有效的课堂管理

明确的阶段性及远景性目标，使教师和学生明确在每一个阶段的努力方向，这样可以切切实实地提高课堂管理的效率。学生一旦对努力的方向和目标很明确，就会对促进此目标生成的组织管理活动更加配合，从而省去许多不必要的解释和沟通。

（3）促进学生生成自我管理的意识和能力

课堂目标管理实际上也是一种自我管理的方式，或者说是教师引导组织下的学生的一种自我管理方式。在实施课堂目标管理的过程中，学生不再只是等待教师指令而后进行学习；此时，学生已经成为有明确学习目标的个人。他们会为了自己的学习目标而主动付出劳动，进行自我管理。

（4）形成和谐的师生关系

在制定每堂课或每个学期的教学目标时，都需要教师与学生进行充分的沟通与交流，在这之后达成双方都认可的目标。这个目标既要符合教师完成教学任务的要求，又要符合学生自我实现的需求。在这个沟通和交流的过程中，教师不再是权威性的，而是与学生共同探讨、交流制定目标的平等合作者。这会拉近师生之间的距离，形成和谐良好的师生关系。

（四）课堂秩序

课堂秩序直接影响课堂活动的正常开展，没有良好的秩序，任何活动都无法开展，任何教学目标和教学任务都无法实现。因此，课堂秩序一直被视为课堂管理的基本任务，受到教师的高度重视。

课堂秩序管理，主要是指对学生的课堂行为施加的外部控制与规则。在中小学思政学科课堂教学中，难免出现各种课堂问题行为，干扰教学活动的正常进行。因此，要顺利进行课堂教育教学活动，就要加强课堂秩序管理。良好课堂秩序的形成，一方面需要具有强制性质的课堂规则，即学生进入课堂和参与课堂各项活动应遵守的一种规范。课堂秩序的管理是以课堂规则的制定为前提的，科学合理的规则是有效课堂秩序管理的重要手段。另一方面，需要学生的自制与自律。这就要求思政学科教师在提出课堂行为规范、进行外部控制时，注意培养学生遵守秩序的自觉性，帮助学生对自己的行为有正确的认识，并对自己的行为负责，达到自我约束、自我管理和自我教育的目的。

课堂涉及不同的人、事和情境，因此，出现课堂冲突和课堂行为问题在所难免。正确对待和合理解决课堂冲突和课堂行为问题是课堂管理的重要组成部分，教师对课堂冲突和行为问题的认识和管理方式，影响着课堂的质量和效益。在面对课堂秩序出现的问题时，不同的教师采用的方法明显不同。现在部分教师仍在使用惩罚、权威的手段控制课堂，这反而容易加剧学生的愤怒和疏远，使学生的暴力行为更加严重；而且，不利于师生关系的和谐和课堂教学的顺利开展。因此，要创建一个积极、健康的课堂教学秩序，就需要教师采用多种多样的管理模式和方法，培养学生遵守课堂教学秩序的自觉性。

三、中小学思政学科课堂管理的功能及其意义

（一）中小学思政学科课堂管理的功能

中小学思政学科课堂管理内容广泛，可以说是无处不在、无时不有的，不仅涉及课堂的所有方面，而且贯穿课堂活动的始终，它无疑是影响课堂活动效率和质量提升极其重要的因素。良好的课堂管理必然成为保证课堂活动顺利进行和促进课堂不断生长的动力。

综合来讲，课堂管理的功能主要体现在以下几个方面。

1. 组织功能

组织功能是课堂管理最基本的功能。课堂教学要想有效地进行，教师必须对教学设备、教材、学生以及教学活动进行有效的组织。这样，学生才能由分散的个体变为有效的学习集体，教材、教学设备才能充分发挥作用，教学活动才能有序进行。

2. 维持功能

维持功能是指教师通过一定的管理策略，较持久地维持课堂教学的基本秩序，以形成比较稳定的教学环境，从而保证教学活动的正常进行。

3. 促进功能

促进功能是指良好的课堂可以最大限度地满足课堂中学生个体和集体的合理需要，形成积极、和谐的课堂学习环境，调动学生的积极性，激励学生的参与精神，最大限度地促进学生潜能的释放，从而促进学生的学习、教学活动的顺利开展和教学效率的提高。

4. 协调功能

协调功能是由课堂管理对象的特点决定的。由于课堂是由人、物、信息、时间等要素组成的复杂系统，就其中的主要要素——学生来说，几十个学生、几百个学生在一起活动，没有行动上的协调一致，教学活动根本无法进行。要发挥课堂系统的整体功能，取得教学的良好效果，必须充分发挥课堂管理的协调功能。

（二）中小学思政学科课堂管理的重要意义

课堂管理是影响课堂活动效率和质量提升的重要因素，是课堂活动顺利进行的保证。中小学思政学科课堂管理的重要意义主要体现在：

1. 维持良好的课堂秩序，为课堂活动提供保障

课堂是学校教育教学活动的基本组织，是师生进行教育教学活动的主要场所。由于课堂因素复杂多样，因此课堂活动中不可避免地会出现一些冲突与矛盾，干扰正常课堂活动的开展。为了使课堂教学和课堂活动按照计划有效地进行，必须通过管理来排除各种干扰课堂活动的不利因素，以维持良好的课堂秩序。课堂管理通过创设良好的课堂环境，保证课堂活动的顺利进行。因为良好的课堂环境有助于使外在控制向内在控制转化，为学生形成自律的心理机制和促进"他人标准"与"自我标准"的统一创造条件，因而可以减少产生矛盾与冲突的可能性，并消解许多潜在的矛盾与冲突。

2. 激发课堂活力，为学生的持久发展创造条件

课堂活动对于学生来说具有个体生命价值，蕴含着巨大的生命活力。只有生命活力在课堂上得到有效开掘，才能有真正的课堂生活，课堂上人的成长才能真正实现。课堂管理就是要调动各种可能的因素，挖掘课堂的活力。良好的课堂环境，不仅充满秩序，而且充满活力。只有在有秩序且有活力的课堂中，才能陶冶学生的情操，净化学生的心灵，才能激发教师的工作热情和学生的学习动机，提高他们的积极性，从而推进课堂教学活动的顺利开展，发挥课堂的生长功能，通过对人的生长功能的开掘，使课堂资源不断再生。这样，课堂便得以生长，课堂的生长又进一步为学生的持久发展奠定基石。

3. 促进师生交流互动，保证课堂活动有效展开

课堂是师生共同生活和成长的一个动态空间，课堂活动也是师生共同工作和学习的一个动态发展过程。课堂中人与人之间、人与环境之间的相互作用和相互影响就构成了课堂环境中的互动。"课堂互动是课堂的本质特征，也是课堂管理的重要任务。"有效的课堂管理可以促进师生及生生之间的对话和信息交流。这种对话与交流使课堂活动得以更充分地展开，从而促进学生知识经验的获得、心智的开启和能力的发展，而教师可以取得学生的信任与尊重，顺利开展和指导教学活动，即有效的课堂管理能促进师生互动，提高教学的效率。只有实现了人与人之间、人与环境之间自由的信息交流，才能使课堂活动不流于形式或表面化。

4. 协调学生之间的关系，培养与人合作的团队精神

当今时代，无论是社会还是学校都在强调合作意识和团队精神。在竞争的现实社会中，人们越来越注重人与人之间的交流，注重人与人团结合作精神的培养。课堂是施行教育的主要场所，课堂管理的目标就是学生的全面发展。课堂管理最大限度地满足学生的需要，激励学生的参与，激发学生的潜能，通过学生之间的相互合作，配合教师来共同完成课堂活动。课堂管理能够协调学生之间的关系，让学生在学习活动中学会与人团结合作，从而锻炼他们的交际能力，造就他们与人合作的团队意识。

第二节　中小学思政学科课堂管理的理论依据

一、坎特的果断纪律理论

果断纪律理论，是由L. 坎特和M. 坎特于1976年提出的。他们主张，教师负有管理课堂的责任，应该充满自信和拥有权威，能向学生明确而果断地提出其期望和要求，确切地告诉学生什么行为是可以被接受的，什么行为是不能被接受的，从而确定有效的管理方法并伴随相应的行动。

他们认为，学生的正当行为实际上是一个选择问题。只要想做好，所有学生都能表现出正当行为。因此要用行为规则规范学生的行为，要求教师从一开始就建立并让学生了解行为规则，让学生学会选择并对自己的选择负责。学生如果遵循了行为规则，就会得到积极的结果，如物质奖励、特别的优待等；如果破坏了行为规则，就会得到相应的消极结果。即使是对于情绪不佳、家庭环境不良、先天性缺陷等理由和借口，教师也可不予以接受。但教师不宜通过威胁方式强迫学生遵守规则和接受不遵守规则的相应后果，应通过避免与有问题行为的学生发生正面冲突和不允许其以任何方式干扰教学过程，来维持教师的教学权利和其他学生的学习权利。

坎特理论揭示了课堂行为管理的三种不同反应方式。

一是主动的反应方式，即教师清楚、自信和不断地陈述其对学生的期望，明确什么行为是可以被接受的，什么行为是不能被接受的，学生达到或违反了教师的期望行为时将受到怎样的处理。

二是被动的反应方式，即教师对学生行为的反应是被动的，不明确严格纪律的重要性，不告诉学生其期望的行为。这样，教师往往过分关注学生的问题行为，而对其所做出的反应又常常含糊不清。

三是敌对的反应方式，即教师对学生的不合作行为或问题行为持彻底的否定态度，并把讨厌和敌对的情绪传递给学生。课堂被视为一个斗争的场所，学生总是处于被监督的地位。

他们认为，教师的不同反应方式对学生在课堂中的行为起着重要的作用，因而要求教师多采用主动的反应方式。

坎特理论坚持学生正当而负责的行为，坚持教师权利与学生权利的兼顾，坚持学校行政人员和学生家长的协助，将行为、规则和奖惩加以灵活运用，增强了课堂管理的具体化、公开化和操作化。这有助于迅速处理学生的行为问题，也有利于对学生行为进行预防性控制；对于提高课堂管理功效起到明显的作用。但这一理论模式过于强硬，它过于注重对学生行为问题的控制，尤其是强调通过外在的强化和惩罚对问题行为进行控制，而忽视了行为内在动机的作用。因此，学生往往是机械地遵守行为规则，而没有发展其自我解决行为问题的能力；学生往往依赖教师的督导，而没有培养对自己行为负责的责任感；学生往往接受的是更多惩罚，而积极正向的课堂气氛却没有营造起来。所以，坎特理论既受到教师的广泛欢迎，又受到教师的强烈批评。

二、格拉塞的现实疗法理论

现实疗法理论，是由格拉塞于20世纪60年代中后期创立的。格拉塞对精神分析不满，认为精神分析不是教人对自己负责，而是固守过去并因过去而总是指责别人。他认为，人有两种基本需要，即爱和被爱的需要、期望自己的价值得到自己和他人认可的需要。若得不到满足，就会感到焦虑、自责、愤怒，就会变得逃避和不负责任，从而导致行为问题。行为问题主要是人不负责任的表现。因此，这一理论从认同的需要这一前提出发，认为认同的需要是学生行为的动力。学生的不良行为就是学生未能获得成功认同的直接结果。"成功的认同（success identity）"和"失败的认同（failure identity）"不同。学生在认同过程中，透过自己与他人的关系及自己对自己的看法，会产生成功或失败的感觉。而他人对自己的爱与接纳程度会直接影响自己的认同。被爱与被接纳有助于获得成功的认同，而缺乏爱和不被接纳则易获得失败的认同。为了在课堂中获得成功的认同，就必须承担社会责任和发挥个人价值，而社会责任和个人价值是学生与其同伴及成人之间产生良好关系的结果。

这一理论非常强调学生的责任。要求学生对自己的行为负责，必须承担因其导致的任何消极后果。学生是一种理性的存在，但他们必须得到教师的指导，在教师指导下做出良好的选择，从而成为能满足其真正现实需要的负责任的个体。因而这一理论也强调建立和强化课堂行为准则的重要性。学生产生不良行为的任何借口都是不能被接受的。课堂规则和学生行为的处理应通过一种特殊的过程——班会来建立。在班会过程中，教师是民主的促进者，而不是权威。所有的决定都通过多数原则来确立。当规则需要调整或遇到特殊情况时，要通过新的班会讨论来修订。

现实疗法理论模式强调学生对自己的行为负有责任，注重价值判断；强调对良好行为的选择能力，有助于培养学生的独立性和判断力；强调对问题行为的明确界定，并根据界定，确定具体而明确的改正计划，增强了课堂行为管理的计划性和切实性；强调班会的作用，注重包括具有行为问题的学生在内的全体学生的共同讨论，有助于培养学生的积极情感和合作精神。但这一模式在实施过程中要求具体而彻底，因而耗费时间较多；要求教师有充分的耐心和持久力，因而对教师是一种长时间的考验。

三、库宁的涟漪效应理论

涟漪效应理论，是由J.库宁于1970年提出的。这一理论更加注重群体的动力特征，注重与群体的动力相关联的领导质量。

库宁强调一种涟漪效应。他认为当教师纠正一名学生的不正当行为时，这种纠正常常会对周围学生产生一种涟漪效应，甚至对整个群体产生影响。当课堂中出现不良行为时，可以通过实践涟漪效应避免今后发生同样或类似行为问题。教师应对有行为问题的学生做出明确的辨认，而且清楚他们哪些地方做错了，应该怎么做，而不是对问题行为给予简单的惩罚。

库宁提出了教师所应关注的三种行为。

一是目击者行为（witness behaviors），即教师自己亲自关注到的学生的问题行为。目击者与有效行为管理直接相关，因为教师目击到学生的问题行为并加以纠正，会使学生减少问题行为的发生。当然，这需要教师具备在任何时候都能知晓教室内所有地方发生的事情的能力，并能对混乱的课堂做出迅速而准确的反应。

二是复合行为（overlapping behaviors），即教师在特定时间内能注意到多个问题、活动和群体的行为。能在同一时间注意到不止一个问题或活动的教师，其课堂行为管理会更加有效。

三是群体聚焦行为（group-focus behaviors），即教师将目光聚焦在群体而不是某一学生个体身上的行为。这样的教师在促进学生目标指向的行为和预防学生问题行为方面会更加成功。

库宁理论还强调移动管理的重要性。也就是说，教师必须关心课业流程，具备促进课业顺利过渡的能力，学生因忙于课业就不大可能出现行为问题。

库宁理论在预防违纪行为方面做出了重要贡献。它使教师对教学与纪律之间的紧密联系给予了更多的关注。他的建议显著地降低了课堂违纪行为的发生，但是即便在最良好的课堂环境中违纪行为依然会发生，而库宁却没能对课堂纪律被破坏时教师应该采取的行动提出解决的办法。这是其理论的不足之处。

四、高尔顿的和谐沟通理论

和谐沟通理论，是由托马斯·高尔顿提出的。他相信教师可以通过明确而友善的交流控制或减少不良行为，因而教师必须放弃其作为权威人物的角色，以友善、自由的方式与学生讨论分歧，而不宜以任何方式强迫学生。对于学生出现的不正当行为，教师应在"不迷失"的环境中与学生一起讨论。如果教师对学生表现出关心与爱护，学生就会相应地对教师表现出尊敬。

当学生有问题时，教师决不要轻视，而必须主动积极地倾听学生的意见，对学生的问题做出反馈，甚至鼓励学生谈论他们的挫折、焦虑与恐惧，以帮助他们寻找解决办法。另一方面，教师也必须采取主动，向那些以不正当行为扰乱或困扰教师教学的学生发出明确的信息，以改变其行为。

高尔顿认为，有些教师常常通过"你信息"攻击学生，如"你很笨""你很懒"等，而采用这种对抗方式来接近学生，反而很难改变学生的行为。相反，改变学生行为的最好办法是通过"我信息"，如"作为教师，我对你的行为感到生气，我对你的行为感到失望"等。教师通过传达一种"我信息"告诉学生其对问题情境的感受及对学生正当行为的要求。

"我信息"可分为三个不同部分：一是描述违反规则的行为；二是描述此种行为对教师的影响；三是描述这种行为是如何使教师感受到的。"我信息"

是教师有效训练的中心概念，它给教师提供了一个不用卷入"争斗"或运用强迫策略来改变学生行为的机会。如果"我信息"未能改变问题情境，教师和学生就会处于一种冲突的境地，这时教师要采用一种"不迷失策略"，让教师与学生进行平等交流与协商。

"不迷失策略"大致可分为六个步骤：一是确定具体的问题；二是教师和学生对可能解决问题的办法提供对等的意见；三是对这些意见进行检评，并删除那些不能被接受的意见；四是从那些保留下来的意见中选择出最佳办法；五是决定如何实施所选择的办法；六是对这一办法的实际效果进行评估。在整个过程中，由于惩罚会把学生置于一种"迷失的境地"，因而不能作为"不迷失策略"的解决办法。

和谐沟通理论注重学生的潜能与理性，强调温暖、支持和接纳的环境及教师关怀、理解和信任的态度，强调学生自制自律的品性，注重通过民主方式制定课堂规则，关注学生的参与度和责任感，维持良好的师生关系。但对于年龄太小或发展迟缓的学生而言，因难以达到其要求，而不适用于各种冲突情境。同时，教师与学生沟通需要花费大量的时间。一位教师面对好几十名学生，完全依凭沟通，会影响教学活动的正常进行。

五、德雷克斯的目标导向理论

目标导向理论是由著名心理学家、行为学家鲁道夫·德雷克斯于20世纪80年代初提出的。其主要目的在于发展学生的自我纪律，教育学生对其自身的行为负责。德雷克斯理论以四个主要思想为基础：第一，学生必须知道他们要对自己的行为负责；第二，学生必须形成自尊，同时学会尊重他人；第三，团体成员有责任影响其他个体成员来使其有适当的表现；第四，学生有责任了解正当行为规则及不正当行为的自然后果。

德雷克斯认为，所有学生的行为都有其特定的基本目标，学生总想获得认可，其行为也倾向于达到这一目标。学生出现不当行为，主要是为了追求某种目的，或者是因为某种错误的目的。错误的目的主要有四种：一是寻求注意；二是寻求权力；三是寻求对他人的报复；四是寻求独立的愿望。

在德雷克斯看来，教师的主要作用在于分析一个特定学生的不良品行，然后以个人谈话的方式让学生明确，帮助学生理解自身行为背后的目的，并让学生体验其不良品行的自然后果。通过自然后果，教会学生评估情境和做出负责任的选择。教师应鼓励学生，并帮助其建立期望行为的规则，列出不良行为的后果，鼓励学生做出良好行为的承诺。

目标导向理论模式主张纪律是一种内在控制而非外力的限制，反对强制性地制止学生的不良行为，重视从学生的内心滋生出责任感，让学生自己选择，强调相互尊重、鼓励学生自身的努力，倡导做民主型的教师。

六、斯金纳等的强化理论

强化理论是由美国的心理学家、行为科学家斯金纳、赫西、布兰查德等人提出的一种理论，也称为行为修正理论或行为矫正理论。斯金纳等人认为，人们做出或不做出某种行为，只取决于一个影响因素，那就是行为的后果。他们提出了一种"操作条件反射"的理论，认为人或动物为了达到某种目的，会采取一定的行为作用于环境，当这种行为的后果对他有利时，这种行为就会在以后重复出现；对他不利时，这种行为就会减弱或消失。所以，人们可以用这种"正强化"或"负强化"的办法来影响行为的后果，从而修正其行为。

"正强化"指的就是奖励那些组织上需要的行为，从而加强这种行为，让这种行为延续或扩大；"负强化"就是惩罚那些与组织利益不相容的行为，从而削弱或减少这种行为。"正强化"的方法包括给予奖金、对成绩的认可、表扬、改善工作条件和人际关系、提升、安排担任具有挑战性的工作、给予学习和成长的机会等。"负强化"的方法包括批评、处分、降级等，有时不给予奖励或少给奖励也是一种负强化。

斯金纳等人认为，在具体应用时，"强化理论"必须遵守如下行为原则。

（1）经过"正强化"的行为会趋向于重复发生

例如，当人的某种行为后果受人称赞时，就增加了这种行为重复发生的可能性。所以，奖励就是组织管理的必然手段。

（2）要依照强化对象的不同采用不同的强化措施

人们的年龄、性别、职业、学历、经历不同，需求就不同，强化方式也应不一样。如有的人更重视物质奖励，有的人更重视精神奖励，就应区分情况，采用不同的强化措施。

（3）小步子前进

分阶段设立目标，并对目标予以明确规定和表述。对于人的激励，首先要设立一个明确的、鼓舞人心而又切实可行的目标，只有目标明确而具体时，才能进行衡量和采取适当的强化措施。同时，还要将目标进行分解，如分成许多小目标，当下属完成每个小目标时都及时给予强化。这样不仅有利于目标的实现，而且通过不断激励可增强下属的信心。

（4）及时反馈

就是通过某种形式和途径，及时将工作结果告诉下属。要取得最好的激励效果，就应该在行为发生以后尽快采取适当的强化方法。一个人在实施了某种行为以后，即使是领导者表示"已注意到这种行为"这样简单的反馈，也能起到"正强化"的作用；如果领导者对这种行为不予注意或注意不及时，这种行为重复发生的可能性就会减小以至消失。

（5）"正强化"比"负强化"更有效

在强化手段的运用上，应以"正强化"为主，也就是我们常说的"奖一定要同于罚"。当然，必要时也要对坏的行为予以惩罚，做到奖惩结合。"强化理论"有助于对人们行为的理解和引导，让被管理者认识到组织的目标和要求，从而自觉地保持与组织的一致。因而，"强化理论"已被广泛地应用在激励和人的行为改造上。

在中小学思政学科课堂管理的实际应用中，要遵守以"正强化"为主的方式，采用"负强化"手段时要慎重，同时要注意强化的时效性，即强化应及时。另外，要因人制宜，采用不同的强化方式。因为每个中小学生的个性特征和需要层次不同，所以，强化机制及其效应也会因人而异。因此，在运用强化手段时，应采用有效的强化方式，并应随对象和环境的变化而进行及时调整。可利用信息反馈增强强化的效果。信息反馈是强化人的行为的一种重要手段，尤其是在运用思政课目标进行强化时，定期反馈可使学生了解自己学习的成效，既可使学生得到鼓励、增强信心，又有利于及时发现问题、分析原因、修正所为。

多元化的课堂管理理论为教师开展高效率课堂管理提供了科学的理论依据，为教师在实践中不断反思自己的课堂管理策略提供了强有力的支持，同时也推动了课堂管理实践不断向高效率方向发展。课堂活动的复杂化和多样化，以及学生个体的差异化，决定了课堂管理策略应该是能被灵活地、动态地、创造性地运用的。因此，最大限度地发挥各种管理策略的优势，能促进管理效率的提高。

第三节　中小学思政学科课堂管理的有效策略

一、中小学思政学科课堂管理存在的主要问题

（一）课堂管理理念滞后

目前，很多中小学思政课教师仍然遵循着控制型、权威型的管理理念，将课堂管理界定为课堂秩序的维持，追求整齐划一、安静服从的课堂秩序。教师利用个人权威全面掌控课堂教学，过于关注课堂纪律维持。而当学生对这种管理方式稍有不满或产生抵触情绪时，教师就将学生的行为表现归结为"故意捣乱、不尊重教师，是对教师管理权威的挑战"。教师为巩固管理权威，对学生的反抗情绪、问题行为往往进行粗暴式干预甚至采取强制性手段予以制止；不深入思考学生这种抵触情绪与问题行为的深层原因；盲目使用语言暴力，批评、斥责学生，甚至惩罚学生，以求重新恢复安静顺服的课堂秩序。教师依靠个人地位的控制型、权威型管理理念虽能使课堂教学秩序达到教师所期望的结果，但这种学生被动顺从、安静服从的课堂秩序实际上存在很多问题，尤为突出的问题就是师生感情的对立。

中小学思政学科课堂管理理念滞后，表现在如下几个方面。

第一，缺乏课堂管理的意识。这种问题在新进思政课教师或教龄较短的思政课教师身上存在的比较普遍。他们认为，课堂管理是班主任的责任，而自己的任务就是传授教学知识，把自己任课的班级课堂教学秩序混乱、学生课堂纪律较差的主要原因归结为班主任管理不善，没有使班级形成良好的课堂教学氛围。第二，缺乏对课堂管理重要性的认识。受传统师生观影响，教师通常认为学生在课堂教学活动中保持安静、听从教师指挥就是对教师尊重的体现。在师生互相"尊重"的基础上，课堂秩序就能够维持有序状态，课堂教学也能顺利

进行，因此也不需要对课堂教学活动进行管理。第三，缺乏对课堂管理复杂性的认识。很多教师将课堂教学管理能力与自身教学水平、专业能力混为一谈，认为只要掌握扎实的专业知识就能较好地胜任该学科的教学，完成课堂教学的组织与管理。教师往往将课堂管理能力视为自身拥有的一种能力，认为根本不需要进行专门的培训学习，其所谓的课堂管理主要依靠个人实际教学经验或照搬他人行为模式。这种基于教师个人实践经验的课堂管理理念，通常具有很强的主观性和片面性。虽然能在一定程度上帮助教师开展课堂管理活动，但毕竟缺乏理论体系指导，知识系统性不强，很难上升为科学系统的管理理论。随着信息时代的到来，知识更新加速，以个人实践经验为主导的课堂管理形式也成为导致当前许多中小学教师管理方式僵化、缺乏创新精神、课堂管理质量不高的根本原因。

（二）课堂管理方式单一

教师在教学活动中，为维持课堂管理秩序，通常采取相应的管理方式。常见的有语言教育、过错行为惩罚等。中小学思政学科课堂管理经常忽视学生的内心感受，无视学生个体尊严。一些教师的课堂管理方式简单粗暴，主要表现在教师教育语言使用不当和问题行为处理方式欠妥两方面。教师的本意是纠正学生的问题行为，确保教学活动顺利进行。然而，教师非恶意、无意识的语言批评不仅会伤害学生自尊，还能导致学生严重的心理问题，使师生关系恶化，学生学习兴趣丧失，造成学生学业无效。

再者，中小学思政学科课堂教学的组织形式主要以班级授课制为主，班级授课制以教师为主导，以班级为统一的教学单位。同一班级的教学内容、进度和教学任务布置对于每位同学都是一致的。但这样的教学组织形式使课堂管理产生了很多弊端。学生由于来自不同的家庭，其个人生长环境、家庭教育背景、智力结构、气质、性格习惯等都存在着较大差异，所以以班级授课制为主的单一、僵硬的课堂教学组织形式在教学内容和教学方式方面都注定无法满足全体学生个性发展的需要。

（三）课堂管理主体片面

受传统教学观的影响，教师作为课堂管理主体，是课堂教学活动的管理者、控制者，学生作为被动接受管理的对象在课堂管理中扮演客体角色。从属、不平等的师生关系导致教师地位被强化，使课堂管理以教师为中心。所以，学生参与课堂管理的机会不多。但作为自然人的学生其本身具有能动性，而这一事实不会因为学生在课堂管理中扮演客体角色而消失。学生渴望主动参与课堂管理并具有一定的管理能力，由此可见，处于课堂管理主体地位的教师必然与具有独立意识、自我意识的学生产生矛盾，从而导致各种各样课堂管理问题的出现。这种以教师为绝对管理主体、学生为管理客体的管理模式扼杀了学生的主观能动性，已不适合新课程改革发展的需要。

另外，当前中小学思政学科课堂教学过程的弊端之一是程序化。课堂教学应在尊重教学发展规律的前提下，关注影响课堂教学的生成性。但是在实际课堂教学中，教师通常将课堂教学过程固定为几个部分。比较常见的课堂教学过程包括课前知识复习、导入新课、知识讲解、知识巩固、课堂小结、作业布置等几个方面。就思政课教学活动的实施来看，教师几乎都是按照课前备课计划进行的，课堂授课也遵循特定的程序，如果课堂教学中出现偶然事件或非预期事件，当务之急是尽快使课堂恢复安静、保持课堂秩序，迅速回归预先设定的程序，保证课堂教学按照预期计划顺利进行。然而课堂教学活动是一个师生互动、共同参与的过程，具有显著的动态生成性。这种预设式的教学程序化、模式化，在一定程度上限制了学生思维的活跃性，忽视了师生之间的沟通交流。

（四）忽视课堂教学环境管理

教学环境主要由课堂教学的物理环境和心理环境两部分构成，直接影响着课堂教学活动的深度与广度，是课堂教学管理的直接制约因素。众多的实验与研究也证明了课堂环境的重要性。但在实际教学管理中，一些思政课教师认为，"我不是班主任，座椅的安排、物品的摆放、教室的布置不在我的权限之内，没有必要操心。课堂上只要完成教学目标就可以，教师要与学生保持适度的距离"。

二、中小学思政学科课堂管理的有效对策

（一）转变课堂管理理念

随着社会的发展，对人才的培养方式有了新的要求，以传授知识为目标的传统教育面临严峻的挑战。这种挑战要求教育培养创新型人才，要求学生从重复性学习转向创造性学习、从学会服从转化为学会思考、从个人学习转向协同学习。课堂管理要凸显以学生为本，强调学生的参与以及师生之间的合作。

在思政学科课堂管理中，教师要与学生建立良好的人际关系，以信任和尊重为基础，兼顾学生的权利，鼓励学生积极参与课堂管理，教师要营造宽松的氛围，让每一个学生都有机会参与课堂管理。当出现行为问题时，教师能够按照规定公正、平等、一视同仁的原则进行处理，以维持学校和课堂秩序，保证教学的顺利开展。

同时，思政课教师在增强课堂教学管理意识的同时，还要不断提高课堂管理能力和水平。教师要充分认识课堂教学管理的复杂性，不断学习课堂管理理论，提高自身教学管理的综合素养，当出现课堂行为问题和课堂突发事件时，教师不能采取简单粗暴的处理方式，而要能够采用恰当的理论、有效的方法，妥善地解决问题，并且能够在以后的课堂教学活动中预防和消解类似的行为问题。管理本身就是进行教育的过程，教育和管理融合在一起，这样不但提高了管理的质量，也提高了中小学思政学科课堂教育教学的质量。管理即教育这一理念应该在我们的课堂管理中得以体现。

（二）制定课堂管理目标

长期以来，课堂管理一直定位于课堂纪律、课堂秩序的维护。虽然这一目标在一定的程度上能够保证课堂教学的顺利进行，但在新课程改革的背景下，要科学合理地制定课堂管理目标，就须立足于是否有利于课堂教学活动的有效开展，是否有利于学生积极主动地参与课堂活动，是否有利于学生完成课堂教学活动计划。

首先，要加强教师跨学科教学意识，优化课堂教学目标。教师知识体系的单一性，造成教师在课堂教学中只关注本学科教学目标的弊端。这种方式不仅不利于学生知识体系的完整构建，而且会阻碍学生的整体发展。学生的全面发展，需要教师有全面的眼光。因此，在课堂教学中教师应该有跨学科的教学意识，将自己所要讲解的内容适时地融入学生整体知识体系构建的过程当中，了解本学科在学生整体发展中所占的位置，从而设定更加有效、有针对性和更加全面的教学目标。教师在明确了本学科的作用与位置之后，还要充分了解学生现阶段的知识体系、知识经验、个人兴趣等，以便制定更加详细、准确的课堂目标。

其次，要关注教学前沿动态，转变传统目标管理观念。中小学思政课一体化教学背景下的课堂管理需要教师具备与之相符的新型教育观念和课堂管理意识。因此可以说，课堂目标管理的实然状态与应然状态出现如此大的差距与教师课堂目标管理意识方面存在的问题有很大关系。因为，虽然任课教师并不否认课堂目标管理的重要性，而且也在现实的教育教学中实践着，但其课堂目标管理意识相对于高效的课堂教育理念而言，却显得非常陈旧且跟不上教育教学现实状况的发展，仍然是一味地以考试作为课堂教学的终极目标。作为课堂管理的中心人物，教师的目标管理意识如若不能及时更新，就必然会极大地阻碍新型课堂目标管理的实施。因此，教师要关注教学前沿动态，及时更新教育观念，提升相应的管理意识，这样才能更好地进行相应的目标管理。

（三）建立有效的课堂常规管理制度

1. 制度形成的过程必须遵循民主的原则

怎样的课堂守则才是最有效的，答案当然是学生自觉并自愿遵守的规则。要想制定学生愿意遵守的课堂规则，就不得不考虑教育制度认同的问题。因此，教师在制定课堂规则与处理纪律问题时要遵循民主的原则，将每一位学生都看作教师的智囊，让他们参与到课堂规则的制定当中来。教师要认真听取，及时与学生交流双方的想法与策略，这样就会让学生产生一种主人翁的感觉。因为守则和策略是大家一起制定的，没有不遵守的理由。这是一项"磨刀不误砍柴工"的工作，必将在守则和策略实施的过程中体现出其意想不到的优越性。

2. 常规与策略的执行必须是公平公正的

在规则的实施过程中，最重要的就是公平公正、一视同仁。思政课教师不是圣人，对人、对事都有偏好。但是教师在课堂管理过程中，要特别注意其客观性。因为教师的一个不公正做法都可能伤害至少一个孩子，失去学生的信任与依赖。教师要时刻谨记自己的职责——育人，我们要培养的是性格良好、积极向上、身心健康的下一代。所以，教师更要以身作则，言传身教。

3. 采用柔性的管理策略

处于小学高年级和中学阶段的学生已经能够独立思考，也能对自己的行为负责任，所以传统的硬性管理策略，不仅不会取得好的效果，反而会使学生产生反感、愤怒、仇视等情绪。这对于教师的课堂管理将是致命的打击。因此，教师要根据学生的实际情况。采取更加柔和而有效的管理策略。

（四）加强学生的自我管理

教师在进行一切课堂管理行为时，要谨记"一切为了学生的发展"这一新课程理念。在教学与管理当中要坚持以生为本，将学生作为课堂的主体，尊重学生的人格尊严和个体差异，促进学生全面发展。这是实现教育的个人价值与社会价值的基本出发点。

所有的管理和改变都是为了学生的健康全面发展，教师没有理由在不了解学生真正想法的情况下制定任何管理策略。教师在进行课堂管理的过程中要将与学生的交流互动放在重要位置，要征求学生的意见，让学生真正地参与到课堂管理中来，而不是仅仅作为一个执行者。这种做法既可以让学生体验到尊重感和参与感，激发学生内在的学习动力与欲望，也可以提升学生的自我管理能力。当每一个学生都将自己视为课堂的一分子，积极地为实现自身的发展而努力的时候，教师的课堂管理则会实现"无为而治"的终极目标。

1. 放开手脚，充分信任学生

教师应转变传统的管理观念，放开手脚，充分信任学生。相信学生可以通过教师的指导和自己的努力，形成自我管理的能力。有时候，学生需要的只是教师的信任和帮助，在此前提下他们就能完成看似困难的任务。通过自身的规划和践行达到教师的要求。这必将大大增加学生进行自我管理的信心。

2. 加强与学生的交流互动

与学生的交流互动是一切课堂管理的基本出发点。教师要及时了解学生的想法，并与之探讨自律能力培养的方式与方法，使学生了解教师的想法与苦心，明白自律能力培养的重要性。这样教师便能集思广益，拿出一套全班学生都能接受的培养方案。通过师生的共同努力，达到学生自律能力培养的目标。

3. 创造让学生自我管理的机会

有的时候学生需要的仅仅是一个可以展示的平台，因每一个学生的潜力都是无穷的。教师能做的就是创造机会，挖掘学生自律的潜能。在这方面，著名教育家魏书生做出了极好的表率。在魏老师的课堂上，每一位学生都有进行班级管理的机会和权利。在这个过程中，学生不仅熟知了课堂守则，锻炼了管理能力，也在不知不觉间形成了很强的自律能力。这就是领导者效应。每一位领导者要想实现自己的管理任务，都必须以身作则，先完成自我的管理任务。

（五）提升教师自身综合素养

教师的威信在课堂人际关系当中发挥的作用不可忽视，这是因为教师的威信对于课堂管理以及师生之间的关系影响巨大。在现实的教育教学中，我们会发现在一位非常受学生尊敬的教师的课堂上，学生不仅不会扰乱课堂秩序，反而会心甘情愿地配合教师进行课堂教学，而且师生的关系会非常和谐。因此，在人际关系方面，教师要重视自身修养和素质，要注意树立威信，这是非常重要的。

1. 积极参加学校组织的培训活动

学校组织的培训活动一方面可以提供最新的教育改革资讯，另一方面或多或少都与教师素质的提升有关。教师要认真对待，积极参与。通过自我评价，找到自己需要提升的点，总结差距，认真学习。

2. 向经验丰富、管理技能高超者学习

在思政学科教师中其实并不缺乏管理技能高超者，学校要充分利用这个资源，通过"青蓝工程""师徒结对"等形式，提升教师队伍整体的管理技能。至于教师本人，也要积极地寻求学习和提升的机会，可以在课余时间深入到老教师的课堂当中，在其课堂管理的过程中取经。

3. 通过多种渠道，拓宽学习路径

随着现代信息技术的不断发展，教师学习、交流的途径越来越多。因此，思政课教师要打开思路，广泛寻求学习的资源和机会。比如可以利用课余时间通过互联网上的"学习社区"将自己课堂管理的问题和困惑与大家分享，同时得到他人的帮助。

（六）创建和谐的课堂环境

1. 精心布置教室，构建良好的课堂物质环境

一方面，要最大限度地利用学生能够接触到的课堂物质环境促进学生的发展。这里的物质环境包括墙面、桌椅等等。在课堂物质环境方面，可以借鉴以下几点建议。

第一，在墙壁上贴上学生的承诺或誓词以及规章制度和课堂守则。这样就可以时时刻刻提醒学生遵守自己的承诺和课堂的守则，大家互相监督，共同创建适合学生发展的课堂环境。

第二，课堂物质环境最基本的要求是干净整洁，在达到这个目标之后，可以使课堂教学的环境更加优美，在环境优美的教室中，学生和教师的积极性都会大大提升。这方面虽然容易做到，但也绝不能轻视，可以通过在窗台上种植一些应季花草的方式来布置。这既可以美化环境，也可以培养学生的责任心。

第三，在创设课堂物质环境时要发动学生一起动手，一起装扮自己的学习、生活环境。这样，学生在亲自布置的优美环境中，学习心情将是非常愉悦的，这也就达到了创建优质课堂环境的目的。

另一方面，优质的课堂物质环境要注意符合现阶段学生的需要。学生在每一个阶段的思维和逻辑方式都是不同的，能够接受的颜色和装扮的方式也是不一样的。如高中阶段的学生会把自己的生活、学习与未来联系起来，其把自己的目标与社会的需要结合起来，看到个人与集体、个人与社会的关系，其动机的现实性和长远性已大大增强。因此，在教室布置上，可以多设计班级学生对未来的规划和理想，激励学生更加努力地学习和完善自己。所以，在教室环境设计方面要充分考虑学生的需求，达到激励学生进行自主学习的目的。

2. 丰富青春期心理学知识，创建和谐的课堂心理环境

勒温认为：要了解人的行为，需要考虑行为发生的情境，因为人类行为是个人与其环境的函数。也就是说，行为随着个人与其环境而改变。巴克从"生态心理学"的角度指出：环境对于激发和形成人在环境中的行为方式有很大影响，其影响之大足以克服组织成员之间的许多个体差异。理解人的行为就需要考虑行为发生的整个环境。因此在中小学思政学科课堂教学中，在考虑课堂中学生的学习效果时，离不开对课堂心理环境的考量。因此，改善课堂人际关系、创建和谐的课堂心理环境是非常必要的。长期以来，传统的课堂一直是以教师为中心，学生很少参与，学生缺乏积极主动性，课堂活动形式呆板，课堂氛围沉闷。因此，对于构建良好的课堂心理环境，教师发挥着重要的作用。教师可通过与学生进行及时沟通交流和以身作则，与学生建立良好的师生关系，培养学生的集体感和归属感，共同努力，营造出民主、和谐的氛围。

（七）优化课堂教学时间管理

课堂教学时间管理是教师的基本教学技能之一。高效的课堂教学时间管理对保障学生完成学习任务、促进教学顺畅进行是极为重要的。中小学课堂教学的时间是恒定的，即每节课40分钟（有的地区中学是45分钟）。教师要提高课堂的效益，该如何充分利用这有限的40分钟以提供给学生最适合的教学呢？关键就在于教师要增强时间观念，科学安排课堂时间，保障把有限的时间用到实处，提高课堂教学时间的利用率。

1. 高效利用既定课堂教学时间

"一定的范围内，学习时间与学习效果呈正相关，即学习时间越多，学习收获就越大。但超出一定范围，这种正相关就不存在，学习时间过多不仅会使学生感到疲惫，而且会导致厌腻。"因此，思政课教师必须意识到课堂教学时间的重要性，保证分配给学生足够的时间去学习所要学习的教学内容。而一节课的时间就只有有限的40分钟，这就要求教师转变教育教学观念，树立"以学生为本"的教学理念，科学设计教学过程，制定合理的课堂常规，充分利用有限的课堂教学时间，并最大限度地调动学生的学习积极性，使学生的课堂学习时间尽可能多地变成有效学习时间。

第一，合理设置教学目标。教学目标指导和制约着一切教学活动，是教学活动的出发点和归宿。教学目标是否完成检验着教学行为是否有效。因此，一切教学活动都要围绕着教学目标展开，都不能偏离教学目标。合理的教学目标能够最大限度地调动学习者的学习积极性，促使教学活动朝能够产生最大效益的方向发展。

第二，科学组织教学内容。教学时间的有限性，决定了教师要严格控制课堂教学的信息量；重组教学内容，围绕着重难点进行筛选；舍弃那些片面而零碎的内容，节省教学时间，保证教学效率。

第三，制定良好的课堂常规。具有良好的课堂常规，就可以减少课堂管理、组织教学的时间。如果教师将过多的时间用在了组织教学和课堂管理上，就会造成教学时间的无谓消耗，就会挤占学生的学习时间。因此，教师要建立合理的教学管理制度，将教师和学生可能造成的时间的无谓流失减少至最低限度，充分利用有限的课堂时间。

第四，精心设计课堂教学活动。教学活动可以增加知识的灵动性，加深学生对知识的理解。但教师的教学活动安排要具有计划性，避免随意性。随意增加的教学活动因没有经过安排设计，很难在教师的掌控之中，很容易流于形式，从而浪费宝贵的课堂时间。因此，教师应尽可能在课前对活动内容、讨论环节等进行精心设计，有预见地安排教学活动。

2. 有效分配课堂教学时间

要高效率地完成课堂活动，时间意识是非常重要的。为了充分利用课堂教学时间，教师应该增强自己的时间观念，掌握课堂时间规律，精细估计时间的价值，根据课堂教学内容对课堂教学时间进行规划。

有研究表明：在40分钟的课堂教学中，学生的生理、心理状态分为五个时区，呈波谷（起始时区5分钟）—波峰（兴奋时区15分钟）—波谷（调试时区5分钟）—波峰（回归时区10分钟）—波谷（终极时区5分钟）的起伏发展规律。在思政课教学中，教师应合理利用课堂时间规律，遵循学生的思维活动规律，充分利用时间，以完成不同的课堂教学任务，解决相应问题，让每分钟都发挥其效用。在开始的5分钟，即准备阶段，也是调动调整阶段，教师应该设计出与教学内容相关的合理导入，将学生的注意力迅速转入课堂。而在第5～20分钟这15分钟的时区里，学生注意力高度集中，精力最充沛，思维最活跃，接受力也最强，因此教师应该尽量在这个时区内安排重要的教学内容，着重呈现重难点。第20分钟后的5分钟，学生大脑开始疲惫，属于思维活动的抑制期，因此，在这几分钟时间内，教师不宜安排重要的教学内容，而应该安排一些有意义的教学活动，比如一分钟幽默、一分钟笑话等，让学生的思维得到转换，以达到巩固教学内容的效果，同时有助于再把学生的注意力引到主要学习上来，使其生理、心理再度进入兴奋状态。经过5分钟的调整过渡，第25～35分钟，学生的生理、心理出现第二次波峰状态，即回归时区，教师应当因势利导，再次把教学推向新的高潮。下课前5分钟，是总结回应时区，学生趋于疲劳状态，注意力渐次分散，这时教师应当加大信息量，加快语速，强化情绪，对课堂内容进行小结，促使学生掌握整堂课的内容结构，加深印象。

3. 减少教学时间无谓消耗

布鲁姆把"学生专注于学习并努力完成具有一定难度的学习任务的时间"称之为"用功时间"。学生"用功时间"是教学质量的根本保障，也是学生知识和能力发展的基础。为了保证教学时间的合理分配，使学生有足够的"用功时间"，就必须尽量减少教学时间的无谓消耗。第一，使学生迅速进入学习状态。这就需要教师在设计教学导入的时候，简洁而有效，能迅速激起学生的好奇心和探索知识奥秘的欲望，使其注意力迅速集中到课堂上来。第二，减少教学活动的过渡时间。这要求教师在课前进行合理的教学时间规划，恰当地安排不同教学环节，并且要使各教学环节联系保持紧凑有序，以免浪费课堂教学时间。第三，避免课堂教学中断。课堂问题通常不可预见，不可能在课前就预见到课堂上哪个学生会睡觉，哪个会讲话，哪些会迟到……这些事件或行为可能导致课堂教学的中断，而在课前不可能有严格的计划，只能在课堂上机动、灵活、果断地处理。第四，做好各种课前准备工作，以保障教学活动的顺畅。比如提前准备好教具，制定合理的课堂常规，等等。第五，课堂讲授语言要规范、简洁。这就要求教师在备课时最好能将整堂课的语言大致组织好，上课时，应尽量减少重复用语，即使是重难点也不必过多重复。同时，尽量减少口头语的重复出现，口头语虽然简短，但若是出现次数过多，也会浪费时间。

第九章

新媒体视野下中小学思政课
教育潜在问题与对策

第一节　中小学思政课教育内容
存在的潜在问题

一、思想观念与新媒体时代思政课教育的地位作用不相适应

在新媒体背景下，思政课教育的地位作用显得愈来愈重要，当然也迫切需要确立与之相适应的思想观念。新媒体时代的发展，给中小学思政课教育工作带来了机遇和挑战，思政课的教育内容在新媒体技术发展下的问题也随之而出。

目前，有些学校的思政课教育内容比较陈旧，思政课教育的发展比较滞后，这种内容的陈旧性和发展的滞后性与新媒体下中小学生的思想已经脱节，给学校思政课教育的发展带来了极大的阻碍，导致学校很难适应和满足时代发展要求。学校思政课教育内容的滞后性主要表现为学校思政课堂教育的滞后性。学校思政课教师为了便于教学，在教学过程中，沿用许久之前的课件进行课堂教学。这的确可以省去教师备课的时间，却也导致了教学内容不能与时代接轨的问题，最终致使课堂教学索然无味；影响学生学习的积极性，也使学校思政课教育工作的有效性大打折扣。

新媒体的快速发展给学校思政课教育领域带来了不少挑战，中小学思政课教育内容还面临着发展的滞后性。这种发展的滞后性表现为学校思政课教育内容滞后于社会经济发展，不能很好地与社会经济发展相适应；滞后于国内外形势的发展和变化，不能紧跟时代发展潮流而墨守成规，一味地故步自封。就目前学校思政课教育的内容来看，中学生的思政课教育内容缺乏与新媒体技术相关的道德、伦理教育。面对科学技术的迅猛发展，思政课教育内容的缺失，特别是针对网络的道德教育的缺失，使得学校思政课教育有失全面，很难适应新

媒体迅速普及的新形势，很难达到学校思政课教育的要求。

二、教育内容与新时代思政课教育的根本任务不相适应，教育内容偏"远"，针对性不强

适应新媒体时代发展要求，是中小学思政课教育的原则性要求。但是在实际的发展过程中，学校思政课教育却很难做到与时俱进。一方面，一些学校的思政课教育搞"一刀切"，盲目地进行思政课教育活动，使得思政课教育的内容不能做到从实际出发，很难实事求是。学校思政课的教育内容应该也必须与自身实际相结合。同时，学校在开展思政课教育的过程中，过分强调形式，不注重思想教育内容，缺乏针对性。在制定思政课教育活动计划时，安排上下"一般粗"，组织教育不分层次搞"一锅蒸"，致使教育内容远离形势，任务需要和学生现实思想相脱节。另一方面，学校思政课教育的内容缺乏系统性，偏向于"杂""窄""难"，这样更加不利于学校思政工作的有效、有序开展。学校思政课教育内容缺乏系统性指的就是内容零散化、随意化趋向比较明显。中小学校在开展思政课教育的过程中，总是试图通过增加所谓"特色"内容，突出其思政课教育工作的特色，但是在实际操作中却常常"因小失大""顾此失彼"，这样削弱了教育的系统性和完整性，失掉了对学校思政课教育的本质性认识，冲淡了学校思政课教育精心设置的重点教育，也冲击了正常的教育秩序，使得学生不堪重负，难以承受。相反，由于添加的所谓特色内容处于思政课教育的边缘，这样也使得学校思政课教育工作的效果难以达成。面对繁杂的学习任务，学生只能疲于应付，难以顾及质量和效果，出现了一堂课讲多个内容的"拼凑性教育"、半小时算一天的"压缩性教育"。学校思政课教育内容"杂""窄""难"，缺乏创新性。由于学校思政课的教育和检测内容过分强调理论，使得学生在接受教育的过程中普遍感到"难"，难以理解，难以接受；由于学校思政课教育内容的创新性相对缺乏，当前的教育内容依然固守在传统的思政内涵上，缺乏网络层次、实践层次的内容，使得其涵盖面比较窄，不能适应新媒体时代社会发展的需要，不能适应学校思政课教育发展的要求；当前各个中小学校的思政课教育都在打"特色"这一噱头，这使得学校思政课教育的内容因"特色"而变得"特色"，教育内容多而杂。

三、学校思政课教育内容之间、部分与整体之间关系处理不当

思政课教育内容是由思想教育、道德教育、心理教育、法治教育、政治教育等部分构成的一个稳定的内容系统。中小学校思政课教育工作要想取得创新，则必须加强现有的思政课教育内容各个部分之间的联系、渗透、互补与融合。注重部分与整体之间的关系，通过构建部分的稳定性促进整体稳定性的发挥，从而实现整体优化、协调发展，发挥内容的合力作用。构成思政课教育内容各部分之间存在的问题表现在以下几个方面：一是重点内容"唯一化"，思政课教育内容中的重点部分虽然很突出，主次关系也很明确，但在实施教学的过程中，把思政课教育的重点内容变成了唯一内容，用重点内容代替其他方面的教育内容，造成了内容体系的不完整和内容结构的片面性缺陷，五项内容之间没有结合、渗透，这样使得中小学校思政课教育的内容在部分缺失的同时，也造成了学生对思政课教育工作的疑虑。二是思政课教育内容的各个部分在整体中的地位和角色不明确，各部分的重点不突出，主次地位不清晰，在实际的思政课教育过程中主次颠倒，用相对次要的教育内容冲淡乃至代替主要的教育内容。

加强中小学校思政课教育内容之间的联系性，增强学校思政课教育工作部分与整体之间的联系，还必须做到以下几点：一是学校思政课教育内容应该"合目的性"，合目的性是指思政课教育内容（各个部分内容）必须适应社会实践发展的需要和促进人的全面发展，各个部分内容在进行教育时应该彼此兼顾，重点突出、特色有序；二是中小学思政课教师要增强"合力"意识，通过主动干预，让彼此关联性差的教育内容能够围绕某一主题展开，增强内容之间的"兼容性"。

四、学校思政课教育内容与教育主体不对等

目前来看，部分学校在进行思政课教育过程中，没能对教育内容细化，而是采取"一刀切"的方式进行。在教育过程中，没能考量思政课受教育者的个体性特点。学校思政课教育的内容应该具有明显的层次性，而这种层次性可以通过针对不同受教育主体实施不同教育内容来体现。例如按照年级层次进行思政课教育内容的分层。对小学、初中起始年级学生可以进行新生入学教育，从

思政课教育中的学生道德、适应心理等方面开展教育；对于初中和高中毕业年级的学生可以围绕"毕业"教育展开，可以进行就业心理、职业道德等思想道德教育的渗入。

五、学校思政课教育内容的说服力不强

说教是学校思政课教育的惯用手段，而说服教育效果的大小取决于思政课教育内容说服力的强弱，这是因为说服教育的手段是以思政课教育内容为蓝本的。在新媒体时代，学生的信息获取渠道多样化，心理发展多元化，传统思想教育的内容很难驾驭学生的思想，这就使得学校思政课教育内容的说服力明显下降。

第二节　新媒体给中小学思政课教育
工作带来的挑战

新媒体时代，信息的自由传播扰乱了信息传播的环境，容易造成媒体的失范，使得个人隐私、伦理道德、信息安全等一系列问题频频出现。这一切很容易对学生的思想、道德、政治观念产生负面影响，对中小学校思政课教育工作带来了极大的挑战。

随着我国网络时代的到来，互联网越来越受欢迎，尤其年轻人眼中的网络就是思想交流的工具。在如今的网络时代，我们不得不承认网络是社会思想交锋的前沿阵地，网络具有流通速度快、覆盖面广、省时省力的特点，使用其进行沟通交流不仅可以节约成本，还能让世界各地的人都看到。其中，网络焦点问题也是备受社会关注的内容；与此同时，新媒体下的思政工作也面临巨大挑战。对于中小学思政课教育工作来说，网络舆情已经成为思政教育工作者了解社会思想的主要辅助工具，因此，把握社会动态，引领舆情方向已经成为中小学思政课教师面临的主要工作。

新媒体技术正时时刻刻地改变着学生的生活、学习方式，这一技术的应用成为改变学生行为模式的一个重要因素。新媒体的普及和应用给学校的思政课教育工作提出了新课题，对新时期学校的思政课教育工作提出了新的挑战。

一、新媒体对中小学生健康成长教育提出挑战

新媒体是在数字技术和网络技术基础之上延伸出来的各种媒体形式。新媒体的出现对中小学生的思政课教育提出了一系列新的课题，特别是以互联网和手机短信为典型代表的新媒体在中小学生中的流行，使学生的交往方式、学习

手段等出现了新的变化。与之相应的是，广大中小学思政课教师必须转变教育观念，学会正确认识和有效利用新媒体的信息优势。只有这样，才能行之有效地做好新媒体时代的学校思政课教育工作。

新媒体背景下，不良信息的侵袭导致中小学生各种心理问题日益突出，严重影响了学生们的身心健康和自我发展。新媒体中的不良信息对中小学校思政课教育的消极影响是多方面的，主要体现在以下三个方面。

第一，来自西方国家的人生观、世界观、价值观的侵袭。某些西方国家利用其信息传播的先进技术，极力宣扬自身所谓"优越"的意识形态、政治制度、文化思想，对广大发展中国家，特别是对我们社会主义国家影响甚大。而广大中小学生的人生观、世界观、价值观正处在形成期和成长期，可塑性大，他们很容易受到新媒体上各种不良思潮的影响，从而导致其形成有所偏颇甚至错误的人生观、世界观、价值观以及道德观、法治观，对自身的健康成长产生不利影响。

第二，学生的身心健康成长受到了一定的打击。由于学生对网络上的不良诱惑缺乏辨识力和抵抗力，不少中小学生沉迷于网络，给他们带来了一些身心方面的症状，主要有抑郁、失眠、精神不集中，严重的甚至会出现精神分裂等。再加上中学生大多处于青春叛逆期，部分学生的家庭教育不妥当，也会引发学生抽烟、喝酒，甚至走上违法犯罪道路的现象。

众所周知，新媒体中的不良信息会让学生很难认清自我价值之所在，很难用正确的价值观去判断正确的事情和错误的事情，很难与人和环境和谐相处，很难理性地控制好自己的情绪。更有甚者，还会把新媒体作为宣泄自身情绪和违法犯罪的平台，走上了网络犯罪的不归之路。一个人心理上出了问题，心理上丧失了自我，就很容易丧失正确的人生态度和理想信仰，就会对社会生活产生消极悲观情绪。这些就会导致中小学生的心理不健全，严重侵蚀着他们的思想和灵魂，影响他们的全面发展。

第三，新媒体削弱了中小学生的自制力和学习能力。由于中小学生的思想尚未成熟，自制能力差，新媒体极强的诱惑力尤其是网络游戏和虚拟功能的存在，使得部分中小学生沉溺其中不能自拔，自制力不断下降。同时，新媒体中蕴藏着海量的信息资源，也会使得部分接触新媒体信息的学生自认为知识储备差不多了，无须在课堂上认真听讲，从而导致精神懈怠，做任何事情都不能集中注意力，不能认真对待。

二、新媒体对学校思政课教育的方式、方法提出挑战

新媒体以信息资源的海量性、传播技术的数字化、传授双方的互动性、传播方式的多样化与个性化等特点，迅速被社会大众所接受和广泛使用。它在为人们提供便捷的信息服务的同时，也深刻地影响着人们的生活，让人们的心理意识、思维模式、行为方式等都发生了变化。而目前，中小学生已成为新媒体使用群体中的主力军。因此，分析新媒体对中小学生的影响，探索在新媒体环境下创新中小学校思政课教育的策略和方法，就显得尤为重要。

我们知道，新媒体时代学校传统的思政课教育方式和方法已经远远不能满足学生的发展要求。现如今，思政课常态化的授课方式也大多具有局限性，仅有知识的灌输、课堂的讲授，互动交流很少。这些讲授方式缺乏主动性和互动性，不能够将新媒体的功用发挥得淋漓尽致，无法使学生思维更加灵动。学校传统思政课的教育方式一般具有可控性的特点，思政课教师可以针对具体的问题提供有针对性的答案。这种方式简单有效，通过有意识地向学生传播含有特定信息的内容，及时对学生进行思政课教育，指导学生解决思想上的问题，促进学生思想发生转变。新媒体背景下所进行的却是多对多的教育方式，以满足大多数中小学生的学习需求，其方式方法也更具多样性，更容易被学生接受。新媒体的发展在一定程度上对学校传统思政课教育的方式方法造成了一定的冲击。

三、新媒体对中小学思政课教师的话语权提出挑战

在以传统媒体为主导的社会中，两个方面的原因促成了思政课教师权威地位的凸显。一方面，知识的更新和流动速度慢；另一方面，知识具有相对封闭性。

教师权威，即教师的教育权威，是学校教育权威的集中体现，是教师在教育过程中对学生产生的巨大影响力，从而使学生对教师表现出信赖和服从。当前中小学思政课教师的教育权威面临诸多挑战，包括网络和信息技术的发展、社会转型期价值观念的多元化、教育教学改革的深入、部分教师行为失当影响到教师的职业声望与社会评价等，这使得广大教师尤其是思政课教师的权威呈现出逐渐被淡化，甚至被消解的趋势。

　　新媒体对学校教师尤其是中小学思政课教师的话语权提出了挑战。中小学思政课教师素有"人类灵魂工程师"的美誉，在学生心目中享有极高的声誉。但是，随着社会的发展，信息的不对称性开始减弱，思政课教师的专业性也开始受到不同程度的挑战。新媒体发展所形成的新的教育环境，使得在传统教育中独享的教育权威受到了挑战，教育权威赖以存在的基础不断被分裂、瓦解，使得新媒体时代教师的权威性开始渐渐褪色，沦落到不得不和网络分享权威的境地。新媒体时代使学校思政课教育中的主客体双方处于平等发展状态，中小学思政课教师与学生处于接收信息的同一阶层，而思政课教师的接受能力低于学生，在接受信息时处于不利地位。基于这种情况，思政课教师的教育地位被撼动，原有的专业权威光环褪色。很多学生开始质疑思政课教师的教育教学能力，导致课堂散乱无序，甚至出现不听讲的状况，对思政课教育产生了信任危机。

　　中小学校的思政课教育是通过思政课教师进行的，思政课教师的素质直接影响到教育教学的效果。在传统的思政课教育中，教育者处于一种权威性的优势地位，一直给学生一种知识广博的教育者印象。通过这种权威上的优势，思政课教师得到了受教育者的尊重、信任和支持，这在一定程度上也使得教育活动顺利展开且被接受。在传统思政课教育的过程中，教育者比较容易树立权威。在新媒体时代，学校思政课教师的这种地位逐渐被终结，教育者的信息优势在逐步丧失，网络的交互性、平等性对思政课教师的权威性提出了挑战。中小学生的学习能力处于相对较强的时期，学习和接受信息知识的速度和能力都比较快，对于有些话题或信息他们可能会比思政课教师了解得更加全面，导致思政课教师处于相对被动的地位，其话语权地位也遇到了挑战。新媒体技术的特点就是受众之间的互动性，通过新媒体技术，学生不再轻易接受学校思政课教师的知识灌输，而要求进行对话和交流。学生可以通过网络方便地查阅到各种公开或内部信息以及各种真假难辨的信息，教师有时候却处于信息获取的劣势境地。所以在教育教学过程中，容易出现这样的"荒诞情景"：学校思政课教师讲授的所谓"新鲜事物"学生们早已了解甚至熟悉，很多事物在学生面前已变得不再新鲜了。而学生们熟知的新名词和新鲜事，思政课教师却是闻所未闻，不甚了解。相比较而言，学生对学校思政课教师的信任度和尊重度严重降低，使得广大思政课教教师面临一个非常尴尬的处境。中小学思政课教师作为学校思政课教育的主体，有着角色规定和制度安排的专业话语权，但其话语权也会随着环境的变化而变化。信息化时代，信息的传播途径、多元化特色以及中小学生的思想观念和行为方式都在发生着深刻的变化，学生在信息传播中的自主权在明显增强。学校思政课教育的话语权不再只为思政课教师所独有，受教育方的学生也有了属于自己的话语权。因此，广大中小学思政课教师只有与时俱进，不断学习，采取相应的策略，才能不断提升自己专业话语权的影响力，进而增强中小学校思政课教育的实效性。

"老办法行不通，新办法不会用"是当前中小学思政课教师的苦涩心声。新媒体的迅猛发展对广大中小学思政课教师的综合素质提出了新的更高要求。作为中小学思政课教师，我们应及时转变教育观念，正视发展带来的种种机遇和挑战，将网络思想教育与教学实践教育有机结合起来，优势互补，从而真正提高中小学校思政课教育的实效和时效。

第三节　新媒体视野下中小学思政课教育的内容

随着社会的不断发展和时代的不断进步，中小学思政课教育也要不断发展和创新，这是思政课教育发展的必然规律和本质规定。当前，中国特色社会主义进入了新时代。新时代背景下的思政课教育也将在决胜全面建成小康社会、夺取新时代中国特色社会主义事业伟大胜利中应运生成和发展。

一、思政课教育内容的内涵

思政课教育的内容是思政课教育的重要组成部分，同时也是思政教育者向教育对象施教的具体要素。思政课教育内容主要体现了思政教育的根本任务和目的，其确定的主要依据是思政课的教育目标和施教对象的实际思想。这样设置的益处是既符合时代发展的要求，又能根据不同时空、不同条件下受教育者的实际情况，使其思想和目标产生一致性，同时让其学习的根本任务和目的也产生一致性。

所谓思政课教育内容的内涵，即一定社会为了实现其根本任务和目标，在思政课教育活动中教育者（教育主体）通过一定的方式和手段对受教育者（教育客体）传递的思政观念、社会道德规范等知识系统。

二、新媒体视野下思政课教育的内容

思政课教育的内容是思政课教育目标和任务的具体化，科学地确定思政课教育内容是实现思政课教育目标和根本任务的重要环节。因此，想要选择什么样的思政课内容，开展什么样的思政课教育，就会决定思政课教育的特性。党和国家明确提出，当代中小学思政课教育的主要任务：教育的核心是要有理想与信念，树立正确的人生观、价值观和世界观；教育的重点是爱国主义，以弘扬我国民族文化和精神为主要内容；教育的基础是基本道德规范，对学生公民进行道德教育；教育目标是让学生得到全面发展。

综上所述，其给中小学生的思政课教育铺垫了很多内容，为思政课教育内容的创新指明了方向。新时代中小学思政课教育应该运用具有现代化发展趋势、体现时代特点的人和事来引导学生，以选择和创新开放环境、竞争环境、信息环境、创新环境的内容来感染学生、激励学生。按照思政课教育内容的侧重点、目的性和对象的不同，新媒体视野下的中小学校思政课教育内容可以包括政治教育、思想教育、心理教育、道德教育、法治教育、素养教育等方面。下面选取其中几个部分做简单介绍。

（一）政治教育

政治教育是学校思政课教育体系中最重要的环节，也是学校思政课教育体系中难度相对较大的环节。在进行政治教育之初，先要澄清两个概念：政治观和政治教育。政治观的本质是一种看法和态度，指的是人们对以国家为中心的政治关系和政治问题的根本看法和态度。就学校教育而言，政治观是指学校教育者与受教育者对党和国家的路线、方针及政策的根本立场、态度和看法。中小学校进行政治教育的实质是纠正中小学生错误或偏颇的政治认识，在通过新媒体积极进行政治教育的同时，重在帮助中小学生树立正确的政治理论、立场和方向，引导和帮助学生逐步树立马克思主义的世界观。

新媒体时代学校政治教育主要包括党的基本路线教育、爱国主义教育、形势政策教育、网络政治素质教育等几个方面。

党的基本路线教育。我党在社会主义初级阶段的基本路线是领导和团结全国各族人民，以经济建设为中心，坚持四项基本原则，坚持改革开放，自力更生，艰苦创业，为把我国建设成为富强民主文明和谐美丽的社会主义现代化国家而奋斗。党的基本路线是相互贯通、相互依存、不可分割的统一整体，须臾不可偏离、丝毫不可偏废，必须全面坚持、一以贯之。

形势政策教育。形势是指国内、国际的时事发展趋势；政策是国家政权机关、政党组织和其他社会政治集团为了实现自己所代表的阶级、阶层的利益与意志，以权威形式标准化地规定在一定的历史时期内，应该达到的奋斗目标、遵循的行动原则、完成的明确任务、实行的工作方式、采取的一般步骤和具体措施。

爱国主义教育。爱国主义教育是指培养学生树立热爱祖国、为之奉献精神的教育。思政课教育的重要内容就是加强爱国主义教育，将爱国主义精神植根于每个学生的心中。爱国主义是具有最大号召力的一面红色旗帜，是中华民族精神的核心。爱国主义的特点可以归纳为：艰苦奋斗、辛勤劳动、弘扬民族文化、反对分裂、维护各民族的联合、团结一致、维护国家统一，等等。当前，学校爱国主义教育的内涵在本质不动摇的基础上，还应该继续丰富和发扬。

网络政治素质教育。新媒体时代，网络使地域距离感拉近，信息传播及时迅速。某些西方国家也想借助网络"东风"来"顺势而为"，所以在网络上充斥着西方价值观的种种言论。这就要求广大中小学思政课教师要善于构建网络政治素质教育，加强中小学生对党的全面领导的正确认识，加强对中国特色社会主义制度的学习，防止"趋同论"等不良影响。

在中小学校的政治教育中，尤其需要强调对以下几个问题的认识和处理。一是学校应该培养学生过硬的政治素养，使得学生在风云变幻的时代学会正确选择，明辨是非，提高政治素质，增强对时事的敏锐度。二是提高学生的政治参与度，使学生尤其是中学生在政治生活实践中积累经验，树立正确的政治观念，做关心政治、推进政治文明的生力军。三是推进民主政治建设。学校需要民主，民主的基础就是提高学生的政治素质和文化素质。

（二）思想教育

当前，加强中小学生的思想教育是每个教育工作者尤其是思政课教师的一项重要任务。如何加强中小学生的思想教育成为摆在每一位中小学思政课教师面前至关重要的课题。

第一，学校应建立一支强有力的思想教育教师队伍。有俗语说"正人先正己"，思想教育的实施者必须有良好的自身修养和道德素质，在日常言行和规范上发挥表率的作用。因此，每位思政课教师在这项工作中扮演着重要角色，学校必须加强对思政课教师言行规范的引导。

第二，学校应对思想教育的内容和方法进行转变和创新。学校教育工作要从重思想规范转变为重思想实践与择善能力的培养，学校在思想教育内容上要特别注重培养学生的分析、辨别能力与择善而行的能力，并在学生的文明素质方面设计一些具体可操作的内容。同时，在思想教育方法上要注意从灌输与约束为主转变为疏、堵结合，采取潜移默化的方法达到润物细无声的效果。

第三，要更加重视发挥学生干部和团员队伍的作用。学生干部和团员是学生中的优秀分子，他们的特殊身份容易为学生所接受和信服；他们在思想教育中的作用不可轻视和替代；他们的榜样作用鲜活生动，有很强的号召力和感染力；他们对学生的监督与管理有利于促进学生自我教育、自我管理。学生干部、团员与学生平等，不是居高临下式的教育，有利于启发并促进学生沟通、反省，提高学生的思想认识水平。

第四，要充分发挥校园文化的功能。营造良好的思想教育氛围，形成文明、健康、向上的环境是校园文化应该发挥的作用。要利用好宣传阵地，如橱窗、标语牌等以促进形成良好的思想道德风尚；用树立先进典型的方式感染人、塑造人，用生动活泼的形式，如征文比赛等来启发人、教育人；用寓教于乐的活动，如演讲、经验介绍等激发人、陶冶人；还要利用网络、广播、文体活动及有关制度规则等软件、硬件，引导学生对自身思想道德行为进行思考、理解并注重将其落实到自己的言行中。

第五，要严格日常管理，完善评价制度。思想教育不能完全依赖学生的自觉性，而要以日常行为规范管理与规章制度的约束为保证，管理育人必须到位，并将其进行量化管理。学校思想教育要在不断的实践中改进管理方法，完善评价制度，促进学生的思想道德建设。

第六，要加强学生的社会实践，在实践中不断强化思想观念的形成和巩固。学生不可能只生活在学校中，要创造条件让他们在社会中接受"开放式"的思想教育，到社会中去体会、去感悟自己的言行或别人的言行正确与否，避免因学校教育与社会教育脱节而出现的教育问题，这才是最有效的思想教育。

第七，要利用课堂教学巧妙地对学生进行思想教育。新课程改革更加注重对学生的情感态度与价值观的培养，特别是语文、历史和思政（思政和道德与法治）等国家统编课程，很适合用来对中小学生进行思想教育，这样既完成了学科教学任务，又培养了学生正确的人生观、世界观、价值观。

总之，加强中小学生思想教育的主阵地在学校，但在思政课堂上，仍需要全社会的配合，保证学校、家庭和社会三结合教育的有效实施，如此才能真正提高青少年的思想认识水平。思想教育是思政课教育体系中重要的一环，是师生相对比较熟悉的环节。学校可以结合实际情况，在思想教育方面进行创新，以做到有所突破。

（三）道德教育

道德教育不仅反映道德教育的性质，而且是实现道德教育目标与任务的重要保证。在新媒体视野下，随着网络技术的发展，个人的个体能力和人们在一起的群体感受将超越国家和地区等地理性因素的限制而达到全新的水平。因此，在新媒体环境下，道德教育的内容必然反映社会的特殊要求。学校的道德教育应该具有层次性，应根据中小学生不同发展阶段的心理、生理特点，针对不同学段、不同年级的学生做出不同的要求。小学阶段主要进行集体主义教育。集体主义教育就是按照社会主义精神文明建设的要求，拥有团队意识。团结、友爱、互相关心、互相照顾、遵守纪律、热爱集体、合作学习、助人为乐等，都是集体主义精神的具体体现。初中阶段可以进行社会公德教育。社会公德是指人们在社会交往和公共生活中应该遵守的行为准则，是维护社会成员之间最基本的社会关系秩序、保证社会和谐稳定的最起码的道德要求。这一阶段的初中学生或多或少地参与了社会生活，对社会生活有了初步的认知。对高中阶段的学生可以进行职业道德教育。职业道德包括爱岗敬业、诚实守信、办事公道、服务群众、奉献社会、素质修养等。

道德是人类理性的表现，是灌输、教育和培养的结果。网络道德教育应该贯穿学校整个思政课教育过程。网络道德教育首先应该培养学生的网络道德意识，新媒体下的道德教育同样如此。其次要教育学生讲究网络礼仪，其中包括问候礼仪、语言礼仪、交往方式礼仪等方面。最后应教育学生遵守新媒体环境下的道德规范。网络道德的原则就是诚信、安全、公开、公平、公正、互助。

（四）素质教育

素质教育以综合提高中小学生的基本素质为目的，尊重学生的主体性和主动性，逐渐开发学生的审美能力、智慧和创造潜能。这些内容相互衔接，共同构成学校思政课教育的概念体系。

在所谓"应试教育"的大环境下，以成绩为目标的选拔机制和评价机制日益固化，这决定了素质教育无法真正落地。素质教育虽然喊了几十年，基本上是口号越喊越响，认识越来越深刻，现实中做到的却并不多，尤其是中小城市，从而使得学生们在应试和素质方面的差距都在进一步加大，教育不均衡现象日益凸显。"寒门出贵子"的可能性越来越低，阶层固化也越来越严重。一方面是大家都明白成绩好不能决定孩子的美好前途，自身综合素质的提升才能帮助孩子走得更远更好；另一方面在集体性焦虑和恐惧的驱使下，文化成绩和素质教育哪一项都不能落下，家长和孩子都在付出牺牲身心健康的代价。

在互联网时代，互联网思维与新型专业人才培养将成为目前及今后学界与业界关注的重点话题。"互联网思维"就是彻底转变过去的固有表征，互联网绝非是对现有模式的简单修补，此种思维的最大优势与特点就是能让更多受众在有别于先前的传统体验与实践中，获得更为实在的体验与感悟。对互联网思维应采取的态度是在理解互联网本质规律的基础上，有针对性地开展相关专业人才培养及社会实践策略工作。探索和逐步建立适应互联网思维、互联网时代需求的新型创意人才，是当前社会亟待解决的重要问题。

素质教育的内容主要包括诚信品质教育、敬业精神教育、合作精神教育、责任意识教育和法治意识教育。人无信不立，诚实守信是中华民族千百年来传承的美德，是为人处世的基本准则和立足点。教育、培养和提高诚实守信、爱岗敬业、团结合作、遵纪守法、无私奉献的专业知识素质、个人成长素质和职业发展素质，是中小学生将来步入社会、从事某项职业的前提和基础。在学校思政课教育的开展过程中，广大思政课教师要注意因势利导，注重学生综合素质的全面提升。

第四节　新媒体视野下加强中小学思政课教育的措施

　　新媒体技术的进步与发展及其广泛应用，对中小学生的个体思维、社交生活等均产生了深刻的影响，塑造了信息化时代全新的媒体环境和媒体氛围。分析和探讨新媒体视野下学校思政课教育措施的创新与发展，在科学把握新媒体环境新特点、新趋势的基础上，结合线上与线下的相关资源，通过不同形式的互动来探寻和创新学校思政课教育的有效途径具有重大的现实意义。这个过程需要摆正教育主体与客体的关系，准确把握"教育者主导"的本质内涵，健全新媒体环境下学校思政课教育的保障机制，以便从学生的客观需求出发，切实有效地促进中小学生思政素质、水平和能力的加强与提高。

　　网络信息传播的现代化大大加快了社会发展的进程，但同时也带来了许多严重的社会问题。中小学生是不良网络影视、不良网络文化的直接受害者。在这种不良文化的影响下，以大欺小，以强凌弱，搜身、殴打、抢劫等校园欺凌行为在一些地方蔓延。如何加强和改进中小学思政课教育工作，是摆在每一位中小学思政课教师面前的重要课题。

一、重视思想教育，抓好正面教育的主旋律

　　思政课教师在教育教学中，除了教给学生书本知识外，也要把对学生的思想教育融于学科教学中。教师应加强对学生思想教育的导向，提高学生明辨是非、分析问题和解决问题的能力，注意培养学生的竞争意识、开拓进取精神，尽量使思想教育内容由远至近，由抽象变具体，由书本延伸到社会，以适应新时代的要求。教师在思政课教育中，应通过多种途径，采取各种形式，深入开

展党的基本理论、基本路线、基本纲领和基本经验教育，深入开展中国革命、建设和改革的国情教育。还要加强宣传国家的法律法规，让学生学法尊法知法守法护法；对他们讲解道德规范，让他们的行为符合道德规范；对他们进行热爱党、热爱祖国、热爱人民、热爱社会主义以及社会主义核心价值观的教育，培养学生树立正确的人生观、世界观、价值观。

二、加强道德教育，培养学生良好的品德和行为

古语说："养其习于童蒙。"这说明习惯应着眼于早期培养。加强思政课教育工作，就要从社会生活以及教育教学工作的实际问题出发，增强针对性。中小学思政课教育必须从文明礼貌做起，要认识到文明礼貌的本质是尊重人，文明礼貌的传统不能在下一代人中丢失。如果丢失了，小而言之会带来社会秩序的混乱，大而言之会给国家和民族带来灾难。

三、创新教育方式，多渠道开展思政课教育

一要因人而异，因材施教。加强中小学生思政课教育工作，不能机械和教条，不能一概而论，更不能采取简单粗暴的办法。班主任特别是思政课教师要培养学生的主人翁意识，使他们有自觉性和主动精神，结合中小学生的个性特点和成长环境采用不同的方式方法。在具体的教育教学中，可以结合学生实际，采取多种形式，将广泛宣传与个别教育相结合，不失时机地对中小学生进行理想信念教育、爱国主义教育，使他们的思想水平得到不断提高。

二要做学生的朋友，走进他们的心灵。思政课教师如果把自己放在很高的位置上，与学生之间就会产生难以跨越的鸿沟，心与心之间就有了隔阂。教师要学会做学生的朋友，与学生处在完全平等的位置，尊重他们，关心他们的内心感受，走进他们的心灵深处。只有这样，学生在陷入困惑和遇到困难时，才会很自然地想到老师，也能够敞开心扉，向老师讲述他们的所见、所闻、所思，让老师感同身受。这样，思政课教师就能把握学生的不良心理状态，通过解释、说明、同情、支持和理解，运用语言和非语言的沟通方式来影响他们，以达到解除不良心理状态，清除思想障碍的目的，促进学生的心理健康。

三要树立先进典型，开展思政课教育工作。思政课教师要在中小学生心中树立好的榜样，让榜样的力量持续影响学生，以达到塑造学生灵魂的目的。广

大中小学思政课教师在教学工作中要善于发现、培养和宣传各个方面、各个层次的先进人物和先进典型，大张旗鼓地向学生宣传他们的先进事迹。这样就可以指导学生学有榜样、赶有目标，形成崇尚先进、学习先进、争当先进的良好教育氛围，以此来凝聚、团结、激励学生为实现个人梦和中国梦而奋斗。

总之，中小学的思政课教育工作，直接关系到科教兴国战略、人才强国战略的实施能否取得成功，关系到建设中国特色社会主义现代化国家能否取得成功。中小学校应重视、加强和改进思政课教育工作，为社会培养出思政高尚、学习优良，能够担负起民族复兴大任的时代新人。

第五节　新媒体视野下不同国家学校
思政教育特色措施与反思

　　新媒体视野下，不同国家的学校进行思政教育的措施不尽相同。在向外国进行学习和借鉴时，我们一定要坚持"两点论"，既取其精华，又弃其糟粕，把控好学习与抵制的关系，取其利而又避其害，使之为我所用。在这里要反对两种倾向：一是闭关自守，二是盲目崇洋。"闭关自守"是我国历史上长期存在的一种错误倾向，表现在思政教育上，就是固守教条，盲目排外，这使得几代人的思想都趋于保守、僵化，整个民族渐渐丧失了活力和创新精神。至于"盲目崇洋"则表现在经济全球化和市场经济条件下，在新媒体大环境下，中小学生思想意识上的多元化趋势愈来愈明显，各种思潮相互融合、相互排斥和相互碰撞，崇洋媚外和拿来主义的问题和现象在学校中显得日益严重与突出。

一、美国学校思政教育具体措施

（一）注重对学校思政教育理论上的探讨并运用于实践

　　美国较注重从学科角度对思政教育进行研究，出现了众多的思想道德教育理论，如价值澄清理论、认知阶段理论等，并将理论模式应用于实践，反映出理论指导实践的作用。

（二）注重全面渗透性教育而不是强行灌输方式的教育

　　与许多国家学校开设专门的思政教育课程不同的是，美国学校在进行思政教育的过程中，主要是通过间接的方式将其渗透到每一门学科当中。之所以这样，是因为某种程度上，美国开放的环境不允许通过强制手段进行教育灌输，特别是较为敏感的思政教育；另一方面，美国人认为，思政教育是一项长期性和系统性的工程，不可能通过短期的教育一蹴而就，不能局限于短期的教学中。

（三）注重解决学校的实际问题

著名教育家弗雷尔（P. Freire）说过"学校要敢于建立一种新的社会秩序"。他认为，学校课程的设置应该有助于学生在社会方面得到发展，帮助学生学会参与社会生活，增加批判意识。学校作为一个社会的缩影，首先就应该关注学生面临的现实问题。美国学校十分重视"社会化学校"的建设，注重通过开设各种课程和组织各种活动策略性、针对性地解决学生的问题。

（四）注重提高学生的认知能力

认知能力是学生众多能力中最基础也是最重要的能力之一。美国学校在思政教育的过程中，把培养学生积极参与社会活动的意识和发展学生的认知能力作为思政教育的出发点，通过提高认知，培养意识，激发学生思政活动的热情，而不是要求学生死记硬背一些思想道德规范，将思政工作变得"枯燥化""无味化"。学校也注重发展学生对社会参与的意识，培养学生以主人翁的态度参与社会生活，促使学生积极投入到社会实践活动中去。

（五）信奉多元性和自主性，促使学生能动地养成思政

多元性除了表现在价值取向的多元化，不强求一致，但要求学生学会相互尊重外；还表现在学校思政教育没有全国统一的要求，美国各个州各行其是。自主性主要表现在教学方法上重视学生个性，启发诱导和自主选择，强调在多元、多变的社会形势下对学生自主意识、认知能力的培养，以及实践精神的塑造。

二、新加坡学校思政教育的基本途径与方法

（一）学校课堂教育

学校课堂教育指的是主要通过传授专业知识的基本理论和国民观念，以期达成学生知识系统化的目的。新加坡学校开设的课程类型十分丰富，普遍开设公民课、新加坡历史、法律、政治等，其中极具特色的是对中学生进行儒家伦理思想的教育。新加坡儒学在内涵上进行了扬弃，剔除了传统儒学中带有强烈封建性色彩的政治学说，而强调其中关于个人道德修养的内容，并根据新加坡的国情加以改造和发展，赋予其符合现代生活的内容和形式。其讲授儒家伦理

课的目的是为把学生培养成具有儒家伦理的价值观念、富有理想而又注重道德修养的人，使学生认知自己，从中培养学生积极的、正确的人生观、世界观以及价值观。在教学方式上，注重"东西结合"，彰显"杂糅"特色；在教育形式上，借鉴欧美的教育形式，如隐蔽型教育、价值观念澄清、培养学生的道德素养和判断能力等，从而使东方的内容与西方的形式结合起来。

（二）社会实践教育

实践教育培养的是学生多方面的能力，新加坡学校注重抓住实践教育这一契机，将思政教育贯穿其中，达到了潜移默化的效果。新加坡学校的教育工作十分强调学以致用，学生学习的目的就是为自我成长与成才，更重要的是个人的发展是为了促进国家经济发展和更好地为社会进步服务，并将之作为指导思想贯穿在整个教育过程之中。这种思政教育理念将个人发展置于国家发展之下，强调个人价值得以实现的前提就是国家价值的实现，符合国家利益。

（三）通过校外社会运动和日常行为指导进行教育

校外社会运动体现的是一种民主，而民主的思维是进行学校思政教育的基础。新加坡政府非常重视通过经常的宣传与日常生活的指导来对中学生进行国民意识、文明、民主权利等的教育。新加坡通过全国性的社会运动来创造良好的思政教育大气候和良性大环境，使人们在运动中相互感染而受到更好的教育。强调日常行为规范，鼓励学校中的学生"处世待人，讲究礼貌"，使他们养成"谈吐优雅，举止彬彬有礼，态度谦和"的好习惯，从而使做人的一些基本礼貌化为人们生活的一部分。

总结以上两个国家开展思政教育的措施，我们发现了三种规律：一是学校思政教育自下而上进行，思政教育深得"民心"；二是学校思政教育措施的目的性清晰——发展个体，促进集体，为了国家；三是学校思政教育讲究"本地化"，这是思政教育的基础。

当然，除了这两个国家，世界上其他国家的学校思政教育模式也有许多值得我们思考的地方。特别是到了21世纪，由于世界政治、经济形势发生了重大变化，经济全球化、政治多样化、社会多元化、技术信息化等诸多局面层出不穷，为适应社会的发展，世界各国的思政教育又开始了新一轮的调整。

三、新媒体视野下我国加强中小学思政课一体化教学的反思

了解了国外学校对思政教育采取的措施，更要认识到新媒体给我国学校的思政课教育工作带来的机遇和挑战。我们要主动迎接挑战，善于把握机遇，主动利用新媒体技术，充分认识思政课是落实立德树人根本任务关键课程的重要意义，切实研究好中小学思政课一体化建设的优化方法，不但拓展思政课教育的新思路、新路径，又能争取思政课教育的最大主动权。

（一）"教"方面的反思

高中思想政治和中小学道德与法治统编教材依据中小学生的成长规律、认知水平和生活经验，以生活主题的方式整合和编排内容，搭建开放性、综合性和生成性的教学脚手架，指导教师进行教学方式方法的改革创新，引导学生运用生活经验，启蒙道德情感，培育法治思维，强化家国认同，培育政治意识，理解和践行社会主义核心价值观。国家统编教材的总体思路是遵循小学、初中、高中一脉相承、循序渐进、螺旋上升的原则，通过"学习文本"的形式，设置生活化问题情境，引导学生主动思考、自主学习，帮助学生形成良好学习习惯、增强自身学习能力，树立对思政课的学习自信，体现依法治国与以德治国相结合的新时代要求。

在教学准备的过程中，教师一定要主动学习统编教材、研读统编教材。学习和研读统编教材首先要领悟教材的编写意图，教师要明确学科应培养什么样的人，系统把握教材的教学目标。思政课是落实立德树人根本任务的关键课程，"在大中小学循序渐进、螺旋上升地开设思政课，高中阶段重在提升政治素养，引导学生衷心拥护党的领导和我国社会主义制度，形成做社会主义建设者和接班人的政治认同。初中阶段重在打牢思想基础，引导学生把党、祖国、人民装在心中，强化做社会主义建设者和接班人的思想意识。小学阶段重在启蒙道德情感，引导学生形成爱党、爱国、爱社会主义、爱人民、爱集体的情感，具有做社会主义建设者和接班人的美好愿望"。由此可见，思政课一体化教学的目标是非常清晰的，以"情感—思想—素养"为基点逐层展开，教师在把握各个阶段的整体性目标基础上，在教学中要注重使教育目标与教育理念一以贯之，对学科素养的培养要做到前后一致；同时，教师要把握小学、初中和高中等不同阶段目标的差异性，清楚把握不同阶段的目标定位，对学科素养的

培养还要做到螺旋上升。其次，学习和研读统编教材还要系统把握教材内容。2013年，教育部重大课题"大中小学教材的提议化建设和管理研究"等，已从理论方面论证大中小一体化教学的研究，而由国家统编的中小学思政课教材则从实践层面保障了教学内容和方式的一体化，此外教育部印发的《中小学教材管理办法》更是细化了教材的使用要求，为一体化教学提供了有效保障。中小学思政课教师要站好本位"责任田"，凸显学段特色。小学阶段重视教学内容的启蒙性，通过日常生活的细化情境，使教学目标落地；中学阶段重视教学内容的体验性，"侧重增强中学生对社会、他人以及道德法律的认知，理解公民的基本权利和义务，初步形成人际沟通和社会协作能力"。

中小学思政课一体化教学的着力点在于教学的方式方法。要认识到一体化教学并不等同于教学方法的标准化、程序化，而是要在系统继承和递进延伸教学目标、育人思路的基础上，使得教学方法体现连贯性和差别性。首先，贯穿于中小学思政课一体化课堂中的教学方法必须符合学生思维能力发展的特点，即由低级到高级、从感性认识到理性认知、从视像感知到逻辑感悟。习近平总书记在学校思政理论课教师座谈会上的讲话中明确提出，"大中小学思政课一体化建设需要深化"；并高屋建瓴地提出了思政课的教学方法主线。推动思政课改革创新，要做到"八个相统一"，即坚持政治性和学理性相统一；坚持价值性和知识性相统一；坚持建设性和批判性相统一；坚持理论性和实践性相统一；坚持统一性和多样性相统一；坚持主导性和主体性相统一；坚持灌输性和启发性相统一；坚持显性教育和隐性教育相统一。

要做到中小学思政课一体化教学方法的连贯性，将"八个相统一"的要求真正落实，首先要求中小学思政课教师在教学主体上实现联动，通过不同阶段一体化教研、一体化集体备课等方式，消除任课教师的焦虑情绪，熟悉不同阶段教学方法的不同特点。教师在一体化教学的备课机制中，要注重明确不同阶段、不同层次的思政课教学目标，小学应关注初中阶段的教学需要，初中应关注小学阶段的教学实际；初中应关注高中阶段的教学需要，高中应关注初中阶段的教学实际。中小学各阶段的思政课教师都要发挥本阶段教学的特色，把学科知识、党和国家的大政方针、路线法规等深化为学生的认知，同时注重情感启蒙与法治思维之间的中小学目标的有效衔接。其次还应充分发挥区域中小学思政课教师"青蓝工程"师徒结对活动的效能，发挥学段高水平教师的示范作用，同时加强不同阶段专业教师的互访交流，通过一体化课例研究、一体化实践活动等方式，实现互联互通。

中小学思政课一体化教学的关键在于教师，一体化的延续性要求中小学思政课要畅通师资的发展需求，不但要建立一体化的教师教研机制、备课机制，还要在教学资源上实现有效共建、共享，发挥集群效应，从而推动中小学思政课一体化建设的内涵式发展。首先，教师要充分利用互联网技术，结合传统媒体和新兴媒体，发挥线上连接线下的特点，通过各类在线通讯平台科学搭建教学资源交流共享平台，以此为载体增进小学、初中和高中阶段的资源交流、教学主体互动，为教师专业素质的提高提供有效的资源支持。教师要积极主动地进行交流，通过平台有效把握其他阶段的基本诉求和教学期待，在经验交流、师师互动、师生互动、教师与资源互动中形成教学的衔接与贯通，推动中小学思政课一体化教学的同向发展。其次，教师还可以通过共享平台完善教学资源库，上传相关阶段的优秀课例、微课以及优秀教学设计、课件等教学资源，构建与同阶段内容、跨阶段内容相符的教学资源库，逐步提高资源平台对教师和学生的服务质量。

（二）"学"方面的反思

学生作为中小学思政课一体化教学的教育对象，其认知进程是否得到匹配性的发展将直接影响一体化教学的有效性。小学生正处于成长成才的初始期，身体素质上的自我保护能力不足，自主能力处于较低发展层次，认知能力处于感性认识阶段；中学生正处于人生发展的关键时期，人生走向相对成熟但尚未成熟阶段，身体发育上处于青春期，逻辑思维、理性思维逐步得到发展，自主认知逐步增强。对于学生主体而言，学生对思政课的总体需求是帮助其自身的成长，能够在一致、连贯、稳定的教育培养机制和一体化教学机制中使自身综合素质如政治素养、道德修养、法治素养等得到全面发展。教师要充分发挥思政课立德树人根本任务的功能，满足学生对思政课的总体需要，不但要发挥教师"教"的能动作用，还要发挥学生"学"的能动作用。

首先，学生要根据自身发展阶段的特点和需要，在明确总体发展趋势的前提下，树立正确的价值观，总体把握人生发展的大方向和阶段性目标。学生要明确适应新时代全面提升能力素质的任务目标，实现德智体美劳"五育并举"下的全面发展。在小学阶段，学生应自觉培养家国情怀，重视对自身道德情感的启蒙，初步形成与社会接轨的人生价值观。在中学阶段，学生要把对党、对祖国和对人民的认知情感内化于心中，牢固树立"四个自信"，培养责任意识、法治思维和国际视野，强化做社会主义建设者和接班人的思想认识。其次，学生要主动适应中小学思政课一体化教学之下教师教学方法的改革创新，不断更新和完善自身的学法体系，建立与一体化教学螺旋上升、层次递增的知识体系与关键能力需要相适应的学法体系，特别注重学法在不同学习阶段的有效使用。一体化教学之下学生可采取适合学段所需、个人所需的多样化学习方法，比如加强深度阅读理解分析、思维导图架构知识体系、学科大概念的归纳演绎、活动情境探究思辨、强化分析论证、加强社会践行等等。在小学阶段，课堂教学重视回归儿童生活，学生就要注重学法的立足点为生活，通过生活了解生活；在生活实践中领悟道德情感的启蒙，同时要注重学法的突破点为活动，通过参与活动来体验、领悟情感。在中学阶段，学生在学法上要注重知识既螺旋又上升的特点，重视"需要—兴趣—动力—反思—完善"的知识学习规律。

（三）"评"方面的反思

科学有效的评价是推动中小学思政课一体化教学的内在动力，高中思想政治和小学、初中道德与法治课的终极评价指标在学科本身的特性和根本任务的连贯性作用下都可以高度统一为"立德树人"。

首先，对于教师的"评"。学校和教育行政部门要科学规范地落实以评促教的思路，推动中小学思政课一体化教学的可持续发展。

其次，对于学生的"评"。这个方面要注重动态与静态评价相结合、过程性评价与终结性评价相结合的以评促学，还要认识到对教学效果评价会存在一定程度延时性的问题。比如对小学阶段整体教育效果的评价需要后置到初中阶段才能总体显现，对初中阶段整体教育效果的评价要后置到高中阶段方可总体显现，对高中阶段整体教育效果的评价要后置到大学阶段才会总体显现。评价显现后做出的教学反思调整则具有延时性的特点，因而对学生思想情感、道德素养、法治思维、政治意识等的评价依靠本阶段体系就做出最终判定是不科学的。学校要做好对学生的分段分级评价，在坚持本学段阶段性评价的基础上，应将评价贯穿于中小学思政课一体化教学的评价指标体系之中，坚持评价方式的多元化，比如显性评价与隐性评价、动态评价与静态评价相结合等。小学、初中与高中阶段应统筹合作，建立既独立又互通的评价体系，完善不同阶段学生学科素养的评价标准和电子档案体系，通过对相关大数据的动态分析，实现评价的一体化衔接。

众所周知，中小学思政课一体化教学是一个系统性的工程，它可以辐射到"教""学""评"等多个主体和领域。广大中小学思政课教师要以习近平总书记"推进大中小学思政课一体化建设"重要讲话精神为指导思想，以高中思想政治（中小学道德与法治）课"教""学""评"等一体化发展为基点，以点及面，以面促全，多方协同，育德育人，真正落实立德树人的根本任务。

参考文献

［1］王成端，刁永锋. 实践教学行与思（第五辑）［M］. 成都：四川大学出版社，2018.

［2］刘文霞，王秀艳. 思政理论课综合实践学习指导教程［M］. 济南：山东人民出版社，2015.

［3］刘振杰. 思创式教学模式的实践与研究［M］. 成都：四川人民出版社，2000.

［4］王喜满，王音. 思想政治理论课"三三制"实践教学法研究：辽宁大学马克思主义学院小分队与大部队相结合的社会调研成果集萃［M］. 沈阳：辽宁大学出版社，2018.

［5］郑碧雯. 小学语文知识辞典［M］. 济南：山东教育出版社，1987.

［6］陈志红. 教之慧——陈志红特级教师工作室教学成果集萃［M］. 杭州：浙江工商大学出版社，2018.

［7］袁运开. 简明中小学教育词典［M］. 上海：华东师范大学出版社，2000.

［8］林崇德，常锐伦，中国小学教学百科全书总编辑委员会美术卷编辑委员会. 中国小学教学百科全书美术卷［M］. 沈阳：沈阳出版社，1993.

［9］王斌，胡云. 育人之路思政理论课专题社会实践［M］. 南昌：江西高校出版社，2014.

［10］卢家楣. 情感教学心理学原理的实践应用［M］. 上海：上海教育出版社，2002.

［11］谢传仓，赵军祥. 科学发展观"三进入"理论与教学研究［M］. 广州：暨南大学出版社，2009.

［12］罗大同. 实用语文教学词典［M］. 天津：天津教育出版社，1989.

［13］张红云. 教育教学研究与教学管理论文集上［M］. 北京：新华出版社，1997.

［14］王吉鹏，李雪铭.学术研究及学科教学论丛［M］.长春：吉林人民出版社，2002.

［15］杨叔子.往事钩沉［M］.武汉：华中科技大学出版社，2018.

［16］刘迅，等.中学生实用百科全书［M］.海口：南海出版公司，1991.

［17］关立勋.中外治政纲鉴（中）［M］.北京：人民日报出版社，1991.

［18］窦兴文.杏坛知行录（第一辑）［M］.兰州：甘肃文化出版社，2016.

［19］王亮亮，樊明方，张峰.基于学生投入理论的大学生思政课教学研究［M］.西安：陕西师范大学出版总社有限公司，2020.

［20］刘利，潘黔玲.互联网+视域下思政课教学理论与实践发展研究［M］.长春：吉林大学出版社，2017.

［21］李庚全，等.思想导航筑梦中国体育院校思政课教学育人的理论创新和改革实践［M］.北京：北京体育大学出版社，2016.

［22］黄静，吴学霆.乐·思首届全国音乐学院思政课教学改革与协作论坛文集［M］.上海：上海交通大学出版社，2017.

［23］顾钰民，张济琳.讲好当代中国主旋律——总书记系列重要讲话、五大发展理念融入思政课教学研究［M］.上海：复旦大学出版社，2017.

［24］郎秀云，严金强.讲好当代中国主旋律——党中央治国理政新理念新思想新战略融入思政课教学研究［M］.上海：复旦大学出版社，2018.

［25］杨章钦，徐章海.思政理论课教学改革与大学生思政教育互动研究［M］.上海：上海财经大学出版社，2017.

［26］贾作璋.诗情画意讲思政思政课诗歌化辅助教学创新实践［M］.徐州：中国矿业大学出版社，2017.

［27］陈若松，谭炳华.思政课感性教学的通道2016社会实践研修［M］.湘潭：湘潭大学出版社，2017.

［28］甘玲.践行渐悟高校思政课实践教学的探索与实践［M］.北京：燕山大学出版社，2017.

［29］曾学龙，等.民办高职院校思政课协同育人教学模式创新的实践［M］.广州：广东高等教育出版社，2018.

［30］赵冰梅，曲洪波，等.思政课落实创新计划背景下的"概论"课教学改革探索［M］.沈阳：东北大学出版社，2016.

［31］余华，涂雪莲.关于大中小思政理论课教学有效衔接的思考［J］.思想理论教育，2019（9）：62-67.

［32］金佳绪.解读习近平在学校思想政治理论课教师座谈会重要讲话精神　立德树人，习近平强调办好这个"关键课程"［J］.理论导报，2019（4）：15-17.

［33］陈彦珍，刘卓红.思政理论课教学"八个统一"的辩证法意蕴及其践履——学习习近平总书记在学校思政理论课教师座谈会上的重要讲话［J］.内蒙古师范大学学报（教育科学版），2019（7）：50-55.

［34］钟守权.参与式教学在道德与法治教学中的运用［J］.中小学德育，2018（7）：4.